HEYNE CRIME CLASSIC

Vom gleichen Autor erschienen außerdem
als Heyne-Taschenbücher

Rote Lippen – Blaue Bohnen · Band 02/1887
Guten Abend, gute Nacht · Band 02/1899
Hiebe auf den ersten Blick · Band 02/1911
Gut versteckt ist halb gewonnen · Band 02/1927
Wer Lemmy eine Grube gräbt · Band 02/1944
Eine Jungfrau liegt selten allein · Band 02/1956
Achtung – Kurven · Band 02/1972
Unter dunklen Sternen · Band 02/1983
Lemmy läßt die Puppen tanzen · Band 02/1988
Die dunkle Straße · Band 02/1999
Dark Bahama · Band 02/2016
1:0 für Lemmy · Band 02/2036

PETER CHEYNEY

TANZ OHNE MUSIK

Ein klassischer Kriminalroman aus dem Jahre 1947

WILHELM HEYNE VERLAG
MÜNCHEN

HEYNE-BUCH Nr. 02/2048
im Wilhelm Heyne Verlag, München

Titel der englischen Originalausgabe
DANCE WITHOUT MUSIC
Deutsche Übersetzung von Wilm Elwenspoek

Herausgegeben
von
Bernhard Matt

Ungekürzte Taschenbuchausgabe

Printed in Germany 1983
Umschlaggestaltung: Atelier Heinrichs & Schütz, München
Gesamtherstellung: Elsnerdruck GmbH, Berlin

ISBN 3-453-10654-7

1

In der Dunkelheit waren die Häuser und Speicher und die gepflasterten Gehwege nicht zu erkennen. Alles, was man sehen konnte, war die glatte Oberfläche der kurvenreichen Straße. Durch den Widerschein der Laternen, der gelegentlich von Schatten unterbrochen wurde, sah sie wie ein Fluß aus, der sich träge durch die Nacht wand.

Ich war an der Ecke stehengeblieben, um mir eine Zigarette anzuzünden. Ich hatte diese verdammte Straße so oft gesehen, zu jeder denkbaren Tages- und Nachtzeit, daß ich jeden Fußbreit genau kannte. Ich verabscheute sie. Ich hielt sie für zweitklassig. Alles an ihr war zweitklassig, einschließlich meines Büros. Mein Büro war auf jeden Fall zweitklassig. Ich selber war es auch. Ich war weniger als zweitklassig. Gegenwärtig war ich nicht mehr wert als einen Sechser das Dutzend mit der Aufschrift »Leere Behälter bitte zurückgeben«.

Aber eines Tages würde ich diesen Sumpf verlassen und in eine Gegend gehen, wo es grüne Felder mit friedlich grasenden Kühen gab. Und Sonnenuntergänge. Und keinen Fusel. Wo Frauen Frauen waren und die Männer sich darüber nicht zuviel Kopfzerbrechen machten.

Irgend jemand – Montaigne oder ein anderer von diesen gescheiten Burschen – hat einmal gesagt, Trübsal sei die richtige Gemütsverfassung, um zu philosophieren. Und ob sie das ist! Philosophieren, das ist der Prozeß, durch den man die Seelenruhe erwirbt, neue, außergewöhnlich bedrückende Lebensumstände als unabänderlich hinzunehmen. Im Grunde ist das etwa ebenso sinnvoll, wie ein Zahngeschwür durch Mitleid heilen zu wollen. Es hilft gar nichts, aber es macht es auch nicht schlimmer. Das bildet man sich nur ein.

Hier und da leuchteten auf der Straße die Rücklichter parkender Wagen. Sie sahen aus wie Glühwürmchen über einem Fluß. Ich ging an einem neuen Armstrong-Siddeley-Kabriolett vorbei. In seiner eleganten Gepflegtheit wirkte es in dieser Umgebung wie ein Fremdkörper.

Als ich die Haustür öffnete, überfiel mich ein Geruch von Staub und Moder. Ich kannte ihn gut, aber heute nacht schien er mir schlimmer denn je. Langsam stieg ich die Treppe hinauf und wollte einen Entschluß fassen. Gewöhnlich geht das sehr schnell bei mir. Ich konnte das Geld von Pell nehmen, mein Büro zumachen und irgendwohin fahren, um frische Luft zu schnappen, oder ich konnte hierbleiben und warten, ob etwas geschah. Ich glaubte nicht, daß so bald etwas geschehen würde – oder vielleicht doch? Konnte ich das wissen?

Es war wohl eines der Probleme, die nur beim Whisky entschieden werden können. In meinem Büro hatte ich eine halbe Flasche liegen – das war das einzig Gute an der Bude.

Ich ging den Gang im zweiten Stock entlang, an den Türen der schäbigen kleinen Büros vorbei. Die meist stark verblichenen Schilder zeigten an, daß die Inhaber dieser Büros Vertreter für dieses oder jenes seien. Meine eigenen Räume lagen am Ende des Ganges. Das Licht brannte darin.

Das war merkwürdig. Nun – vielleicht auch nicht. Vielleicht hatte Pell schon mein Honorar geschickt. Es mochte sein, aber ich zweifelte daran. Pell hatte es noch nie sehr eilig gehabt zu bezahlen, selbst dann nicht, wenn das Geld so gut verdient war wie diesmal.

Aber – man konnte ja nicht wissen.

Ich öffnete die Tür und betrat den Vorraum. Die Tür zu dem inneren Büro stand halb offen, dort brannte das Licht. Im Raum schwebte ein ungewohnter Hauch von Parfüm, gutem Parfüm. Ich stieß die Tür ganz auf und trat ein. Gleich nach dem ersten Schritt blieb ich stehen. Was ich vor mir sah, verdiente, genau betrachtet zu werden. Dies, dachte ich, kann eigentlich nur die Krönung eines vollkommenen Tages sein.

Sie saß in einem der großen Ledersessel vor meinem Schreibtisch. Vollkommen gelassen – die Arme lagen ausgestreckt auf den Seitenlehnen –, sah sie mich kühl an, so als sei ich ein seltsames, ihr bisher unbekanntes Tier. Nicht unfreundlich, aber mit einem unbeteiligten, ziemlich beiläufigen Interesse.

Ich betrachtete sie eine ganze Weile. Sie trug ein mattrosa Kleid und einen langen Mantel in der gleichen Farbe darüber.

Die Taschen und der Kragen des Mantels waren aus tiefblauem Samt. Der Mantel war auf Taille gearbeitet und verriet eine bestechende Figur. Ihr Hut war aus mattrosa Filz und mit einem Band in der gleichen tiefblauen Farbe wie die Samtaufschläge ihres Mantels besetzt. In ihrem kastanienbraunen Haar schimmerten bronzefarbene Lichter. Sie trug hauchdünne, sehr teure Strümpfe und blaue Lackleder-Pumps. An den Händen hatte sie zwei oder drei kostbare Ringe und am Kleid eine sehr schöne Brillantnadel.

Ich suchte in meiner Tasche nach Zigaretten und zündete mir eine an. Ich betrachtete sie immer noch. Ihr Gesicht war schmal und herzförmig. Sie hatte schöne Augen und eine gerade Nase, die Oberlippe ihres hübschen Mundes war etwas kurz, und ihre Haut war von jener zarten Reinheit, die gewöhnlich erst erzielt wird, nachdem vier Generationen intensiv Schönheitspflege getrieben haben. Und sie sah nicht so aus, als ob sie sich über irgend etwas Sorgen zu machen brauchte.

Ich sagte: »Guten Abend«, ging an meinen Schreibtisch und nahm Hut und Mantel ab. Ich hängte beides an den Kleiderständer, der hinter meinem Sessel stand, und setzte mich. Dann drehte ich die Tischlampe an, holte die Flasche mit dem Whisky aus der untersten Schublade, öffnete sie und nahm einen kräftigen Schluck. Ich mußte mich ein bißchen schütteln, und es fiel mir ein, daß ich eine ganze Weile nichts gegessen hatte. Dann legte ich die Flasche in die Schublade zurück.

Sie sah mir leicht belustigt zu und fragte: »Sind Sie Mr. O'Hara?«

Ich nickte. »Wann sind Sie hierhergekommen?« fragte ich.

»Gegen halb elf. Mr. Pell nahm an, daß Sie um diese Zeit wohl zurück sein würden. Er meinte, daß Sie heute abend etwas trinken würden.«

»Hat er Ihnen auch gesagt, weshalb?«

Sie nickte. Es war nur eine kleine Kopfbewegung. Wenn sie irgendeine Bewegung machte, wünschte man, daß sie sie wiederholen möge. Es lohnte sich, sie anzusehen, wenn Sie verstehen, was ich damit meine.

»Er sagte, daß Sie den größten Teil des Tages bei einem Scheidungsprozeß zugebracht hätten, und meinte, daß es kein reines Vergnügen für Sie gewesen sein wird.«

Ich lächelte. »Das ist sehr milde ausgedrückt«, sagte ich. »Der Rechtsanwalt der Gegenpartei war nicht sehr rücksichtsvoll mit mir. Er hat mich sozusagen in Stücke gerissen.« Ich zuckte die Achseln. »Aber das muß man in meinem Beruf riskieren.«

Sie machte eine kleine Bewegung. »Er war also nicht sehr freundlich zu Ihnen? Er sagte wohl, daß Sie skrupellos seien; billig; ein bezahlter Schmutzaufwühler. Er sagte wohl, es sei ungeheuerlich, daß Aussagen wie die Ihre nötig oder auch nur möglich seien; daß Sie jeden Sinn für Anstand verloren haben müßten, um solche Aussagen zu machen.«

»Sie haben wohl die Abendzeitungen gelesen? Tatsache ist, daß meine Aussage den Fall entschieden hat.«

Sie nickte. »Niemand hat behauptet, daß Ihr Wühlen im Schmutz erfolglos gewesen sei«, sagte sie langsam.

Ich holte die Flasche hervor und trank wieder einen Schluck. »Haben Sie hier gesessen und auf mich gewartet, um mir das zu sagen?« fragte ich. Ich wunderte mich.

Sie schüttelte den Kopf. »Wenn ich richtig unterrichtet bin, haben Sie für Pells Agentur gearbeitet. Ich war heute bei Mr. Pell, um ihn zu bitten, eine Angelegenheit für mich zu übernehmen. Es gefiel ihm aber nicht. Er erzählte mir dann von dem Fall, in dem Sie heute als Zeuge aufgetreten sind. Nach der Abfuhr, die Sie heute nachmittag bezogen hätten, würde er nie wieder eine derartig heikle Sache übernehmen«, sagte er.

Ich zog an meiner Zigarette. »Das gefällt mir. Ich mache die Schmutzarbeit, ich beziehe die Abfuhr, und Pell rümpft die Nase. Ist das alles?«

»Nein«, sagte sie. »Als ich ihm meine Wünsche auseinandergesetzt hatte, erklärte er, damit wolle er nichts zu tun haben. Nach seinen heutigen Erfahrungen sei er mit solchen Dingen fertig. Er sagte, daß Sie Ihre Beweise durch höchst unmoralische Mittel gewonnen hätten, selbst wenn man den niedrigsten Maßstab anlegte. Seine Agentur würde Sie unter keinen Umständen wieder beschäftigen. Nach dem heutigen Tage zweifle er daran, ob irgendeine Agentur Sie je wieder beschäftigen würde, sagte er.«

»Das ist sehr nett von ihm«, sagte ich und lächelte wieder. »Pell hat noch nie einen überentwickelten Sinn für Dankbarkeit gezeigt.« Ich wollte meinen Whisky austrinken, aber dann ließ ich es doch. Irgend etwas hatte mein Interesse erregt.

Ich saß da, zog an meiner Zigarette und sah sie an. Sie war ganz gelassen. Es schien ihr nichts auszumachen, daß man sie ansah. Sie blieb ganz ruhig. Sie gehörte scheinbar zu den Leuten, die wissen, was sie wollen, und die geradewegs auf ihr Ziel losgehen. Sie war so verdammt selbstsicher, daß sie es sich leisten konnte, kühl zu bleiben und sich nicht darum zu kümmern, was andere Leute über sie dachten. Und es war ein Vergnügen, sie anzusehen. Ich betrachtete sie weiter.

Nach einer Weile sagte sie: »Nun, haben Sie nichts zu sagen, Mr. O'Hara?« Sie griff nach ihrer Handtasche. »Und haben Sie etwas dagegen, daß ich auch rauche?«

»Aber bitte, selbstverständlich«, sagte ich und suchte in der Tasche nach meinem Feuerzeug. Aber ehe ich es gefunden hatte, hatte sie sich ihre Zigarette, eine von den dicken, teuren, ägyptischen, schon selbst mit einem kleinen goldenen Feuerzeug angesteckt. Sie saß rauchend da und betrachtete die Wand. Nach einer Weile wiederholte sie: »Nun . . .?«

»Nun . . . was?« fragte ich. »Sie meinen, ich müßte jetzt etwas sagen, nicht wahr? Nachdem ich Ihre Geschichte angehört habe, daß Pell mich nicht mehr beschäftigen will und daß er Zweifel hat, ob irgendeine andere Agentur – und sei sie auch noch so billig und ordinär – mich je wieder beschäftigen wird, nach der heutigen Geschichte in dem Prozeß. Nun . . . ich habe nichts zu sagen. Vielleicht sollte ich sagen, daß der Anwalt der Gegenpartei nur Eindruck auf das Gericht machen wollte oder daß ich nur meine Pflicht getan habe und daß bei nicht sehr anständigen Scheidungsprozessen irgend jemand im Schmutz wühlen muß.«

Sie blies einen Rauchring in die Luft. Dabei spitzte sie ihren Mund, und das war bestimmt sehenswert. So mußte ihr Mund aussehen, wenn man sie küßte. Wenn sie je nach Hollywood kommt, und Pandro Berman oder einer von der Sorte sieht sie Rauchringe blasen, wird er sie sofort fest verpflichten, dachte ich. Aber dazu brauchte sie gar nicht erst nach Hollywood zu gehen.

Ich zog eine neue Zigarette aus der Tasche. »Vielleicht«, fuhr ich fort, »müßte ich auch sagen, daß Pell ein Schuft ist. Ein Schuft, weil er dieses Geschäft an mich übertragen hat, damit er sich draußen halten konnte, damit er selber von einem reichen Klienten eine Menge Geld einkassieren und doch saubere Finger behalten konnte. Vielleicht müßte ich das alles sagen. Nun – ich sage es nicht.«

Sie zog die Augenbrauen hoch und warf mir einen schnellen Blick zu. Sie hatte helle blaue Augen, ihr Ausdruck war ruhig und gelassen. »Und was sagen Sie statt dessen?«

Ich lächelte sie wieder an. »Was, zum Teufel, kümmert das Sie?« fragte ich.

Sie lachte. Ich hörte ihr Lachen gern. Es war tief und hatte etwas von dem Plätschern eines Baches an sich. Vor allem, es war ein wirklich belustigtes Lachen. Es war ehrlich.

»Natürlich haben Sie vollkommen recht«, sagte sie. »Ich habe noch nicht einmal erklärt, warum ich hier bin. Ich wollte Sie erst sprechen hören.«

»Nun, jetzt haben Sie mich sprechen hören. Ich nehme nicht einmal ein Honorar dafür. Und was wollen Sie noch mehr? Soll ich Ihnen jetzt Gedichte vordeklamieren oder eine Tanznummer mit Gesang aufführen?«

Sie stand auf. Im ersten Moment dachte ich, sie wollte gehen, und war ein paar Sekunden lang ein wenig enttäuscht. Aber es war alles in Ordnung. Sie drehte ihren Sessel so, daß er gerade vor meinem Schreibtisch stand. Dann setzte sie sich wieder und schlug die Beine übereinander. Ihre Beine und Knöchel entsprachen ihrer übrigen Erscheinung. Alles an ihr war ganz entschieden erstklassig.

Sie drückte ihre Zigarette im Aschenbecher aus und sagte: »Nehmen wir an – nur um mit unserem Gespräch weiterzukommen – daß ich einen Anspruch darauf hätte, hier zu sein, daß es Ihnen nicht lästig wäre, mit mir zu sprechen, daß Sie wüßten, wer ich bin, daß . . .«

Ich lachte. »Ich würde mir lieber vorstellen, daß Sie mich bezahlen. Das ziehe ich entschieden vor.«

»Ausgezeichnet.« Sie lachte wieder ein kleines Lachen. »Stellen Sie sich das ruhig vor und sprechen Sie weiter. Sie schlossen mit der Bemerkung, daß Sie nichts von dem über Mr. Pell sagen werden, was ich von Ihnen erwartet hätte. Und Sie sprachen von dem, was er über Sie gesagt hatte.«

»Richtig«, sagte ich. »So war es. Ich werde also nichts von den Dingen sagen, die Sie von mir vielleicht erwarten, und ganz einfach deshalb, weil sie nicht wahr wären. Ich wußte über diesen Fall schon genau Bescheid, als Pell mich aufforderte, das nötige Beweismaterial zu sammeln. Ich wußte es einmal aus dem, was Pell mir damals sagte, und ferner, weil ich ein guter Detektiv bin. Ich konnte mir ganz genau vorstellen, was dabei herauskommen würde. In einem Scheidungsprozeß Beweismaterial sammeln, in dem jede Partei die Gegenseite am liebsten im Leichenschauhaus enden sähe – wenn das für Geld zu haben wäre –, das war noch nie eine Beschäftigung für Leute mit empfindsamem Gemüt. Solches Beweismaterial ist nie besonders sauber, und die Methoden, die man anwenden muß, um es zu bekommen, sind gewöhnlich außerordentlich unmoralisch, milde gesagt. Verstehen Sie das?« Sie nickte. Sie sagte, das verstünde sie.

»Ich dachte mir auch, daß Pell mich nachher den Wölfen zum Fraß vorwerfen würde«, fuhr ich fort. »Ich wußte, daß er das tun mußte. Aber seine Klienten würden den Prozeß gewinnen, und darauf kam es ihm an, und warum, zum Teufel, sollte er sich meinetwegen Sorgen machen! Alles, was Pell tun konnte, war, seine Hände in Unschuld zu waschen und zu sagen, daß die ganze Sache doch zu anstößig sei; daß er sich nie darauf eingelassen hätte, die Angelegenheit auch nur mit einer Feuerzange anzufassen, wenn er vorher gewußt hätte, was dabei aufgerührt würde, und was dergleichen mehr ist. Das wußte ich alles, ehe ich den Fall übernahm.«

Sie nickte wieder. »Dann sagen Sie mir bitte, warum Sie ihn übernommen haben«, fragte sie.

»Seien Sie nicht albern«, sagte ich und stand auf. Ich ging um meinen Schreibtisch herum. Ich blieb vor ihr stehen und blickte auf sie herunter. Sie bot einen verführerischen Anblick, wenn man nur davon absah, daß sie eine Atmosphäre ausstrahlte, die lebhaft an Grönland erinnerte. »Seien Sie nicht albern«, wiederholte ich. »Was glauben Sie, warum ich es tat? Hier gab es Gold zu graben. Hundert Pfund Anzahlung, zwanzig täglich für Auslagen und tausend bei erfolgreichem Abschluß des Prozesses, das heißt bei einem Scheidungsurteil. Nun, das Scheidungsurteil liegt vor, und ich kann die tausend Pfund brauchen.«

Sie machte eine Bewegung. »Glauben Sie, daß es soviel wert war?«

Ich zuckte die Achseln. »Darüber denke ich nie nach. Das liegt mir nicht. Nach reiflichem Überlegen bin ich zu dem Schluß gekommen, daß das, was mir dabei passieren konnte, tausend Pfund wert war.«

»Und haben Sie Ihr Geld bekommen?«

»Noch nicht. Ich werde es morgen bekommen«, antwortete ich.

»Das glaube ich nicht«, sagte sie.

Ich zog an meiner Zigarette. »Was wollen Sie damit sagen?« fragte ich.

»Mr. Pell sprach mit mir darüber«, sagte sie. »Er war sehr offen zu mir. Er war gar nicht zufrieden mit Ihnen. Ich glaube, er sprach viel offener mit mir, als er es sonst tut, weil er mich scheinbar davon abhalten wollte, etwas zu tun, was ich beabsichtigte. Etwas, das er für sehr töricht hält. Er . . .«

»Das mag alles so sein«, unterbrach ich. »Aber warum soll ich mein Geld nicht bekommen?«

»Wie es scheint, glaubt er, daß die verlierende Partei in dem heutigen Prozeß sich mit dem Ergebnis nicht zufriedengeben wird.« Sie lächelte. Es war ein sanftes, kleines Lächeln. »Nein, ganz und gar nicht. Das werden Sie verstehen können. Es scheint so, als hätte die verlierende Partei heute nachmittag mit allen möglichen Dingen gedroht. Man sagte unter anderem, daß die Hälfte Ihrer Beweise, die von einem scheinbar unabhängigen Zeugen bestätigt wurden, falsch waren. Der unabhängige Zeuge sei bestochen gewesen – von Ihnen. Mr. Pell sagte, er wolle abwarten, was geschähe. Gegen das Urteil könnte ein Einspruch erfolgen, und er würde Ihnen nicht Ihr Geld geben, ehe es sicher sei. Das ist für Sie nicht sehr angenehm, wie?«

»Nein«, gab ich zu. »Das ist für mich sogar sehr unangenehm. Es ist nett von Ihnen, daß Sie zu mir gekommen sind, um mir das zu erzählen. Das ist sehr freundlich von Ihnen.«

Es entstand eine Pause, aus der ein Schweigen wurde, das man mit einem Messer hätte schneiden können. Ich ging schließlich zu meinem Sessel zurück und setzte mich wieder. »Und was folgt aus alldem?« fragte ich.

Sie öffnete ihre Tasche, nahm eine neue Zigarette heraus und zündete sie an. »Sie scheinen nicht sehr neugierig zu sein«, sagte sie und sah mich lächelnd an.

»Neugierde habe ich mir seit Jahren abgewöhnt. Man ist nur dann neugierig, wenn man überrascht wird. Mich überrascht nichts mehr.«

»Nein?« fragte sie und zog die Augenbrauen hoch.

»Glauben Sie mir, wenn man so lange Privatdetektiv war, wie ich es bin, und stößt auf eine Überraschung, flaggt man über die Toppen und schießt Salut oder veranstaltet einen Fackelzug.« – Darauf antwortete sie nicht.

»Es überrascht mich nicht einmal«, fuhr ich lächelnd fort, »daß Pell, den ich für einen der gerissensten Burschen in meinem Berufe halte, mit Ihnen ausführlich über anderer Leute Angelegenheiten spricht, scheinbar nur, um Sie davon abzuhalten, etwas zu tun, was Sie unbedingt tun wollen. Ich habe bisher noch nicht erlebt, daß Pell vertrauensselig war. Er muß also einen guten Grund gehabt haben. Es gibt aber nur eines, das Pell veranlassen könnte, vertrauensselig oder gar menschenfreundlich zu werden. Das ist Geld.«

»Sie haben ganz recht. Ich war bereit, ihn für seinen Rat gut zu bezahlen.«

»Das erklärt alles«, sagte ich. »Und nachdem er das Geld hatte, hat er Ihnen freundlich und herzlich abgeraten. Wenn man Zweifel hat, soll man nichts tun, hat er wohl gesagt. Das ist unverfälschter Pell. Ich kann nur hoffen, daß sein Rat Ihr Geld wert war. Aber ich schließe daraus«, fuhr ich fort, »daß Sie jetzt nicht recht wissen, was Sie tun sollen. Sie gingen zu Pell, bezahlten ein hohes Honorar und fragten ihn, was Sie tun sollten. Sie haben sich ihm restlos anvertraut.« Ich drückte meine Zigarette aus. Ich war nahezu krank von den vielen Zigaretten, die ich geraucht hatte. »Eine Frau wie Sie tut das nur, wenn sie in einer fatalen Klemme ist. Sie sind also in einer fatalen Klemme. Pell warnte Sie vor allem, das Sie tun oder getan haben wollten. Aber Sie versuchten, ihn trotzdem zu überreden. Ich kann mir vorstellen, daß er nicht mitmachen wollte. Aber er hatte ein fettes Honorar vor sich liegen, und er meinte, daß er Ihnen irgendwas für Ihr Geld bieten müßte. Darum erzählte er Ihnen von seinem letzten Fall und von mir. Er schilderte Ihnen, was ich für ein miserabler Schurke bin und was jener Rechtsanwalt über Leute wie mich im allgemeinen und meine Person im besonderen gesagt hatte. Pell hielt Ihnen das als ernste Warnung vor.«

Ich lächelte sie an. Sie lächelte zurück. Sie hatte sich bequem in den Sessel zurückgelehnt. Sie war faszinierend. Ich beobachtete jede ihrer Bewegungen, die, so gering sie auch sein mochten, von einer ungezwungenen, fast vollkommenen Grazie erfüllt waren. Ich dachte, daß sie zu jenen Frauen gehören mußte, die viel Unruhe stiften können. Vielleicht hatte sie es auch schon getan.

»Sie sind sehr scharfsinnig, Mr. O'Hara. Sie scheinen einen sicheren Instinkt zu haben.«

»Was heißt hier Instinkt. Die Tatsachen liegen so offen, daß man darüber stolpern muß. Leute Ihrer Art sitzen nicht mitten in der Nacht in fragwürdigen Büros wie meinem herum und warten darauf, daß ihr Inhaber aus irgendeiner Kneipe zurückkommt. Und das nur, um das Vergnügen zu haben, ihm zu sagen, daß er ein scharfsinniger Mann sei. Warum geben Sie dies ganze Drumherumgerede nicht auf und sprechen offen mit mir. Vermutlich ist das, was Sie zu sagen haben, sehr unangenehm.«

»Warum glauben Sie das?«

»Weil Sie mir sonst nicht die ganzen Geschichten von Pell erzählen würden, was er gesagt hat und was er nicht gesagt hat. Sie wollen mich auf etwas vorbereiten, was noch schlimmer ist als die Sache von heute nachmittag.«

Sie stand auf. Sehr schnell und plötzlich erhob sie sich von ihrem Sessel und stand mir gegenüber vor dem Schreibtisch. Sie hielt die Zigarette zwischen ihren weißen, schlanken Fingern und sah mich ernst an. »Ich nehme an, Sie sind enttäuscht wegen des Geldes von Pell.«

»Sie meinen wohl die tausend Pfund, von denen Pell sagte, daß er sie mir nicht geben würde? Nett von Ihnen, daß Sie sich deswegen Sorgen machen.«

Sie sagte langsam: »Ja, das meinte ich.«

»Meinen Sie wirklich, ich sähe wie einer aus, der nicht zu seinem Geld kommt? Pell hat mit mir ein Abkommen getroffen, ich habe meine Verpflichtung erfüllt, und ich werde schon dafür sorgen, daß er seine auch einhält.«

Sie fragte schnell: »Sie glauben, daß Sie ihn dazu bringen können, Sie zu bezahlen?«

»Darüber habe ich noch gar nicht nachgedacht«, antwortete ich. »Aber ich versichere Ihnen, ich werde einen Weg finden, um Pell zu veranlassen, das Geld herauszurücken. Und jetzt wird es mir zu langweilig, über Pell zu reden, wenn ich das sagen darf. In jedem Fall hat die Angelegenheit mit Ihnen nicht das geringste zu tun.«

»Es hat eine ganze Menge mit mir zu tun«, antwortete sie. Sie zögerte, ehe sie weitersprach. »Sehen Sie, ich würde Ihnen gerne die tausend Pfund geben, die Sie von Pell nicht bekommen werden. Und Sie können mir glauben. Sie werden sie nicht bekommen. Ich weiß, wann ein Mann meint, was er sagt. Pell hat Angst. Er befürchtet, daß er Unannehmlichkeiten haben könnte, wenn gegen das Urteil Einspruch erhoben wird. Schließlich war er es, der Sie beauftragt hat. Er glaubt, daß ein Honorar von tausend Pfund so groß ist, daß man behaupten wird, Ihre Aussage sei durch Bestechung erkauft.«

Ich zuckte die Achseln. Dann sagte ich: »Und Sie wollen mich also dafür entschädigen. Das ist sehr liebenswürdig von Ihnen, aber warum?«

Sie sagte: »Natürlich stelle ich gewisse Bedingungen.«

Ich lachte und sagte: »Setzen Sie sich bitte wieder. Ich sehe Sie gerne an, wenn Sie sitzen.« Sie setzte sich.

»Sie stellen also gewisse Bedingungen«, fuhr ich fort. »Das ist ungewöhnlich. Sie wollen mir nicht tausend Pfund geben, weil Sie mich persönlich gut leiden können.«

Sie sagte leise: »Stellen Sie sich jetzt nicht einfältiger an, als Sie sind, Mr. O'Hara. Natürlich werde ich Ihnen nicht umsonst tausend Pfund geben. Aber ich bin bereit, Ihnen tausend Pfund zu bezahlen, weil ich nicht will, daß Sie sich über Mr. Pell ärgern, dem ich mich verpflichtet fühle. Wenn ich heute nachmittag nicht mit ihm gesprochen hätte, so hätte ich nie etwas von Ihnen gehört.«

»Und Sie sind froh, daß Sie von mir gehört haben?« forschte ich.

Sie nickte. Sie lächelte wieder und zeigte dabei bildhübsche Zähne. »Ich bin sehr froh darüber. Was ich von Ihnen gehört habe, sagt mir, daß Sie der Mann sind, den ich suche.«

Ich zündete mir eine neue Zigarette an. »Nun lassen Sie mich auch das Schlimmste wissen.«

Sie schwieg einen Moment, dann fragte sie: »Gibt es jemand, den Sie besonders gern mögen, wirklich gern mögen?«

Ich schüttelte den Kopf. »Nein, das gibt es nicht. Ich kenne ein oder zwei Leute, die ich gut leiden kann, aber es gibt niemand, der mir wirklich etwas bedeutet.« Ich lächelte sie an. »Meine Gefühle für meine Mitmenschen sind ziemlich oberflächlich. Das macht vieles leichter«, fügte ich hinzu.

Sie bewegte sich in ihrem Sessel. »Das klingt so, als seien Sie einmal sehr enttäuscht worden – möglicherweise von einer Frau.«

»Welcher Mann wurde das nicht?« fragte ich.

»Das ist richtig. Aber bei Ihnen war es wohl besonders schlimm. Sie sind so zynisch.«

Darauf antwortete ich nicht.

Sie fuhr fort: »Ich habe Sie gefragt, ob Sie jemand besonders gern mögen, weil es Ihnen dadurch vielleicht leichter würde, zu verstehen, was ich empfinde.«

»Und was empfinden Sie?«

Sie zuckte die Achseln. »Ich bin sehr unglücklich, sehr elend.

Nicht meinetwegen. Ich habe keinen Grund, unglücklich oder elend zu sein. Aber ich habe eine Freundin, die mir große Sorgen macht. Sie ist jünger als ich. Sie war ein entzückendes Mädchen.«

»Und was kann ich dabei tun?«

Sie schwieg eine Weile. Es schien, als versuchte sie zu einem Entschluß zu kommen. Sie ließ mir Zeit, sie zu betrachten, und ich konnte mich auf das konzentrieren, was sie sagen würde. Ohne Zweifel war sie eine ungewöhnliche Erscheinung. Sie war schön, sie hatte Stil und Lebensart. Und sie war klug, sie hatte Verstand. Sie mußte Verstand haben, wenn es ihr gelungen war, Pell zu täuschen, und ich war überzeugt, daß sie Pell getäuscht hatte. Das machte mich mißtrauisch.

Schließlich sagte sie: »Es ist eine ziemlich lange Geschichte, aber es ist besser, wenn Sie sie von Beginn an kennen. Dann werden Sie wissen, wie es anzupacken ist. Sie können dann beurteilen, ob meine Gedanken richtig sind. Wollen Sie mir zuhören?«

Ich nickte und sagte: »Erzählen Sie bitte.«

Sie begann mit ruhiger Stimme zu sprechen. Sie betrachtete dabei ihre Hände, die sie zusammengefaltet im Schoß hielt. Offensichtlich fiel es ihr nicht leicht, darüber zu sprechen.

»Als der Krieg begann, glaubte ich einen Mann zu lieben, der damals Offizier in einem Infanterieregiment war. Er war etwas jünger als ich, und ich weiß heute, nachdem ich viel Zeit gehabt habe, darüber nachzudenken, daß ich ihn nicht wirklich liebte. Ich mochte ihn sehr gerne, aber es waren eher mütterliche Gefühle, die ich für ihn empfand. Können Sie das verstehen, Mr. O'Hara?«

»Warum nicht«, sagte ich, »das ist leicht zu verstehen.«

Sie fuhr fort: »Er wollte mich heiraten, ehe er nach Birma ging, aber das wollte ich nicht. Ich sagte, dazu sei es immer noch Zeit, wenn er zurückkäme. Er bedauerte das sehr, aber er fügte sich. Er war ein außerordentlich netter Mensch.«

Sie schwieg einen Moment. Sie hielt ihre Hände im Schoß, krampfte ihre langen Finger zusammen und streckte sie wieder. Aus irgendeinem Grund war sie nervös.

»Er wurde von den Japanern gefangengenommen und machte eine furchtbare Zeit in einem Kriegsgefangenenlager durch«, sagte sie langsam. »Schließlich starb er. Sie können sich vielleicht vorstellen, daß er vor seinem Ende ein entsetzliches Leben gehabt haben muß.«

»Das kann ich mir sehr gut vorstellen«, sagte ich.

»Als ich die Nachricht von seinem Tod erhielt, war ich tief erschüttert. Ich fühlte, daß ich ihn doch hätte heiraten sollen. Ich kam mit mir selbst nicht zurecht und war tief unglücklich. Ich glaubte, das beste für mich sei, zu reisen und über nichts nachzudenken. Ich war in einer schrecklichen Verfassung, und mein Arzt glaubte, daß es mir helfen würde, wenn ich fortginge. Darum fuhr ich in Begleitung meiner Freundin Esmeralda nach Amerika.«

Ich fragte: »Spielt sie in der Geschichte eine Rolle?«

Sie nickte.

»Wer ist Esmeralda?« fragte ich.

»Eine Freundin, sie ist jünger – fünf Jahre jünger – als ich«, sagte sie. »Sie betrachtete das Leben ziemlich oberflächlich. Sie war sorglos und glücklich und hatte einen Hang für Romantik. Ich mochte sie sehr gerne. Und mag sie immer noch.«

Ich bat sie weiterzusprechen.

»Als ich einige Monate in Amerika war, begegnete mir ein Mann – Alexis Ricaud. Ich fing gerade an, mein Unglück zu vergessen, war aber immer noch ruhelos. Ricaud schien mir liebenswürdig, gütig und stark. Ich hielt ihn für einen anständigen und zuverlässigen Menschen. Ich heiratete ihn in Amerika und entdeckte zu spät, daß ich einen großen Fehler beging.«

»Was für einen Fehler?« fragte ich.

»Ich kam dahinter, was Ricaud wirklich war«, sagte sie. »Ich brauche nicht in die Einzelheiten zu gehen, aber ein paar Monate nach meiner Heirat erfuhr ich durch einen seltsamen Zufall, daß er keineswegs ein anständiger Mensch war. Ich fand heraus, daß er hauptsächlich von Erpressungen an Frauen gelebt hatte; daß sich hinter seinem charmanten Äußeren eine äußerst bösartige und sadistische Natur verbarg; daß sein Vorleben höchst unerfreulich war; daß er mich nur meines Geldes wegen geheiratet hatte.«

»Und unternahmen Sie etwas?« fragte ich.

Sie nickte. »Ich hatte eine Aussprache mit ihm. Ich sagte ihm, daß ich ihn durchschaut hätte und daß ich mich sofort von ihm scheiden lassen würde.«

»War er damit einverstanden?«

»Gar nicht, aber er konnte nichts dagegen machen. Ich sagte ihm, daß ich ihn bei der Polizei anzeigen würde, wenn er sich der Scheidung widersetzte.«

»War sein Vorleben so übel?« fragte ich.

Sie sagte: »Ja, es war sehr übel. Er willigte darauf in die Scheidung ein und gab zu, daß alles wahr sei, was ich ihm vorwarf. Ich hätte aus der Bereitwilligkeit, mit der er sich fügte, schließen müssen, daß er irgendwelche dunklen Absichten verfolgte. Aber ich schöpfte keinen Verdacht. Ich erklärte ihm, daß ich sofort nach England zurückkehren würde und daß ich einen Rechtsanwalt in New York beauftragt hätte, den Scheidungsprozeß durchzuführen; daß ich alle Schritte unternehmen würde, um so schnell wie möglich von ihm frei zu werden. Ich kehrte nach England zurück. Esmeralda begleitete mich. Ich argwöhnte damals noch nicht, daß Ricaud hinter ihr her war; daß sie ihm damals schon verfallen war und alles glaubte, was er sagte.«

»Besaß Esmeralda Vermögen?« fragte ich.

Sie nickte. »Sie war ganz gut gestellt.« Sie zuckte die Achseln. »Heute ist sie es nicht mehr.«

»Erzählen Sie weiter«, sagte ich.

»Nach einiger Zeit bekam ich meine Scheidungsurkunde. Unmittelbar darauf erfuhr ich, daß Ricaud nach England gekommen war. Esmeralda hatte sich mit ihm verlobt, und sie wollten heiraten. Ich war entsetzt. Ich schrieb ihr und teilte ihr alles mit, was ich wußte. Ich beschwor sie, ihn nicht zu heiraten, ehe sie mit mir gesprochen hatte.«

»Aber sie glaubte Ihnen wohl nicht?« fragte ich. »Sie glauben es in solchen Fällen nie.«

»Sie haben recht. Sie glaubte mir nicht. Im Gegenteil. Sie schrieb mir, daß ich die ganzen Geschichten über Ricaud erfunden hätte, weil es mir leid täte, daß ich mich von ihm hatte scheiden lassen, und daß ich nur eifersüchtig wäre. Sie weigerte sich, mich zu sehen. Bald darauf heiratete sie Ricaud.«

»Und jetzt weiß sie, daß Sie ihr die Wahrheit gesagt hatten?« warf ich ein.

Sie nickte zustimmend. »Jetzt weiß sie es«, sagte sie leise. »Jetzt, da es zu spät ist. Mr. O'Hara, sie ist in einem schrecklichen Zustand. Ricaud hat fast all ihr Geld an sich gebracht. Sie hat nur sehr wenig übrigbehalten. Sehr bald nach ihrer Heirat entdeckte sie, daß alles, was ich ihr gesagt hatte, nur zu wahr war. Aber sie ist vollkommen in seiner Gewalt. Ein- oder zweimal schrieb sie mir, daß sie sich von ihm trennen wollte. Dann änderte sie aber aus mir unbekannten Gründen wieder ihre Absicht. Einmal verließ sie ihn und kam zu mir. Sie erzählte mir, wie er sie behandelte, seine Grausamkeit, und kehrte dann doch wieder zu ihm zurück. Es wurde mir klar, daß er einen Einfluß auf sie haben mußte, der nicht zu brechen war. Etwas, was stärker als ihr Wille war, als ihre Selbstachtung, als alles Gute an ihr, etwas so Abscheuliches, daß man es sich nicht vorstellen kann.«

»Rauschgift?« fragte ich.

»Ja«, sagte sie zögernd. »Er gewöhnte sie an Rauschgift, und jetzt, fürchte ich, ist sie vollkommen süchtig. Die paar halbherzigen Versuche, die sie machte, um von ihm loszukommen, waren vergeblich, sie verfiel ihm immer wieder. Und sie wollte sich weder von ihren Verwandten noch von ihren Freunden helfen lassen. Sie ist vollkommen in seiner Gewalt.«

Sie schwieg. Es war ganz still im Zimmer. Ich konnte die Uhr auf dem Kaminsims ticken hören. Es war eine billige Uhr, sie tickte sehr laut. In der Stille klang sie wie eine Höllenmaschine.

»Ist das alles?« fragte ich.

»Ist es nicht genug?« fragte sie bedrückt.

»Genug, wofür?«

Sie legte ihre Hände auf die Kante des Schreibtisches. Ich konnte sehen, wie ihre Finger zitterten. Sie sagte schnell: »Ist es wirklich nicht genug, Mr. O'Hara? Ist es Ihnen nicht genug, um etwas dagegen zu tun?«

Ich drückte meine Zigarette aus. »Was soll ich denn dagegen tun?« fragte ich.

Sie sagte: »Hören Sie mich an, Mr. O'Hara. Ich habe Angst, ich habe schreckliche Angst um Esmeralda. Ich fürchte, sie ist am Ende ihrer Kraft. Sie ist nicht mehr ganz verantwortlich für das, was sie tut. Es muß sehr schnell etwas geschehen.«

»Woran denken Sie?« fragte ich. Nun interessierte es mich beinahe.

»Ich kann nicht beweisen, daß sie das Rauschgift von Ricaud bekommt«, sagte sie. »Aber ich bin dessen gewiß. Ihr Arzt ist es auch. Und Ricaud fürchtet sich vor der Polizei. Ich bin sicher, daß es helfen würde, wenn Sie zu ihm gingen und ihm sagten, Sie kämen im Auftrage von Esmeraldas Verwandten. Sie hätten herausgefunden, die Droge bekäme sie von ihm. Sie könnten ihm sagen, daß Sie ihn bei der Polizei anzeigen würden, wenn er nicht sofort England verlassen und Esmeralda vollkommen in Ruhe lassen würde, damit sie in ärztliche Behandlung kommen und geheilt werden kann. Aber ich möchte, daß Sie es gleich tun, Mr. O'Hara. Sofort. Es ist keine Zeit mehr zu verlieren.«

Ich zündete mir wieder eine Zigarette an. »Das scheint mir keine tausend Pfund wert zu sein. Das ist zu leicht.«

»Vielleicht ist es doch nicht so leicht«, sagte sie. »Er ist gerissen und skrupellos. Und er hat ein paar eigenartige Freunde. Es könnte Folgen für Sie haben, wenn Sie ihm drohen.«

Ich lächelte sie an. »Ich verstehe. Sie meinen, ich müßte mich dabei sehr vorsehen, meiner eigenen Sicherheit wegen.«

»Ja«, sagte sie. »Das meine ich.«

»Wer sind Sie übrigens?« fragte ich.

Sie lächelte. »Sie sind ein sehr merkwürdiger Mann, Mr. O'Hara. Aber ich finde Sie sehr unterhaltend. Sie kommen hierher, trinken als erstes Whisky aus einer Flasche und setzen sich hin, um sehr freundlich anzuhören, was ich zu sagen habe. Dann kommen Sie plötzlich darauf zu fragen, wer ich eigentlich bin.«

»Ist das wirklich so seltsam? Bisher war es doch ganz unwichtig.«

Sie sah mich an. Ihre Wimpern waren lang und dicht und sehr sorgfältig getuscht, so gut, daß es kaum zu bemerken war.

»Natürlich haben Sie vollkommen recht«, gab sie zu. »Bisher war es tatsächlich ohne Bedeutung. Und jetzt ist es von Bedeutung, und darum wollen Sie es wissen.« Sie lächelte plötzlich wieder. »Sie sind nur dann neugierig, wenn es wirklich nötig ist. Man muß das Leben schon sehr langweilig finden, um so zu sein.«

»Na schön, nehmen wir an, ich finde das Leben so langweilig. Und nun möchte ich Ihren Namen wissen.«

»Mein Name ist Ivory«, sagte sie ruhig. »Mrs. Leonora Ivory. Das ist mein Mädchenname. Ich nahm ihn wieder an, als ich von Ricaud geschieden wurde.«

»Das ist ein hübscher Name«, sagte ich und schrieb ihn auf. »Kann ich Ihre Adresse haben?«

»Gegenwärtig wohne ich im Culloden-Hotel.«

Ich schrieb auch das auf und fragte dann: »Haben Sie die tausend Pfund bei sich?«

Sie lächelte wieder. »Ja«, sagte sie. »Ich wußte, daß Sie mir helfen würden«, fügte sie dann erleichtert hinzu und öffnete ihre

Handtasche. Sie nahm ein dickes Paket Banknoten heraus und legte es auf meinen Schreibtisch.

»Was für ein erfreulicher Anblick ist doch so ein Paket neuer Banknoten«, sagte ich und lächelte ebenfalls. »Wenn ich Maler wäre, würde ich das als Stilleben malen.«

»Schade, daß Sie kein Maler sind, vielleicht ist ein Künstler an Ihnen verlorengegangen.«

»Nun, auch die richtige Behandlung von Mr. Ricaud scheint einige Kunst zu erfordern. Ich werde versuchen, ihm gerecht zu werden.« Ich legte die Noten in meine Schreibtischschublade. »Wo wohnt er denn?«

»Er hat ein Haus in der Nähe von Maidenhead. Es heißt ›Am Kreuzweg‹. Es steht am Rande des Ortes. Gewöhnlich kann man ihn dort antreffen.«

»Wohnt er allein?«

»Ich glaube, ja. Am Tage ist er zwar oft nicht zu Hause, aber nachts, glaube ich, immer. Tagsüber kommt eine Frau und bringt das Haus in Ordnung. Ich nehme an, daß er im allgemeinen ganz allein ist.« Sie zögerte. »Es sei denn, er hat Besuch.«

»Eine Frau?« forschte ich.

»Gewöhnlich ist es wohl eine Frau«, antwortete sie zurückhaltend.

»Richtig«, sagte ich. »Ich danke Ihnen sehr, Mrs. Ivory.« Ich stand auf und warf meine Zigarette fort.

Sie fragte: »Was werden Sie nun tun?«

Ich lächelte sie an. »Ich werde gar nichts tun.«

Sie erhob sich schnell. Sie stand vor meinem Schreibtisch und sah mich an. Ihre Augen waren plötzlich sehr kalt. Sie sagte: »Ist das Ihr Ernst?«

»Warum nicht?« fragte ich. »Auf diese Weise mache ich meinen Verlust hintenherum wieder wett. Ich habe meine tausend Pfund, das Geld, das Pell mir nicht geben will, wie Sie behaupten.«

Sie sagte kalt: »Sind Sie sicher, daß das gutgeht? Glauben Sie, daß Sie sich das leisten können?«

»Ich bin verdammt sicher, daß ich das kann«, sagte ich. »Oder bilden Sie sich ein, daß man Ihnen glauben wird, wenn Sie mich anzeigen? Nachdem Sie mit Pell gesprochen haben und gehört haben, was er über mich gesagt hat, und gehört haben, was der Rechtsanwalt heute nachmittag vor Gericht über mich gesagt hat, werden Sie mir doch nicht einreden wollen, daß Sie annehmen, jemand würde Ihnen glauben, wenn Sie behaupten, Sie hätten tausend Pfund in Ihre Handtasche gesteckt und wären spät am Abend zu mir gekommen. Sie hätten sich allein in mein Büro gesetzt und auf mich gewartet. Bilden Sie sich wirklich ein, daß Ihnen auch nur einer ein Wort von dieser Geschichte glauben würde?«

»Mr. O'Hara. Das Geld ist in Fünfpfundnoten. Die Bank wird die Nummern notiert haben.«

»Nein, Mrs. Ivory.« Ich lächelte sie an. »Die Banken haben sich früher einmal die Nummern der Fünfpfundnoten notiert. Heute tun sie es nicht mehr. Vor zwei Jahren haben sie das aufgegeben.«

Es entstand eine Pause. »Ja, dann scheint es, als ob hier nichts mehr zu sagen wäre.« Ihre Stimme klang sehr unglücklich.

Ich kam um den Schreibtisch herum und sagte: »Das scheint mir auch so.«

Ich wollte zur Tür gehen, um zu öffnen, aber als ich neben ihr war, blieb ich unwillkürlich stehen. Sie sah mich wie ein mißhandelter Hund an, ihre Augen waren voller Tränen. Ich weiß nicht, was für ein Parfüm sie benutzte, aber es war unaufdringlich und gleichzeitig verwirrend. Ich stand vor ihr und sah sie an. Sie gefiel mir wirklich sehr gut.

Sie sagte mit leiser Stimme: »Ich hatte Angst, als ich heute abend herkam und auf Sie wartete. Angst vor Ihnen, was Sie für ein Mensch seien, was Sie sagen würden. Ich habe keine Erfahrung in solchen Dingen. Ich gebe zu, ich kam zu Ihnen, weil ich glaubte, daß Sie nicht viele Skrupel haben würden. Ich brauche jemanden, der keine Skrupel hat. Die Angelegenheit, die ich Ihnen übertragen wollte, ist keine besonders schöne Sache. Als ich eine Weile mit Ihnen gesprochen hatte, hatte ich die Empfindung, daß man Sie mir schwärzer geschildert hat, als Sie sind.«

»Und jetzt wissen Sie, daß Sie sich geirrt haben.«

»Ich zweifle noch daran, daß ich unrecht hatte«, antwortete sie. »Ich kann nicht glauben, daß Sie es tun werden.«

»Aber ich tue es«, sagte ich. »Sie können es nur nicht glauben, weil Sie es nicht glauben wollen.«

Dann tat sie etwas Überraschendes. Sie machte einen Schritt auf mich zu und legte ihre Hand auf meinen Arm. Ihre weißen, langen, dünnen Finger hoben sich seltsam von meinem dunklen Ärmel ab. Mit leiser Stimme sagte sie: »Mr. O'Hara, bitte, bitte.«

»Es kommt nicht in Frage. Ich danke Ihnen für den angenehmen Abend. Tut mir leid, daß Sie die Treppen hinuntergehen müssen, aber es gibt keinen Aufzug in diesem Haus.«

Sie errötete. Dann senkte sie den Kopf, nahm ihre Handtasche und ihre Handschuhe auf und ging aus dem Büro. Die Tränen in ihren Augen waren echt. Sie wirkten sehr überzeugend.

Ich hörte, wie ihre Absätze den Korridor entlangklapperten. Ich setzte mich auf den Drehstuhl, öffnete die Schreibtischschublade und trank einen großen Schluck aus der Whiskyflasche. Es war nur noch ein Drittel darin. Dann ging ich aus dem Büro bis zum Ende des Korridors. Ich öffnete das Fenster und sah hinaus. Unter mir lag die Straße. Die Laternen schimmerten immer noch auf dem nassen Asphalt. Gleich darauf kam sie aus der Haustür. Sie ging zu dem Armstrong-Siddeley-Kabriolett, schloß auf und stieg ein. Sie wendete scharf und fuhr davon.

Ich ging in mein Büro zurück und setzte mich. Ich begann über Mrs. Ivory nachzudenken. Sie war eine Person, über die man sehr viel und sehr lange nachdenken konnte.

Aber im Moment ärgerte ich mich über sie. Ich wurde den Verdacht nicht los, daß sie versucht hatte, mich hereinzulegen, mich in irgendeine üble Geschichte zu verwickeln.

Nicht etwa, daß ihre Geschichte nicht gut geklungen hätte; sie war glaubwürdig genug. Aber die Angelegenheit mit Pell gefiel mir nicht.

Ich kannte Pell. Er war ein alter, raffinierter Schurke. Aber er würde nicht versuchen, mich zu hintergehen, wenn der Anlaß nicht sehr verlockend wäre. Er wußte verdammt genau, daß ich mit den Rechtsanwälten in diesem Fall gut bekannt war und auch wußte, daß ihnen ganz klar war, daß ich für ihre Klienten die Kastanien aus dem Feuer geholt hatte und nicht Pell. Pell hatte tausend Pfund für mich, und wenn Mrs. Ivory nicht gekommen wäre, hätte er sie mir gegeben. Er bezahlte immer sofort, wenn er mußte. Und dieses Mal mußte er, und das wußte er. Bis zu dem Moment, in dem sie auftauchte. Solange war alles in Ordnung gewesen. Dann war sie zu ihm gekommen und hatte ihm eine Geschichte erzählt, und Pell hatte ihr gesagt, daß ich die Angelegenheit wahrscheinlich für sie übernehmen würde, wenn es ihr gelang, mich dafür zu interessieren, oder wenn ich Geld brauchte. Er mußte ihr gesagt haben, daß ich anders nicht zu bekommen sei. Er mußte ihr gesagt haben, daß ich nie einen Fall übernahm, wenn er mich nicht interessierte oder wenn ich nicht Geld brauchte. Vermutlich hatte er ihr gesagt, daß ich jetzt gerade kein Geld brauchte, weil er mir tausend Pfund schuldig war.

Und dann mußte sie Pell bearbeitet haben. Sie hatte Pell dafür bezahlt zu sagen, er würde mir mein Geld nicht geben, weil er glaube, gegen das Urteil würde Einspruch erhoben werden. Wahrscheinlich hatte sie gedacht, daß sie sich auf diese Weise meiner versichern könnte und ich ihren Fall übernehmen müßte, weil ich Geld brauchte. Das paßte auch zu Pell. Vielleicht dachte er, daß er mit ein bißchen Glück meine Tausend eine Weile für sich behalten könnte und daß ich ihn nicht behelligen würde, wenn ich von ihr Geld bekam und Aussicht auf noch mehr hätte.

Das mußte sie Pell eingeredet und ihn gut dafür bezahlt haben, und dafür hatte er ihr dann meine Adresse und eine Beschreibung dessen gegeben, was er für meine charakterlichen Eigenheiten hielt.

Mrs. Ivory hatte bekommen, was sie verdiente, dachte ich. Aber es gefiel mir nicht. Ganz und gar nicht. Sie war zu schön, um zu versuchen, einen O'Hara an der Nase herumzuführen. Das war das, was ich mir dachte. Und während ich das dachte, trank ich meinen Whisky aus.

Die Glocke des Kirchturms, die die halbe Stunde schlug, klang, als sei sie gesprungen. Als sie zu Ende geschlagen hatte, lauschte ich auf das Ticken der Uhr auf dem Kaminsims.

Ich beschloß, nicht weiter über Mrs. Ivory nachzudenken. Ich nahm ihr Geld aus dem Schreibtisch und steckte es in meine Brusttasche. Dann setzte ich meinen Hut auf, drehte das Licht aus, schloß mein Büro ab und ging fort. Auf dem langen, dunklen Korridor konnte ich das Mondlicht durch das Fenster am anderen Ende strahlen sehen. Es war, als ob man aus dunkler Nacht in den hellen Tag hineinging. Meine Schritte hallten auf der nackten, hölzernen Treppe. Ich schloß die Außentüre hinter mir ab und ging schnell davon.

Nach zehn Minuten kam ich bei Joe Melanders Lokal an. »Wüsten-Bar« hieß es. Joe stand am Ende der langen Steintreppe, die zu seiner Kneipe hinunterführte. Plump, wohlgenährt, frisch rasiert, eine Idee zu stark gepudert und etwas aufdringlich nach Pomade duftend. »Guten Abend, Mr. O'Hara«, begrüßte er mich.

»Ich freue mich, daß Sie kommen. Ich freue mich immer, wenn Sie kommen.« Er lächelte. »Ich habe gelesen, daß Rechtsanwalt Lamberley Sie heute nachmittag ein bißchen scharf angefaßt hat. Diese Anwälte . . .« Er zuckte die Achseln. »Privatdetektive haben es eben schwer«, fuhr er fort. »Kommen Sie, wir trinken einen aus meiner privaten Flasche.«

Ich gab Hut und Mantel an der Garderobe ab und folgte ihm. Wir setzten uns hinten in der Ecke des Lokals an einen Tisch. Der Kellner, der aussah, als hätte er die Schlafkrankheit, brachte eine Flasche Whisky, einen Siphon und Gläser.

»In Scheidungsprozessen sind Privatdetektive vogelfrei, wenn es den Anwälten paßt«, sagte ich. »Die Gegenseite versucht immer, jede Aussage zu entwerten. In so einem üblen Fall wie diesem kann man noch von Glück sagen, wenn man mit heiler Haut davonkommt.«

»Ja«, sagte Joe, »so ist es wohl.« Er goß zwei große Whisky ein und lächelte mich an. »Sie müssen einen Haufen Geld bekommen haben. Der Anwalt war wirklich sehr unfreundlich mit Ihnen.«

Er goß Sodawasser zu dem Whisky.

»Seien Sie gerecht«, sagte ich. »Warum sollte ein Rechtsanwalt in einem Scheidungsprozeß zu einem Detektiv freundlich sein? Das wäre ja schon nicht mehr menschlich.«

»Ich muß schon sagen, Sie haben Humor«, sagte Joe.

Ich sah mich in dem großen Raum um. Die Idee, ein Lokal »Wüsten-Bar« zu nennen, erschien mir heute so absurd wie immer. Aber schließlich paßte es zu Joe. Die Wände waren mit Ansichten einer Phantasie-Oase bemalt, mit Kamelen, Palmen, Beduinen, Eseln und was sonst noch dazu gehört. Von Joes Gästen konnte man sicher sein, daß sie für Kamele aufrichtige Bewunderung empfanden. Ein Wesen, das es fertigbrachte, acht Tage lang auf jede Form von Getränk zu verzichten, mußte für die Burschen und Mädchen, die hier verkehrten, etwas Besonderes bedeuten.

Es war eine sehr gemischte Gesellschaft, besonders die Mädchen. Die Männer hatten mit einer der vielen undurchsichtigen Methoden, die sich nach Kriegen so ergeben, eine Menge Geld gemacht, und die Mädchen sannen auf Mittel und Wege, ihren Teil davon abzubekommen. Meiner Meinung nach hatte es ein Teil der Mädchen nicht leicht. Aber schließlich: wer hatte es in England schon leicht, seitdem die Amerikaner nach Hause gegangen waren.

»Ich habe immer geglaubt, Sie würden sich auf Scheidungsgeschichten nicht einlassen, Mr. O'Hara«, sagte Joe und füllte die Gläser von neuem. Dann sah er mich an, lächelte und zuckte die Achseln. »Entschuldigen Sie«, sagte er. »Ich bin immer zu neugierig.«

»Macht nichts, Joe«, sagte ich. »Gewöhnlich gebe ich mich auch mit solchen Dingen nicht ab, aber heutzutage hat man es nicht leicht, und das Honorar war sehr verlockend.«

Mich überkam eine plötzliche Unruhe, ich wußte nicht, weshalb.

»Sie sehen abgespannt aus«, sagte Joe. »Sie sollten mal auf Urlaub gehen.«

Ich nickte. »Das ist ein guter Gedanke. Wenn jemand nach mir fragt, können Sie ihm sagen, ich sei auf Urlaub gefahren.«

»Meinen Sie, daß jemand nach Ihnen fragen wird?« fragte er und machte ein Gesicht, als käme er vom Mond.

»Es wäre möglich«, sagte ich. »Man kann ja nie wissen.« Ich stand auf. »Darf ich mal telefonieren?«

Er nickte. »Wenn jemand nach Ihnen fragt, sind Sie also in Urlaub und haben keine Adresse hinterlassen.«

»Richtig«, sagte ich.

Er gab mir seinen Schlüssel, und ich ging quer über die Tanzfläche und ein paar Stufen hinauf in sein Büro. Ich machte die Tür hinter mir zu, drehte das Licht an und schob den Riegel vor.

Ich suchte die Nummer vom Culloden-Hotel und wählte. Ich bat den Nachtportier, mich mit Mrs. Ivory zu verbinden. Es wohne keine Mrs. Ivory im Hotel, antwortete er. Es sei auch kein Zimmer für sie bestellt, und er kenne überhaupt keine Mrs. Ivory. Das überraschte mich etwas, aber nicht sehr.

Ich machte es mir in Joes Schreibtischsessel bequem und überlegte, wohin ich wohl fahren könnte. Ein Hotel in Torquay fiel mir ein, von dem ich ein Bild gesehen hatte. Ein Bild mit Palmen und langen Wogen auf der See und viel Sonnenschein. Ein sehr reizvolles Bild. Torquay würde mir für ein paar Wochen ausgezeichnet bekommen, dachte ich. Der Gedanke, in einem Liegestuhl zu sitzen, der Musik zuzuhören und das Meer zu betrachten, gefiel mir und war im Moment sehr verlockend. Torquay – das ist ganz das Richtige für mich, dachte ich.

Wie mochte es wohl sein, in einem Liegestuhl zu sitzen, Musik zu hören, das Meer vor sich zu sehen und sich dabei mit Mrs. Ivory zu unterhalten? Das wäre schon etwas. Jedenfalls war es ein angenehmer Gedanke.

Ich nahm das Telefon auf und rief Pells Wohnung an. Während ich auf Antwort wartete, sah ich auf meine Uhr. Es war fast zwölf. Pell würde schon im Bett sein und schlafen, um seine Schönheit zu erhalten. Schließlich meldete er sich. Er war ziemlich kurz angebunden.

Ich sagte: »Sind Sie es, Pell? Hier ist O'Hara. Ich komme jetzt zu Ihnen. Ich muß Sie sehen.«

Er gähnte. »Ich bin schon im Bett. Ich bin müde, und außerdem habe ich ein Büro, wo ich Leute spreche. Wie wäre es mit morgen vormittag?«

»Nicht zu machen, soweit es mich betrifft«, sagte ich ihm. »Sie können mich heute abend noch erwarten. In zehn Minuten bin ich bei Ihnen.«

Er fragte: »Wollen Sie mir Ärger bereiten?«

»Wie soll ich das wissen? Ich bin doch kein Hellseher«, sagte ich und hängte ein. Ich verließ Joes Büro und ging über die Stufen zu unserem Tisch zurück.

»Gute Nacht, Joe«, sagte ich und gab ihm den Schlüssel zurück. »Und danke fürs Telefonieren.«

Er steckte den Schlüssel in die Tasche. »Sie haben sich also entschlossen, Mr. O'Hara. Reisen Sie noch heute?«

Ich nickte. »Ich fahre nach Torquay. Heute nacht müßte man eine angenehme Fahrt haben. Ich habe ein Bild von einem Hotel dort gesehen. Das gefiel mir.«

»Torquay ist ein hübscher Ort«, sagte er. »Ich hoffe, Sie werden sich gut erholen.«

Ich brauchte zwölf Minuten, um bis zu Pells Wohnung zu gehen. Außer dem Licht in der Halle lag der ganze Block im Dunkeln. Ich fuhr mit dem Lift hinauf, machte Licht, ging den Gang entlang zu seiner Wohnung und drückte auf die Klingel. Ein Mann in einer schwarzen Alpakajacke öffnete die Tür. Er war ein kleiner, magerer Bursche und schielte auf einem Auge. Er sah blaß und zermürbt aus und so, als ob er alles gründlich satt habe. Ich sagte: »Ich bin O'Hara. Mr. Pell erwartet mich.«

Er trat beiseite und ließ mich ein. Nachdem er die Tür geschlossen hatte, führte er mich einen langen Gang entlang. Die Wohnung war geräumig und gut eingerichtet. Einige Möbelstücke waren sehr schön. Er öffnete eine Tür am Ende des Ganges, und ich trat ein. Pell saß der Tür zugewendet an einem Schreibtisch am anderen Ende des Zimmers. Er trug einen kleinkarierten schwarz-weißen Morgenrock und einen Schal. Er rauchte eine grüne Zigarette, und vor ihm stand ein Whiskyglas auf dem Tisch.

Pell hatte ein gedunsenes Gesicht und war kahl. Er hatte einen seltsamen Teint, der bei bestimmter Beleuchtung grau aussah. Seine Mundwinkel waren herabgezogen, die Lippen dünn. Wenn er lächelte, sah sein Mund etwas besser aus. Er hatte fette, weiße Hände, und an einem seiner dicken kleinen Finger trug er einen wertvollen Rubinring, von dem er behauptete, er sei ein Geschenk einer indischen Prinzessin. Pell war ein gerissener, tückischer und gieriger Bursche und hatte damit Erfolg gehabt.

Pell war nicht allein. Bei ihm war einer von den Kerlen, die mit Muskeln und Knochen verschwenderisch ausgestattet sind, deren Kopf aber zu kurz gekommen ist. Er saß rechts von Pells Schreibtisch in einem Lehnstuhl, der zu klein für ihn zu sein schien. Er mußte mindestens zwei Meter groß sein und war so breit wie ein Kleiderschrank. Er hatte ein grobes, ausdrucksloses Gesicht mit vorstehender Unterlippe. Er war aufdringlich elegant angezogen, rauchte eine Zigarre und schien über irgend etwas sehr vergnügt zu sein. Ich mochte ihn nicht besonders.

Pell lächelte mich an. Ich schloß die Tür hinter mir und ging zum Schreibtisch.

»Hallo, O'Hara. Was ist los?« sagte Mr. Pell.

»Nichts ist los«, sagte ich und zog eine Zigarette heraus. »Ich habe mit Ihnen zu sprechen und halte es für wichtig. Und privat ist es auch«, fügte ich hinzu und sah den Mann im Lehnstuhl an.

Pell wedelte mit seiner fetten Hand. »Keine Sorge wegen Lennet. Er ist ein Freund, vor dem ich keine Geheimnisse habe.«

»Ich habe keine Sorgen seinetwegen. Ich meine nur, daß er hier nicht nötig ist. Ich will mit Ihnen sprechen.«

Pell zuckte die Achseln. »Hören Sie, O'Hara. Wie die Dinge liegen, halte ich es für besser, daß Lennet hierbleibt. Das ist doch gerechtfertigt, oder nicht? Er kann keinem schaden, und vielleicht ist es sogar ganz gut, wenn er hier ist. Für alle Beteiligten.«

»Nein«, sagte ich, »er muß 'raus.«

Der Mann lachte, es klang wie ein Grollen. Aus dem Augenwinkel konnte ich sehen, wie er meine ein Meter achtzig Magerkeit und Muskelmangel geringschätzig betrachtete.

»Seien Sie nicht töricht, O'Hara«, sagte Pell. Es sollte beruhigend klingen.

Ich sagte zu dem Mann im Lehnstuhl: »Gehen Sie nach Hause, Dummerchen, und legen Sie sich ins Bett. Ihr Typ braucht viel Schlaf.«

Er legte seine Zigarre auf die Tischkante und stemmte sich aus dem Sessel hoch. Seine Hände waren so groß wie Fleischplatten. Als er stand, sah er furchterregend aus.

Er kam auf mich zu. »Hast du was gesagt, Klugschieter?«

Ich ließ ihn an mich herankommen. Als er die Hände hob, trat ich ihn mit dem linken Fuß gegen das Schienbein, wich dann zur Seite und stieß mit voller Wucht nach, als er zurückwich, um einen weiteren Tritt zu vermeiden. Im Moment, als er aus dem Gleichgewicht war, gab ich ihm zwei schnelle Schläge auf die Nackenmuskeln. Dann, als er sich abwandte, um den schmerzhaften Nackenschlägen zu entgehen, gab ich ihm mit der Handkante einen harten Schlag von oben auf die Nieren. Er stöhnte. Er war überrascht und versuchte, aus meiner Reichweite zu kommen. Ich folgte ihm und gab ihm zwei schnelle einfache Judoschläge mit der harten Handkante, einen direkten Nackenschlag und einen Schlag auf den Adamsapfel. Er gab ein Geräusch wie ein lecker Dudelsack von sich und fiel in den Lehnsessel zurück.

Ich blieb vor ihm stehen und beobachtete ihn. Über die Schulter sagte ich zu Pell: »Das ist Judo, ganz hübsch, nicht wahr?« Pell trank einen Schluck Whisky und nickte. Es schien Eindruck auf ihn zu machen. »Steh auf, Dicker«, sagte ich zu dem Mann. »Ich wollte dir nicht weh tun. Steh auf, gib mir die Hand und geh nach Hause. Im Bett ist es sicherer für dich.«

Er stand auf und streckte mir die Hand hin. Ich nahm sie, und als ich sah, wie er den linken Arm bewegte, legte ich den Nackengriff an. Den Nackengriff aus dem Handschlag.

Er stöhnte. Es klang nicht sehr nett. Er stand da mit steifem Kopf und Nacken und starrte gerade vor sich hin.

Ich sagte zu Pell: »Das ist auch nicht schlecht, nicht wahr? Er ist gelähmt und kann sich nicht bewegen. Wenn ich den Griff loslasse, bleibt er noch ein oder zwei Minuten unter dem Schock, und in der Zeit kann ich mit ihm machen, was ich will.«

Ich lockerte den Griff und ließ seine Hand los. Er blieb starr stehen und bewegte nur mühsam Nacken und Kopf. Ich schlug ihm mit dem Handrücken ins Gesicht, um ihm zu helfen. Seine Lippe fing an zu bluten, aber langsam bekam er wieder Farbe.

»Nimm deine Zigarre und geh hier 'raus«, sagte ich. »Mach schnell, denn du wirst mir lästig.«

Er sah verlegen auf Pell. Mit zitternden Fingern nahm der Mann seine Zigarre und ging hinaus. Ich hörte, wie sich die Wohnungstür hinter ihm schloß.

»Das ist eine feine Sache«, sagte Pell liebenswürdig. »Wo haben Sie das gelernt, O'Hara?«

Ich erzählte es ihm.

»Sie sind viel herumgekommen«, sagte er. Er stand auf, ging zu einem Wandschrank und mixte einen Whisky-Solda, den er mir brachte. Ich setzte mich in den Sessel. Er ging an seinen Platz hinter dem Schreibtisch zurück, zündete seine Zigarre wieder an und zog mit Genuß den Rauch ein, den er langsam wieder von sich stieß. Er schien außerordentlich zufrieden mit sich selbst zu sein. Er lächelte mich an. »Sie sind ein zäher Bursche, O'Hara. Was haben Sie für Kummer?«

»Keinen«, sagte ich. »Keinen, der der Rede wert ist.« Ich zündete mir eine frische Zigarette an. »Als ich heute abend in mein Büro zurückkam«, fuhr ich fort, »wartete ein verrücktes Weibsstück auf mich. Eine Mrs. Ivory. Eine hinreißende Person übrigens. Sie kennen sie vielleicht.«

»Sie ist also doch zu Ihnen gegangen. Was wollte sie denn?«

»Ich weiß es nicht«, antwortete ich. »Ich habe sie nicht gefragt. Es kam nicht soweit. Sie langweilte mich. Sie erzählte mir, daß Sie bei Ihnen war und daß Sie ihr lang und breit abgeraten hätten, etwas zu tun, was sie gerne tun wollte. Was es auch war, Sie hätten sich geweigert, ihr zu helfen. Sie erzählte mir, Sie hätten mich als Beispiel dafür bezeichnet, was mit Leuten passierte, die Dinge taten, die sie nicht tun sollten. Sie hätten ihr vorgehalten, wie der Rechtsanwalt heute nachmittag im Gericht mit mir umgegangen wäre. Sie sagte mir auch, daß Sie mit einem Einspruch gegen das Scheidungsurteil rechneten und daß Sie mich nicht bezahlen würden, solange Sie nicht wüßten, daß kein Einspruch erhoben werden wird.«

»Sie muß vollkommen verrückt sein.«

»Das dachte ich mir auch«, sagte ich. »Vollkommen wahnsinnig. Wenn sie auch nur ein bißchen Verstand hätte, müßte sie wissen, daß der Richter die Scheidung nicht ausgesprochen hätte, wenn er an meiner Aussage gezweifelt hätte. Egal, was der Rechtsanwalt der Gegenpartei auch sagte. Jedes zweijährige Kind weiß, daß die Rechtsanwälte immer wie der Teufel auf die Detektive losgehen, die in einem Scheidungsprozeß Beweismaterial liefern, besonders wenn eine Gegenklage erhoben worden ist, wie in diesem Fall. Jeder Säugling muß das wissen.«

Pell kaute an seiner Zigarre. »Frauen können sehr komisch sein«, sagte er. »Offensichtlich hatte sie keine Ahnung, wovon sie sprach. Ich habe mit keinem Wort etwas Derartiges gesagt.«

»Glaube ich gern. Aber was haben Sie ihr wirklich gesagt?«

Er drückte seine Zigarre aus und leerte sein Glas. Dann sagte er: »Sie kam heute nachmittag mit einer langen Geschichte zu mir. Sie interessierte mich nicht besonders. Ich sagte ihr, daß meine Agentur nie einen Fall übernähme, wenn der Klient nicht persönlich durch jemanden, den wir kannten, empfohlen worden sei. Es täte mir leid, aber aus diesem Grunde könnte ich ihren Fall nicht übernehmen, verstehen Sie?«

Ich nickte.

»Sie redete immer mehr, und ich glaubte schon, sie würde mir eine Szene machen. Sie war über irgend etwas sehr aufgeregt. Ich wollte sie loswerden, darum erzählte ich ihr von Ihnen.«

»Was erzählten Sie ihr denn?« fragte ich.

»Ich sagte ihr, daß Sie gerade einen Fall für mich bearbeitet hätten, der einen ganzen Haufen Takt und Scharfsinn und Mumm erforderte. Ich sagte, daß Sie großartig gearbeitet hätten und daß der Richter trotz des Angriffes durch den Rechtsanwalt Ihnen geglaubt und unserem Klienten die Scheidung zugesprochen hätte. Ich sagte ihr, daß sie ja zu Ihnen gehen und mit Ihnen reden könne, wenn sie wolle. Möglicherweise würden Sie ihren Fall übernehmen, und ich sagte ihr, daß sie niemand Besseren finden könne.«

»Das war nett von Ihnen, Pell«, sagte ich. »Vielleicht hätte ich doch mit ihr reden sollen.«

Er zuckte die Achseln. »Man weiß nie, vielleicht war was dran.«

Er nahm sich eine frische Zigarre. »Ist das alles, was Sie wollen?«

»Nein«, sagte ich. »Ich will noch tausend Pfund.«

Er zog die Augenbrauen hoch. »Sie haben es verflucht eilig, O'Hara. Kommen Sie morgen in mein Büro, und dann bringen wir das in Ordnung.«

»Nein«, sagte ich. »Das Geld war fällig, sobald das Scheidungsurteil ausgesprochen wurde. Das war heute nachmittag. Ich will es jetzt haben.«

Pell sagte: »Aber angenommen, ich habe es nicht da.«

»Dann werden Sie es sich beschaffen müssen. Ich brauche es jetzt.«

Er grinste mich an. »Es ist schon gut, Sie können doch einen Witz vertragen? Ich habe das Geld für Sie bereit. Ich dachte mir, daß Sie deswegen kommen würden, und Sie haben es ehrlich verdient. Meine Klienten sind außerordentlich zufrieden. Die Rechtsanwälte waren heute nachmittag bei mir. Sie sagten, Sie hätten glänzend gearbeitet.«

Er zog eine Schublade seines Schreibtisches auf und nahm einen großen Umschlag heraus, den er mir reichte. Ich öffnete ihn und zählte die Banknoten. Es war alles da. Ich schob den Umschlag mit dem Geld in die Tasche und stand auf.

»Sie können mir morgen eine Quittung schicken«, sagte Pell und gähnte. »Vielleicht wäre es doch ganz gut gewesen, wenn Sie sich angehört hätten, was diese Dame Ivory zu sagen hatte«, meinte er, »kann sein, daß da was für Sie zu verdienen war.«

Ich nahm meinen Hut. »Warum hatten Sie diesen Schläger hier, als ich kam, Pell?«

Er lachte. »Oh, der Lennet ist ein alter Freund von mir. Er hat eine große Meinung von sich. Er dachte wohl, Sie wollten ihn aufziehen. Ich bin ganz froh, daß Sie ihm zeigten, wo er hingehört. Ich wollte bloß mal sehen, was Sie sagen würden, als ich meinte, es wäre ganz gut, daß er hier sei.«

»Na klar«, sagte ich. Dann sagte ich gute Nacht und ging hinaus.

Auf der Straße draußen war es kühl. Ich ging langsam zu Macks Garage in der Nähe von Leicester Square.

Die frische Luft tat mir gut. Ich dachte wieder an das Bild von dem Hotel in Torquay und das Meer und die Sonne. Ich dachte gern an diese Dinge.

Dann dachte ich über Pell nach. Pell war sehr schlau und gerissen. Er wußte, wie er bekam, was er haben wollte. Ich hätte gerne gewußt, warum, zum Teufel, er mir all das Zeug über diese Mrs. Ivory erzählt hatte und ob er dachte, daß ich auch nur ein Wort davon glaubte. Aber das mit Mrs. Ivory hatte er geschickt eingefädelt. Ich kam langsam dahinter, wie er das gemacht hatte. Wahrscheinlich hatte sie ihm einen ganzen Haufen Geld für das Versprechen gegeben, mir meine tausend Pfund nicht zu bezahlen. Als sie zu mir kam, hatte sie fest geglaubt, er würde das Versprechen halten, und gedacht, ich würde für sie arbeiten, weil ich blank sei.

Aber Pell war durchaus bereit gewesen, mich zu bezahlen, wenn ich grob werden sollte, und er hatte sehr schnell gemerkt, daß ich sehr grob werden würde. Darum bezahlte er. Er behielt dann immer noch das Geld, das Mrs. Ivory ihm am Nachmittag gegeben hatte. Augenscheinlich konnten also alle Beteiligten ganz zufrieden sein – außer Mrs. Ivory natürlich.

Mrs. Ivory hatte jeden bezahlt und nichts dafür bekommen, es sei denn eine Abfuhr. Und das passiert hübschen Damen unweigerlich, wenn sie versuchen, sehr gerissen zu sein.

Und Pell glaubte, was ich ihm erzählt hatte, daß ich nicht wußte, warum sie zu mir gekommen war. Er wußte auch nichts von den tausend Pfund, die ich von ihr bekommen hatte, sonst hätte er nie das Geld herausgerückt.

Das bedeutete, daß sie nicht mit ihm gesprochen hatte, nachdem sie aus meinem Büro fortgegangen war. Sie hatte nicht versucht, ihn zu sprechen, sondern war irgendwo anders hingegangen. Aber nicht ins Culloden-Hotel. Ich hätte gerne gewußt, warum sie mir diese Adresse gegeben hatte. Vielleicht war es ihre Absicht gewesen, dort hinzugehen, wenn ich ihren Auftrag angenommen hätte. Dann wäre sie vielleicht ins Culloden gegangen. Sie wußte wohl, daß das Haus halb leer war und daß es leicht sein würde, dort ein Zimmer zu bekommen. Aber warum hatte sie es nicht im voraus bestellt?

Auch dafür gab es eine Antwort. Angenommen, ich hätte wirklich getan, was sie wollte, angenommen, ich hätte »ja« gesagt, die tausend Pfund genommen und wäre losgegangen, um den Auftrag auszuführen, wäre sie dann ins Culloden gegangen?

Ich glaube es nicht. Nein, ganz entschieden nicht. Es war sicher, daß niemand gesehen hatte, wie sie in mein Büro ging. Ihren Wagen hatte sie vorsorglich weiter unten an der Straße abgestellt.

Wenn ich ihr Geld genommen und mich auf die Sache mit Ricaud eingelassen hätte, wäre sie fortgegangen und hätte behaupten können, mich nie in ihrem Leben gesehen zu haben. Und wenn ich versucht hätte, sie im Culloden zu finden, hätte ich ins Leere gegriffen. Sie wäre nicht dagewesen, und niemand hätte dort etwas von ihr gewußt.

Ich kam zu dem Ergebnis, daß Mrs. Ivory ihre Sache beinahe gut gemacht hatte. Jedenfalls hatte sie Verstand.

Mack saß in dem kleinen glasverkleideten Büro in der Ecke seiner Nachtgarage. Er hatte ein hageres Gesicht mit großen leuchtenden, braunen Augen und sandfarbenes Haar. Ich kannte ihn seit langer Zeit. Er hatte sein Geschäft gerne, weil er die Menschen nicht mochte. Ich glaube, er hatte im Leben viel mitgemacht, und in einer Nachtgarage brauchte man nicht mit vielen Leuten zu reden. Sie kamen, um zu tanken oder etwas nachsehen zu lassen. Sie bezahlten und fuhren wieder fort. Er las in der »Evening News«. Als er mich sah, lächelte er und sagte: »Hallo, Mr. O'Hara, wie ich sehe, waren Sie wieder mal auf dem Kriegspfad.«

Ich sah auf die Zeitung. »Oh, das da. Wenn Sie das Kriegspfad nennen wollen, ja.« Ich gab ihm eine Zigarette und fragte ihn, ob er einen Wagen zu verkaufen hätte.

»Ist er für Sie?«

Ich nickte.

»Ich habe genau das Richtige für Sie, Mr. O'Hara. Ich übernehme jede Garantie. Sein früherer Besitzer brachte ihn mir vor zwei Tagen. Er geht nach Übersee. Es ist ein Rover Sportcoupé, das nur 14000 km gefahren ist. Ich habe ihn geprüft, er ist tadellos in Ordnung.«

»Kann ich ihn gleich mitnehmen?«

Er nickte. »Er ist bis zum Ende des Jahres zugelassen und versichert. Ich habe die Papiere hier. Er muß nur frisch getankt werden. Er kostet 750 Pfund, und das ist billig.«

Ich nahm den Umschlag mit Pells Geld aus der Tasche und zählte den Betrag ab. »Geben Sie mir eine Quittung, Mack, und füllen Sie den Tank.«

Er fragte: »Fahren Sie weit?«

»Nach Torquay«, sagte ich. »Ich habe schon ewig lange keinen Urlaub mehr gehabt.«

»Das wird Ihnen guttun«, sagte er und ging in die Garage. Er fuhr einen Wagen an die Rampe. Er sah gut aus. Auch die Reifen waren noch gut. Er begann den Tank zu füllen. »Wie kommt man nach Devonshire?« fragte ich.

»Das ist einfach«, sagte er. »Sie fahren von hier zur Landstraße nach Chiswick und kommen dann auf die Große Weststraße. Dort biegen Sie in Richtung Staines und Virginia Water ab und fahren dann immer geradeaus, Sie können es nicht verfehlen. Sie finden überall die Wegweiser des Automobilclubs. Nur an einer Stelle müssen Sie aufpassen. Wenn Sie von der Großen Weststraße abbiegen, kommen Sie an eine Straßengabel. Die linke Straße führt nach Staines; diese müssen Sie nehmen. Wenn Sie nach rechts abbiegen, kommen Sie nach Berkshire.«

»Ausgezeichnet«, sagte ich und sah zu, wie er Öl einfüllte.

»Soll ich die Quittung in Ihr Büro schicken, Mr. O'Hara?«

»Nein, da werde ich eine ganze Weile nicht hinkommen. Schikken Sie sie ins Malinson-Hotel und schreiben Sie auf den Umschlag: Bis zur Ankunft aufbewahren. Ich denke, daß ich dort wohnen werde, wenn ich zurückkomme.«

»Wird gemacht«, sagte er.

Ich stieg in den Wagen, ließ den Motor an und fuhr ab.

Die Maschine klang gut. Der Wagen gefiel mir. Alles in allem schien es mir ein erfolgreicher Abend gewesen zu sein. Wenn nicht diese Mrs. Ivory gewesen wäre. Damit war ich nicht zufrieden. Aber so geschehen die Dinge, und das Leben ist nun einmal so. Hauptsächlich war ich nicht zufrieden, weil ich über nichts anderes nachzudenken hatte. Und wenn man nachts Auto fährt, muß man über etwas nachdenken. Ich fing an, darüber nachzudenken, was sie gesagt hatte.

Ich entdeckte, daß ich mich über sie ärgerte. Ich entdeckte auch, daß ich versuchte, mich an ihr Parfüm zu erinnern. Ich entdeckte ferner, daß ich gerne gewußt hätte, was mit Esmeralda los war, und daß ich versuchte, mir vorzustellen, was möglicherweise geschehen wäre oder auch nicht geschehen wäre, wenn ich den Auftrag angenommen hätte und zu Alexis Ricaud gegangen wäre, um mit ihm zu sprechen. Es wäre vielleicht doch ganz interessant gewesen. Aber da war die falsche Adresse, die sie mir gegeben hatte, und vielleicht hatte der Auftrag seine Tücken. Wer weiß, worauf ich mich eingelassen hätte und in was ich hineingelaufen wäre. Und vielleicht war das ihre Absicht gewesen.

Bei einer Frau, die so schön war wie Mrs. Ivory, konnte man nie wissen.

Der Himmel hatte sich wieder bedeckt, und es begann wieder zu regnen. Aber der Wagen hatte gute Scheinwerfer, und ich dachte, daß ich in sieben oder acht Stunden in Torquay sein könnte. Das wäre gerade rechtzeitig zum Frühstück.

Ich bog von der Großen Weststraße ab. Vor mir lag die Kreuzung. Die linke Straße führte nach Staines, die rechte war die Straße nach Bath über Slough und Maidenhead. Bei der Kreuzung hielt ich den Wagen am Straßenrand an und zündete mir eine Zigarette an. Und während der Regen auf das Wagendach trommelte, saß ich da und dachte an Torquay.

Es war nur zu wahrscheinlich, daß das Bild, das ich gesehen hatte, übertrieben war. Werbebilder von Hotels am Strand zeigten die Dinge immer ein bißchen schöner, als sie in Wirklichkeit waren. Aber selbst wenn der Ort dem Bild nur entfernt glich, mußte es doch noch sehr schön sein. Ich hatte schon immer gehört, daß Devonshire eine herrliche Gegend sei.

Ich ließ den Motor wieder an und schaltete langsam den Gang ein. Der Wagen setzte sich in Bewegung. Gerade in diesem Moment hatte ich eine jener plötzlichen Eingebungen – Sie wissen, was ich meine –, eine Vision, die man plötzlich aus keinem erklärlichen Grunde vor Augen hat, die Erinnerung an etwas, das geschehen war und das sich im Unterbewußtsein festgesetzt hatte. Es war das Bild von Mrs. Ivory, wie sie aus meinem Büro ging.

Als der Wagen anfuhr, dachte ich wieder an sie, und gerade in diesen wenigen Sekunden ging mir eine ganze Menge durch den Kopf. Ich dachte, daß sie eine Betrügerin sei, daß sie nicht die Wahrheit sagen wollte und daß sie wahrscheinlich eine verdammt gute Schauspielerin war. Das Ganze war womöglich eine Szene gewesen. Aber sie war eine sehr verführerische Frau. Ich hätte, zum Teufel, zu gerne gewußt, was sie vorhatte.

Dann hielt ich den Wagen an.

Ich hielt an, weil mir plötzlich etwas klargeworden war. Ich wußte, daß ich mir selber etwas vormachte. Ich wußte verdammt gut, daß es keinen Zweck hatte, auszuweichen. Wenn ich die Straße links nach Staines nehmen und nach Torquay hinunter zu dem Hotel fahren und dort wohnen würde, wenn ich dort auf der Terrasse in der Sonne sitzen und die Brandung und die Möwen beobachten und mich für die Segelboote und andere Dinge, die ich lange nicht gesehen hatte, interessieren würde, die ganze Zeit über, während ich dieses tat, würde ich keine Ruhe finden. Ich würde neugierig sein. Ich würde über Mrs. Ivory nachdenken.

Das gab mir einen Schock. Es gab mir einen höllischen Schock, weil es mir klarmachte, daß ich wieder einmal neugierig war. Und es waren Jahre vergangen, seitdem mich etwas neugierig gemacht hatte.

Es war sinnlos, nach Torquay zu fahren. Für den Rest meines Lebens würde in meinem Gedächtnis etwas zurückbleiben, das ich nie vergessen könnte. Ich warf meine Zigarette aus dem Fenster und zündete mir eine neue an. Dann startete ich den Motor wieder. Ich fuhr die rechte Straße entlang. Die Straße nach Slough und Maidenhead.

Zwanzig Meter vor dem hohen eisernen Tor hielt ich den Wagen auf der rückwärtigen Zufahrt zu dem Haus an. Das Tor war unverschlossen. Ich stieß einen Flügel auf und ging durch und auf einem breiten Kiespfad weiter. Links und rechts war dichtes Gebüsch, zwischen dem regennasse Bäume standen. Der Weg wand sich durch ein Labyrinth von Rhododendronbüschen.

Der Regen hatte ebenso plötzlich wieder aufgehört, wie er begonnen hatte. Hinter den Wolken kam der Mond hervor. Ich konnte das große, im georgianischen Stil gebaute Haus, das etwa hundert Meter vor mir auf einer Erhebung stand, gut überblicken.

Ich sah mich um. Zehn oder zwölf Meter vor mir zweigte ein Fußpfad von dem Fahrweg ab und verlor sich hinter den Bäumen. Ich folgte ihm. Er wand sich durch das Gebüsch. Ich dachte, daß er vielleicht zu einer der Hintertüren des Hauses für die Dienstboten und Lieferanten führen könnte.

Der Pfad führte nirgendwo hin. Er endete plötzlich auf einer kleinen, mit dichtem, hohem Gras bestandenen Lichtung. Ich lehnte mich an einen Baum. Was ich vor mir sah, war sehr seltsam.

Eine junge Frau in einem Abendkleid tanzte allein unter den Bäumen auf der anderen Seite der Lichtung einen langsamen Foxtrott. Es sah aus, als hätte sie Schwierigkeiten, mit ihren hohen Absätzen auf dem nassen, glitschigen Gras zu tanzen. Aber es schien sie nicht zu stören. Über dem einen Arm trug sie einen Pelzmantel, unter dem anderen eine große flache Abendtasche. Sie muß entweder verrückt oder betrunken sein, dachte ich. Vielleicht beides.

Ich ging über die Lichtung. Die Wolken vor dem Mond hatten sich verzogen, und es war ganz hell. Als sie mich sah, unterbrach sie ihren Tanz. Sie blieb mit hängenden Schultern stehen, ließ den Pelzmantel im Gras schleifen und starrte mich mit verlorenem Ausdruck an. Ich hielt sie für fünfundzwanzig oder sechsundzwanzig Jahre. Sie konnte aber auch jünger oder älter sein. Sie hatte schönes blondes Haar, dem man ansah, daß es, ehe sie in den Regen gekommen war, sorgfältig frisiert gewesen war. Ihr violettes Abendkleid war ausgezeichnet gearbeitet. Die langen Ärmel waren naß geworden und klebten an ihren Armen. Um den Hals trug sie eine Perlenkette.

Sie war ein hübsches Mädchen, mit großen erstaunten Augen. Mit seltsamer Stimme sagte sie: »Hallo, wer sind Sie? Und wo gehen Sie hin? Das heißt, wenn Sie wissen, wo Sie hingehen.«

Sie lehnte sich gegen einen Baum und sah mich trübe an.

»Ich gehe nirgends hin«, antwortete ich und lächelte sie an.

»Macht es Ihnen Spaß, an nassen Abenden im Grünen zu tanzen?«

Sie lachte. »Ja«, sagte sie schrill. »Es war so schön, ohne Musik zu tanzen. Wir taten es oft. Wir trafen uns hier im Mondenschein und tanzten ohne jede Musik. Und wir taten es gern. Es machte uns Spaß.«

»Warum machte es Spaß?« fragte ich. »Und was machen Sie jetzt hier? Wollen Sie alte Erinnerungen wachrufen? So etwas tut man gewöhnlich nur, wenn man sentimental oder unglücklich oder eifersüchtig ist oder alles zusammen. Welches ist es?«

»Sie haben Nerven. Wollen Sie mir erzählen, was ich wachrufen will und wie und warum und wozu? Sie haben wirklich Nerven. Wer sind Sie überhaupt?«

Ihre Stimme war belegt und ihre Aussprache undeutlich. Sie war betrunken. Sie ließ den Kopf sinken und hob ihn mit einem Ruck wieder hoch. Es fiel ihr anscheinend schwer, wach zu bleiben.

»Nichts für ungut«, sagte ich. »Sie tanzen also gerne ohne Musik?«

Sie unterbrach ungeduldig: »Ja, so ist es in der Welt. Ein Tanz ohne Musik. Ein Haufen Leute, die in einem Ballsaal tanzen. Sie wissen nicht einmal, daß die Musik schlafen gegangen ist.«

»Vielleicht haben Sie recht.« Ich ging näher auf sie zu. Auf ihrer flachen violetten Abendtasche konnte ich die goldenen Initialen E. R. erkennen. »Mein Name ist O'Hara«, sagte ich.

Sie sah mich eine Weile an, dann hob sie wieder mit einem Ruck den Kopf hoch. »Guten Abend, Mr. O'Hara. Ich bin Esmeralda.«

»Esmeralda Ricaud?« fragte ich.

»Ja, woher wissen Sie das?«

Ich deutete auf die Initialen an ihrer Tasche. Sie sagte einfältig: »Ich glaube, Sie sind sehr klug.« Sie lächelte mit stieren Augen.

»Hören Sie, ich bin hierhergekommen, weil ich hoffte, Mr. Ricaud zu sprechen. Ich war an der Vordertür und fand das ganze Haus dunkel. Ich läutete, und als sich nichts rührte, fuhr ich hinten herum.«

»Richtig. Hier benutzt jeder die Hintertür. Es ist viel bequemer.«

Sie verfiel in Schweigen, und ihr Kopf sank nach vorne. Ich dachte, sie würde fallen, und das wäre sie wohl auch, wenn sie sich nicht an den Baum angelehnt hätte. Sie sagte plötzlich: »Warum gehen wir nicht einen trinken? Warum veranstalten wir nicht eine kleine Party?«

»Das ist eine gute Idee. Gehen wir, und veranstalten wir zusammen eine Party.« Sie nickte mit dem Kopf nach dem Haus. »Wir können hineingehen, ich habe einen Schlüssel.« Sie fing an, vor sich hin zu summen.

Ich sagte: »Gut, ich habe aber meinen Wagen auf der Straße stehen. Was soll ich mit ihm machen?«

Sie sagte: »Fahren Sie ihn durch das Tor und stellen Sie ihn unter die Bäume. Dort ist er sicher, niemand kann ihn da sehen.« Ich fragte: »Sind Sie irgendwo hergekommen?«

»O ja, aus London«, antwortete sie. »Ich war auf einer Gesellschaft. Sie langweilte mich, und da fiel mir ein, hierherzugehen.« Ich sagte: »Gut, ich will meinen Wagen holen. Wollen Sie hier warten, bis ich zurückkomme?« Sie nickte. »Ja, ich werde hier warten.«

Ich ging zu meinem Wagen zurück, fuhr ihn durch das Tor und von dem Kiesweg herunter unter die Bäume. Ich schaltete das Licht ab und schloß das Tor. Als ich wieder auf die Lichtung kam, stand sie noch an denselben Baum gelehnt. Ihren Pelzmantel und ihre Handtasche hatte sie auf den Boden fallen lassen. Ich hob sie auf, schob die Handtasche unter meinen linken Arm und legte ihr den Mantel um. Durch das dünne Leder der Handtasche konnte ich an meinem Arm die Umrisse einer Pistole fühlen. Den anderen Arm legte ich um sie und sagte: »Gehen wir.«

Wir gingen. Mit jedem Schritt ging es besser. Ihr Körper war wohlgeformt, elastisch, aber mager. Sie hatte ein süßes, schweres Parfüm an sich, das ich nicht mochte. Es dauerte eine Weile, bis wir zum Haus kamen. Vor der Hintertür suchte sie in ihrer Handtasche und fand den Schlüssel. Wir gingen hinein.

Sie sagte: »Rechts im Gang ist irgendwo der Schalter, suchen Sie ihn.«

Ich ließ sie an die Wand gelehnt stehen, während ich den Schalter suchte. Nachdem ich Licht gemacht hatte, gingen wir durch einen langen Gang, der in einen Raum führte, den ich für die vordere Halle hielt. Er war geräumig und gut möbliert. Wir gingen durch einen anderen Gang in ein Zimmer. Auf dem Wege machte ich das Licht an, wenn sie es mir sagte.

Es war ein bequem eingerichtetes, großes und hohes Zimmer mit schönen Möbeln. An den Wänden waren ein oder zwei gute Ölgemälde. An der Seite stand ein großes altmodisches Büfett mit vielen Flaschen darauf. Sie ging unsicher zu einem großen Sessel, der neben einem elektrischen Heizkörper stand, und ließ sich hineinfallen.

»Willkommen im ›Kreuzweg‹, Mr . . .«, sagte sie.

Ich ergänzte: »O'Hara.«

»Natürlich, Mr. O'Hara. Wie heißen Sie mit Vornamen?«

Ich sagte ihr, mein Vorname sei Caryl. Sie lächelte unbestimmt.

»Das ist ein hübscher Name, ich mag ihn. Sind Sie Ire?«

»Zum größten Teil.«

»Ich mag die Iren. Glauben Sie, daß Sie für uns etwas zu trinken finden? Und ich möchte eine Zigarette.«

Ich gab ihr eine Zigarette und Feuer. »Meinen Sie nicht, daß Sie etwas anderes anziehen sollten? Sie sind ganz durchnäßt.«

Sie sah ihre dünnen aufgeweichten Abendschuhe an und sagte: »Das macht nichts. Es stört mich nicht, wenn ich naß bin.«

»Gut, wie Sie wollen.«

Sie sah zum Büfett. »Geben Sie mir etwas Whisky, Whisky mit Ingwerbier. Nehmen Sie sich, was Sie mögen, Caryl.«

Ich ging zum Büfett und mixte mir einen starken Whisky-Soda. Dann steckte ich meinen Finger in die Whiskyflasche, rieb den Rand eines sauberen Glases damit ein und füllte das Glas mit Ingwerbier. So konnte sie den Whisky riechen und glauben, daß sie Whisky trank. Ich brachte ihr das Glas und schaltete die elektrische Heizung ein. »So ist alles sehr schön«, sagte ich. »Worüber wollen wir reden?« Sie trank von dem Ingwerbier und sagte: »Das schmeckt aber sehr merkwürdig.«

»Ja? Es ist sehr leicht. Wollen Sie es stärker?«

Sie schüttelte den Kopf. »Es macht nichts. Es ist alles egal. Es ist alles ganz egal ... alles ... alles!«

Ich zog einen anderen Sessel heran, setzte mich ihr gegenüber hin und zündete mir auch eine Zigarette an. »Sagen Sie mir eines, Esmeralda, warum haben Sie eine Pistole in Ihrer Tasche?«

Sie sah mich argwöhnisch an. »Woher wissen Sie, daß ich eine Pistole habe?«

»Ich fühlte sie, als ich Ihre Handtasche trug. Müssen Sie die unbedingt bei sich haben?«

Sie nickte. »Unbedingt. Ich muß eine Pistole haben. Und ich muß sie immer bei mir haben, denn wenn ich sie immer bei mir habe, werde ich eines schönen Tages oder Nachts damit schießen.«

»Ah, ich verstehe. Sie meinen, Sie können sich nicht entschließen, bei jeder Gelegenheit zu schießen. Sie wollen Sie bei sich haben, für den Fall, daß Sie schießen möchten. Mit anderen Worten: Sie warten auf die richtige Gelegenheit, stimmt das?«

»Das stimmt fast genau, Caryl. Sie denken sich eine ganze Menge.«

»Was halten Sie von mir, Esmeralda? Können Sie mich leiden?«

Sie sah mich lange an. Dann lächelte sie plötzlich. »Ja, ich kenne Sie noch nicht sehr lange, aber ich kann Sie bestimmt gut leiden. Warum?«

»Wenn Sie mich leiden können, dann sagen Sie mir, warum Sie eine Pistole bei sich haben. Sagen Sie mir, auf wen Sie schießen wollen.«

Sie lächelte wieder. Es war ein eigenartiges und nicht sehr angenehmes Lächeln. Sie mußte einmal sehr schön gewesen sein. Ihre Züge waren klar und regelmäßig, mit einer geraden Nase und einem gutgeformten Mund und regelmäßigen, weißen Zähnen. Aber jetzt war ihr Gesicht verwüstet, und in ihren Augen lag so viel Unglück und Elend, daß die Schönheit davon verdeckt wurde.

Sie blickte mich wieder lange schweigend an. Ihr Gesicht war im Schatten, und ich konnte ihren Ausdruck nicht erkennen. Sie schien über etwas nachzudenken. Vielleicht war sie auch nur müde und betrunken. Ich war nicht ganz sicher.

Plötzlich fing sie an zu sprechen: »Ich war auf einer Gesellschaft. Es war so langweilig. Aber die meisten Gesellschaften sind langweilig. Finden Sie nicht auch, Caryl?« Ihre Stimme war fast unhörbar geworden.

»Gesellschaften können sehr nett sein«, antwortete ich. »Aber manchmal sind sie es auch nicht. Es kommt darauf an. Sie scheinen sich aber ganz gut unterhalten zu haben.«

Sie lachte mit einem seltsamen Unterton. Es klang böse und verächtlich.

»Gesellschaften«, sagte sie wegwerfend. »Am Anfang geht es immer ganz gut, bis ich ein paar Cocktails getrunken habe oder Kognaks oder Whiskys. Ich trinke aber gern Kognak und Whisky. Ich mag jedes Getränk.« Sie ließ wieder ihr seltsam verkrampftes Lachen hören. »Aber es bleibt nicht so, es bleibt nicht gut. Wenn ich etwas getrunken habe, fange ich an zu denken. Dann will ich alleine sein. Dann fange ich an, über ihn nachzudenken, in einer bestimmten Art. Immer wenn ich eine Weile auf einer Gesellschaft bin, fange ich an, von ihm zu denken.« Sie nahm ihr Glas in die Hand und schwang es spielerisch hin und her.

Ich trank einen Schluck Whisky. »Was meinen Sie damit, Esmeralda?« fragte ich. »Was wollen Sie damit sagen, daß Sie in einer bestimmten Art von ihm denken? Was denken Sie dann?«

Sie stand unvermittelt auf und ging zum Büfett. Sie goß sich ihr Glas fast halb voll Whisky und trank einen großen Schluck. Ich sah es nicht gerne. Ich wollte mit ihr sprechen. Dann kam sie zu ihrem Sessel zurück.

»Das, was ich immer von ihm denke, wenn ich nicht bei ihm bin«, sagte sie. »Daß ich ihn töten möchte. Ich stelle es mir herrlich vor, ihn zu töten. Darum habe ich die Pistole bei mir. Damit ich ihn erschießen kann, wenn ich den Mut habe, wenn ich ihn sehe. Jetzt möchte ich es tun, jetzt könnte ich es tun. Verstehen Sie das?«

Ich nickte. »Wer ist es denn?«

»Fragen Sie nicht so dumm. Es ist natürlich Alexis. Mein teurer Gatte, mein teurer, teurer Liebling Alexis, natürlich.«

»Natürlich«, sagte ich, »wer sollte es sonst sein. Wie sind Sie denn hierhergekommen? Die Gesellschaft war doch wohl in London?«

»Ja«, sagte sie. Sie begann zu lächeln, ohne daß ich ergründen konnte, weshalb. »In London, eine hübsche Gesellschaft in London. Jemand hat mich herausgebracht, im Auto. So bin ich hierhergekommen.«

Ich wartete ein paar Sekunden. Dann fragte ich möglichst beiläufig: »Wer brachte Sie denn hierher, Esmeralda? War es ein Freund von Ihnen?«

Sie sah mich mit einem flüchtigen Lächeln an. »Sie kennen ihn doch nicht. Es hat also keinen Zweck, daß ich Ihnen sage, wer es war. Oder doch, Caryl? Wie nett Sie sind. Ich mag Sie, Caryl. Ich mag Ihren Namen. Caryl . . .« Sie summte vor sich hin.

Hinter ihrem Sessel stand eine Stehlampe. Ich stand auf, schaltete sie ein und drehte den Schirm so, daß das Licht voll auf ihr Gesicht fiel. Sie zischte mich an.

»Was soll das? Machen Sie das Licht wieder aus. Ich kann es nicht ertragen.« Ihre Stimme klang hysterisch.

Ich löschte das Licht wieder und ging zu meinem Sessel zurück. »Was nehmen Sie?« fragte ich. »Morphium oder Heroin? Ihre Pupillen sind kaum zu sehen. Sie haben sich heute abend eine Spritze gegeben. Das ist nicht sehr klug.«

»Warum nicht?« Sie lachte wieder. »Es ist der kürzeste Abstand zwischen zwei Punkten . . . und es ist schön . . . die Linie des geringsten Widerstandes . . . es ist herrlich.« Sie summte wieder eine Melodie vor sich hin.

»Von wem haben Sie es bekommen?« fragte ich wieder. »Hat Ihr guter Freund es Ihnen gegeben, der Sie herbrachte, oder war es eine Frau? Kommen Sie, erzählen Sie es Ihrem besten Freund.«

Sie wurde ernst. »Sie sind also mein bester Freund. Der freundliche Caryl . . . ich fand ihn unter einem Baum . . . und von da an waren sie glücklich bis an ihr Lebensende.« Sie trank ihr Glas aus und murmelte etwas vor sich hin. Sie ließ das Glas zu Boden fallen, es zerbrach. Sie begann mit dem hohen Absatz ihres Abendschuhes die Splitter auf dem Teppich zu zermahlen.

Ich versuchte es anders herum. »Sie kamen also hierher, um Alexis zu sehen. Sie wollten ihn erschießen. Das haben Sie doch gesagt. Woher wußten Sie denn, ob sie ihn antreffen würden? Er ist ja nicht da. Glaubten Sie, er wäre hier?«

Sie lehnte den Kopf an die Lehne des Sessels. Ihr Haar hatte immer noch einen strahlenden Glanz, aber das täuschte mich nicht darüber hinweg, daß sie das Wrack einer jungen Frau war, die einmal sehr schön gewesen sein mußte.

»Er wird schon kommen«, sagte sie, »Sie werden sehen, daß er noch kommen wird ... Sie werden heute noch etwas erleben, mein freundlicher Caryl. Sie sollen ... noch ... etwas sehen ...« Ihre Stimme wurde immer leiser und undeutlicher. Schließlich sackte sie in sich zusammen und fiel in den Sessel zurück. Ihre Schultern und Beine wurden schlaff. Ihre mageren Arme in den nassen Ärmeln hingen kraftlos über die Armlehnen. Ihre Finger waren lang, dünn und weiß. Ich ging zu ihr hinüber und schaltete die Stehlampe an. Sie war ohnmächtig geworden.

Ich hob sie aus dem Sessel und legte sie auf das Sofa vor der elektrischen Heizung. Dann ging ich aus dem Zimmer und durchforschte das Haus. Mit Hilfe meines Feuerzeugs fand ich überall die Schalter, drehte das Licht an, sah mich genau um und löschte es wieder. Die Zimmer im Erdgeschoß waren geräumig und gut möbliert. Sie verrieten guten Geschmack, hohe Ansprüche und viel Geld.

In einem kleinen Zimmer im rückwärtigen Teil des Hauses fand ich eine Wolldecke. Ich nahm sie mit in das Wohnzimmer. Esmeralda lag noch da, wie ich sie so verlassen hatte. Ihr maskenhaft starres, leichenblasses und mit Wimperntusche verschmiertes Gesicht hatte einen fremdartigen Ausdruck. Esmeralda konnte wohl leicht das Opfer ihrer Gefühle werden, dachte ich.

Ich schob den Arm unter sie und hob sie hoch. Ich zog ihr den Pelzmantel an und hüllte sie in eine Decke ein. Dann untersuchte ich den Inhalt ihrer Handtasche.

Außer der Pistole, die ich schon gefühlt hatte, als ich die Tasche unter dem Arm trug, waren die üblichen Dinge darin, die eine Frau bei sich trägt: Schlüssel, ein Bleistift, Puderdose, Lippenstift, loses Kleingeld und ein paar leere Fläschchen mit chinesischen Schriftzeichen. Das war wohl das Zeug, das sie einnahm. In dem Seitenfach ihrer Tasche war eine Karte: Dr. med. Charles Quinceley, stand darauf und eine Adresse in der Nähe von Belgrave Square.

Ich merkte mir den Namen und die Adresse des Arztes und steckte die Karte zurück. Die Pistole nahm ich heraus und schob sie in meine hintere Hosentasche. Dann schloß ich die Tasche wieder. Ich hob Esmeralda auf und trug sie aus dem Haus, den gewundenen Pfad entlang, über die Lichtung, auf der ich sie tanzend angetroffen hatte, zu meinem Wagen. Sie war nicht sehr schwer, aber für den langen Weg doch schwer genug.

Ich öffnete die Wagentür und setzte sie auf den Rücksitz. Dann schloß ich den Wagen wieder ab und ging ins Haus zurück. Ich löschte das Licht im Gang, ehe ich das Wohnzimmer wieder betrat. Ich goß mir einen frischen Whisky ein, setzte mich in den Sessel neben der elektrischen Heizung, zündete mir einen Zigarette an und begann über die Angelegenheit nachzudenken.

Nach und nach, aber sehr undeutlich, glaubte ich zu erkennen, was dahintersteckte, und je länger ich darüber nachdachte, um so weniger gefiel es mir.

Ich hatte drei Zigaretten geraucht, ehe ich das Geräusch einer zuschlagenden Tür hörte. Es kam aus der Richtung, in der ich den Vordereingang des Hauses vermutete. Dann folgte eine Pause, schließlich hörte ich Schritte. Sie verrieten einen Mann, der seine Füße gerade und fest aufsetzt. Sie wurden unhörbar, wenn er auf einen Teppich trat. Dann öffnete sich die Tür, und Ricaud trat ins Zimmer.

Ich wußte sofort, daß es Ricaud war. Er war ohne jede Frage eine bemerkenswerte Erscheinung. Er blieb in der Türöffnung stehen und sah mich an. Seine Hand lag immer noch auf der Türklinke. Er hatte breite Schultern und schmale Hüften und stand in der gelassenen Haltung eines Mannes da, der seiner selbst sicher ist und seine Stärke kennt. Er hatte einen gutgeschnittenen Smoking an, sein weißes Hemd und sein Kragen waren makellos. Er trug eine schwarze Schleife dazu. Alles an ihm war tadellos elegant, ohne übertrieben zu sein.

Sein Gesicht interessierte mich. Es war kantig geschnitten mit einem nicht zu breiten Kinn, einer geraden Nase und wohlgeformten Lippen und einem kleinen, sorgfältig gepflegten Schnurrbart. Sein natürlich gewelltes Haar war aus der hohen, aber nicht intellektuell wirkenden Stirn zurückgekämmt. Er lächelte und zeigte kräftige weiße Zähne.

Auf den ersten Blick machte Ricaud den Eindruck eines großen, fröhlichen und offenherzigen Jungen, eines großzügigen Mannes, der sich nicht mit Kleinigkeiten abgab. Für jeden Unbefangenen mußte er eine einnehmende Persönlichkeit sein, die auf den ersten Anblick gefiel. Aber für mich hatte er etwas Eigentümliches an sich, ohne daß ich genau bestimmen konnte, was es war. Ich bin wohl voreingenommen gegen ihn, dachte ich. Vielleicht bin ich auch zu zynisch.

Er schloß die Tür hinter sich und kam ins Zimmer. Er sagte: »Guten Abend. Es freut mich, daß Sie für sich selbst gesorgt haben«, und sah auf den Whisky-Soda, der auf dem Tisch neben meinem Sessel stand. Seine Stimme paßte zu seiner übrigen angenehmen Erscheinung. Sie war tief, ruhig und deutlich. Er sprach fehlerlos Englisch, aber sein Gesicht und sein ganzer Kopf ließen auf den ersten Blick erkennen, daß er doch kein Engländer sei. Ich stand auf und sagte: »Es tut mir leid, daß ich Ihnen mitten in der Nacht lästig falle, aber ich mußte Sie sprechen. Meiner Meinung nach ist es sehr dringend, und ich war der Meinung, Sie würden noch kommen. Darum habe ich gewartet.«

»Natürlich, ich bin froh, daß Sie gewartet haben«, sagte er. Er ging zum Büfett und goß sich etwas zu trinken ein. Er schien in keiner Weise davon beeindruckt zu sein, um halb vier morgens Besuch vorzufinden.

Mit dem Glas in der Hand kam er zu mir herüber und blieb vor der Heizung stehen. Er trank einen Schluck von seinem Whisky und sah mich vergnügt an. »Wie sind Sie denn hereingekommen?« fragte er.

»Ich kam vor ungefähr einer Stunde heraus. Ich läutete am Vordereingang, aber niemand regte sich. Darum ging ich um das Haus herum. Dabei fand ich die kleine Seitentür. Sie stand offen, und so kam ich ins Haus.«

Er lächelte wieder. »Ausgezeichnet. Und jetzt sind Sie also hier, Mr . . .«

»Ich heiße O'Hara und bin Privatdetektiv.«

Er lächelte mich an. Einen Moment sah er wie ein Schuljunge aus. »Privatdetektiv«, sagte er dann, »wie interessant. Darum kamen Sie auf die Idee, um das Haus herumzugehen. Wahrscheinlich haben Sie die Erfahrung gemacht, daß manche Leute eher geneigt sind, die Hintertür offenzulassen als die Vordertür.«

»Offen gesagt bin ich dahintergekommen, daß man aus Erfahrungen verdammt wenig lernt. Aber ich versuche es immer an der Hintertür, wenn ich durch die Vordertür nicht herein kann.«

Er nickte. »Wenn ich Sie so ansehe, Mr. O'Hara, möchte ich annehmen, daß Sie alles, was Ihnen so in den Sinn kommt, einmal versuchen.«

»Das ist schon möglich«, sagte ich. »Und wenn es mir gefällt, auch zweimal.«

Er sah auf mein Glas und fragte freundlich: »Warum trinken Sie nicht noch was?«

»Das ist ein guter Gedanke«, sagte ich. Ich ging zum Büfett, mischte mir noch einen Whisky-Soda und setzte mich wieder in den Sessel.

»Nun sagen Sie mir eins: Wissen Sie, wer ich bin?« fragte er dann.

»Ich nehme an, Sie sind Alexis Ricaud. Es gibt wohl sobald keinen zweiten Mann, der so aussieht wie Sie.«

Er tat erstaunt. »Nein, bin ich so mißgestaltet?«

»Durchaus nicht«, sagte ich. »Die meisten Männer würden gerne so aussehen wie Sie.«

Das schien ihm zu gefallen. »Ich weiß nicht«, sagte er zweifelnd. Aber er drehte sich halb um und hätte sich fast in dem Spiegel über dem Kamin betrachtet. Er hielt gerade noch rechtzeitig inne.

»Sie wissen also, daß ich Alexis Ricaud bin. Sie sind hierhergekommen, um mit mir zu sprechen. Und weil die Vordertür verschlossen war, kamen Sie zur Hintertür herein und warteten auf mich. Ich schließe daraus, daß jemand mit Ihnen über mich gesprochen hat, O'Hara. Irgend jemand hat Ihnen gesagt, wie ich aussehe. Er hat Ihnen auch gesagt, daß Sie das Haus wahrscheinlich leer vorfinden werden, daß Sie wahrscheinlich zur Vordertür nicht hereinkämen. Aber daß es aussichtsreich sei, es mit der Seitentür zu versuchen. Stimmt's?«

»Nicht schlecht«, sagte ich, »obwohl das alles ganz offensichtlich ist.«

Er nickte. »Manchmal ist das Offensichtliche beinahe aufregend. Und nun zur Sache. Über welches Geschäft wollen Sie mit mir sprechen?«

Ich zuckte die Achseln. »Ich würde es nicht direkt ein Geschäft nennen. Es könnte eins werden, aber ich habe meine Zweifel. Es ist eher eine Sache der Neugierde.«

Er sagte: »So, Sie sind also meinetwegen neugierig.«

»Nicht eigentlich Ihretwegen. Ich bin neugierig wegen einer Dame. Sie heißt Mrs. Ivory . . .«

»Das ist ein reizender Name. Ein etwas seltsamer Name, aber nichtsdestoweniger entzückend. Sie sind also neugierig wegen einer Mrs. Ivory. Und was kann ich tun, um Ihre Neugierde zu befriedigen?«

»Ich weiß es noch nicht. Aber es mag sich ergeben. Wie ich schon gesagt habe, bin ich Privatdetektiv . . .«

Er unterbrach mich: »Ja, das habe ich verstanden. Ich stelle es mir sehr hübsch vor, Privatdetektiv zu sein. Man denkt unwillkürlich an einen Mann, der unaufhörlich, ohne zu blinzeln, mit einem Auge durch ein Schlüsselloch guckt, mit einem vorstehenden, etwas trüben Auge. Aber bitte, sprechen Sie weiter.«

»Mrs. Ivory kam heute abend in mein Büro. Ich weiß nichts über sie. Sie ist eine ungewöhnlich schöne Frau und scheint einen Haufen Geld zu haben. Kennen Sie sie zufällig?«

Er fragte sanft: »Sind Sie hierhergekommen, um mir Fragen zu stellen?«

»Na schön«, sagte ich, »lassen wir die Fragen. Es ist mir egal, ob Sie sie kennen oder nicht. Mrs. Ivory war bereit, mir eine Menge Geld zu geben, wenn ich hierherkäme und mit Ihnen spräche.«

Er lächelte sehr vergnügt. »Wie außerordentlich interessant. Ich würde zu gerne wissen, warum sie das von Ihnen wünschte.«

»Ich weiß es nicht. Ich habe sie nicht danach gefragt.«

Er nickte. »Und Sie sind also hier herausgekommen, um diesen Auftrag auszuführen?«

Ich schüttelte den Kopf. »Nein. Ich sagte Mrs. Ivory, daß ich mit der Sache nichts zu tun haben wolle. Aber später wurde mir dann klar, daß ich neugierig geworden war.«

»Und jetzt soll ich Ihre Neugierde befriedigen, O'Hara?« fragte er.

»So ist es, Ricaud.«

»Leute, die ich nicht sehr genau kenne, nennen mich gewöhnlich Mr. Ricaud.«

»Wirklich? Nun, vielleicht macht es diesen Leuten Spaß. Für mich sind Sie einfach Ricaud.«

»Ganz, wie Sie wollen. Für Sie bin ich also einfach Ricaud. Und Sie wollen also Ihre Neugierde befriedigen.«

»Ja«, sagte ich. »Genauso ist es.«

»Sagen Sie mal, Mr. O'Hara«, fragte er beiläufig, »und was geschieht, wenn ich zu der Überzeugung komme, daß Sie mich nicht interessieren? Wenn ich nicht die Absicht habe, Ihre Neugierde zu befriedigen? Was geschieht dann?«

Ich trank meinen Whisky aus und stellte das Glas auf den Tisch. »Darüber habe ich noch nicht nachgedacht. Offensichtlich könnte nur zweierlci geschehen. Ich könnte meinen Hut nehmen, weggehen und es dabei belassen. Oder ich könnte meinen Hut nehmen und weggehen und etwas dagegen tun.«

Er sah mich schnell an und wiederholte: »Etwas dagegen tun? Was meinen Sie damit?«

»Nun, etwa folgendes: Wenn ich neugierig genug war, um zu Ihnen zu kommen, dann wird Ihnen doch ganz verständlich sein, daß ich noch neugieriger werde, wenn ich nicht erfahre, was ich wissen will.«

Er sagte liebenswürdig: »Ich verstehe, Sie meinen, daß ich Ihre Neugierde befriedigen sollte?«

»Wenn Sie der Ansicht sind, daß es das geringere Übel für Sie ist, meine Neugierde zu befriedigen, dann würden Sie das doch wohl tun, oder nicht?«

Er lachte. Unsere Unterhaltung schien ihn außergewöhnlich zu belustigen. »Sie haben eine gewisse unwiderlegbare Logik an sich, die sehr bestrickend ist. Könnte es nicht aber auch sein, daß ich Ihre Neugierde noch aus einem anderen Grunde befriedigen würde, vielleicht weil es mir Spaß macht?«

»Ihre Gründe sind mir eigentlich ziemlich gleichgültig. Was mich interessiert, ist, ob Sie es tun werden oder nicht. Wenn nicht, werde ich gehen . . . vielleicht.«

»Was soll das heißen: vielleicht?« Er sah mich an. Sein Blick war eiskalt.

Ich lehnte mich im Sessel zurück, fischte eine Zigarette aus meiner Tasche und zündete sie an. »Ich habe Sie jetzt eine ganze Weile beobachtet. Ich habe nicht das Gefühl, daß ich sehr viel für Sie übrig habe.«

»Wie ungewöhnlich interessant. Und nun will ich Ihnen auch etwas sagen, Mr. O'Hara. Ich glaube, ich habe für Sie auch nicht sehr viel übrig. Und nun denke ich, wissen wir, woran wir miteinander sind, nicht wahr?«

»So scheint es«, sagte ich. Ich stützte die Hände auf die Seitenlehnen des Sessels und stand auf.

Er hob seine Hand und sagte: »Bitte, gehen Sie noch nicht. Ihre letzte Bemerkung hat mir eine ganze Menge verraten.«

»Wirklich?« fragte ich. »Was denn zum Beispiel?«

»Sie haben mit jemandem über mich gesprochen«, sagte er langsam. »Jemand, der, ich möchte sagen, nicht gerade für mich eingenommen ist, hat Ihnen einen Haufen seltsame Ideen über mich in den Kopf gesetzt. Ich glaube, Sie würden mich ganz gut leiden können, wenn Sie mich unter normalen Umständen kennengelernt hätten. Nun, sollte das nicht so sein, Mr. O'Hara?«

»Möglicherweise«, sagte ich.

»Aber Sie sind mir nicht unter normalen Umständen begegnet. Als Sie heute abend hierherkamen, waren Sie darauf vorbereitet, jemand zu treffen, den Sie nicht leiden könnten.«

Darauf antwortete ich nicht. Mir kam ein Gedanke, der Gedanke, daß Ricaud über mich noch neugieriger war, als ich vorgab, über Mrs. Ivory neugierig zu sein. Das kam mir sehr gelegen. Davon ging ich aus, als ich sagte: »Wenn eine Frau so liebenswürdig ist wie Mrs. Ivory . . .«

Er unterbrach mich: »Wie liebenswürdig?« fragte er mit hochgezogenen Augenbrauen.

Ich zuckte die Achseln. »Soll das heißen, daß Sie Mrs. Ivory nicht für liebenswürdig halten?« fragte ich.

»Wenn Sie so wollen«, sagte er. »Natürlich könnten Sie erst darüber urteilen, ob die Dame tatsächlich liebenswürdig ist, wenn Sie alles von ihr wissen.«

»Nun gut, in diesem Punkt muß ich Ihnen recht geben. Erzählen Sie mir, was Sie von ihr wissen.«

Er lachte. »Sie scheinen manchmal sehr naiv zu sein, Mr. O'Hara, beinahe kindisch, oder vielleicht tun Sie auch nur so. Vielleicht sind Sie doch nicht so dumm. Aber erzählen Sie mir doch, mein lieber Mr. O'Hara, warum Sie so neugierig sind. Erwarten Sie von mir, daß ich Ihnen glauben soll, Sie seien aus reiner Neugierde hierhergekommen? Erwarten Sie wirklich, daß ich Ihnen das glaube?«

Ich wußte ganz genau, daß es zwecklos war, von ihm zu erwarten, daß er mir das glaubte, weil es die Wahrheit war. Die Menschen erkennen die Wahrheit sehr selten, selbst dann nicht, wenn sie sie vor sich haben. Ich mußte es auf eine andere Art versuchen, eine Art, die ihm eher einleuchtete.

»Ich mag Mrs. Ivory nicht«, sagte ich. »Aber wegen dieses Auftrages bin ich selbst in eine etwas heikle Lage geraten ihr gegenüber. Sie könnte mir Schwierigkeiten machen. Ich möchte wissen, woran ich bin.«

Er dachte eine Weile nach. Ich konnte sehen, wie sein Gehirn arbeitete. Ich glaubte schon, daß ich ihn überzeugt hätte. Er sagte schließlich: »O'Hara, warum sagen Sie mir nicht die Wahrheit? Womöglich kann ich Ihnen besser helfen, als Sie glauben ... womöglich. Sagen Sie mir die Wahrheit, und Sie werden sehen, daß ich offen mit Ihnen bin.«

Ich sah ihn lächelnd an und entschloß mich, ihm alles zu sagen. »Nun gut«, sagte ich, »hier ist sie. Mrs. Ivory kam heute abend zu mir und bot mir tausend Pfund, wenn ich zu Ihnen gehen würde, um Sie einzuschüchtern. Ich nahm das Geld, sagte ihr aber, ich würde den Auftrag nicht übernehmen. Ich wußte, daß sie nichts dagegen machen konnte. Das ist alles.«

Er blickte mich an. Es war zu sehen, daß ihm diese Welt gefiel. Der Gedanke, daß Mrs. Ivory Geld hergegeben hatte und ihr dann gesagt worden war, wo der Zimmermann das Loch gelassen hatte, schien ihm sehr zu gefallen. Er lächelte. Ich mochte ihn weniger denn je.

»Dann entschloß ich mich, in Urlaub zu fahren«, fuhr ich fort. »Aber als ich aus London heraus war, wurde ich doch unruhig. Angenommen, sie unternahm doch etwas« – ich sah ihn an und machte ein besorgtes Gesicht. »Ich habe nicht gern unnötige Schwierigkeiten. Mir kam der Gedanke, daß sie mich möglicherweise doch irgendwie belangen könnte.«

»Ich verstehe«, sagte er. »Sie hielten es für richtig, hierherzukommen, um soviel wie möglich über Mrs. Ivory zu erfahren. Sie bekamen Angst. Es wurde Ihnen klar, daß Sie nur ein kleiner Privatdetektiv sind, der eine Dame um tausend Pfund beschwindelte, die vielleicht doch Freunde hat, die Ihnen verdammt unangenehm werden könnten. Ich verstehe vollkommen.«

Darauf antwortete ich nicht.

»Ich glaube Ihnen«, fuhr er fort. »Aber machen Sie sich keine Sorgen, O'Hara. Mrs. Ivory wird nichts unternehmen. Und ich finde den Gedanken, daß sie Geld verliert, sehr amüsant. Es ist so lächerlich, darum gefällt es mir.«

»Nun gut«, sagte ich. »Aber warum gab sie mir diesen Auftrag?«

»Das ist eine lange Geschichte«, sagte Ricaud selbstgefällig. »Ich habe große Anziehungskraft für Frauen. Ich weiß auch nicht genau, warum. Aber ich habe noch keine Frau getroffen, die sich nicht in mich verliebt hätte. Manche waren ungewöhnlich anhänglich, ja geradezu lästig.«

Ich hustete. Zum Teufel, dachte ich, die eine, die draußen in eine Decke gehüllt in meinem Wagen liegt, ist dafür ein Beispiel. Eigentlich müßte es ganz lustig sein, Esmeralda mit ihrer Pistole auf ihn loszulassen und dabei zuzusehen und nachher fortzuräumen, was sie aus ihm gemacht hatte.

»Und es gibt darunter solche«, fuhr er mit seltsam singender Stimme fort, »die wahnsinnig eifersüchtig werden. Mrs. Ivory gehört zu diesem Typ. Vor einiger Zeit hing sie noch sehr an mir. Aber sie war sehr, sehr eifersüchtig. Und als der Zeitpunkt kam, an dem ich mich genötigt sah – mit einigem Bedauern, wie ich zugebe –, ihr zu sagen, daß nun alles vorbei wäre, daß eine andere Frau mich mehr interessiere als sie, wurde sie beinahe verrückt.« Er zuckte die Achseln. »Ich heiratete die andere Frau«, fuhr er lächelnd fort. »Und nun können Sie vielleicht Mrs. Ivorys Haltung verstehen. Sie will Rache an mir nehmen. Aber in ihrer Dummheit schlägt sie sich selbst. Sie bezahlt Ihnen tausend Pfund, weil sie glaubt, so mit mir abzurechnen, und Sie betrügen sie um ihr Geld. Dann kommen Sie hier herausgekrochen, um sich vor dem zu schützen, was die Dame gegen Sie unternehmen könnte. Machen Sie sich keine Sorgen, O'Hara, sie wird nichts gegen Sie unternehmen. Vielleicht ist das Ihr Glück.«

»Dann ist ja alles gut«, sagte ich.

Er zündete sich eine Zigarette an. Er nahm sich viel Zeit dabei. Er dachte angestrengt nach.

»Natürlich haben Sie sich auch mir gegenüber in eine seltsame Lage gebracht«, sagte er ernst. »Ich könnte zur Polizei gehen und Sie anzeigen. Vielleicht wäre die Polizei geneigt, den Fall dieser tausend Pfund, die Sie Mrs. Ivory abgenommen haben, näher zu untersuchen. Glauben Sie nicht, O'Hara?«

»Unsinn«, sagte ich. »Anzeigen kann mich nur eine Person, das ist Mrs. Ivory.«

»Nun, das ist möglich«, sagte er gewinnend und lächelte mich an. »Es war natürlich nur ein Witz. Es gefällt Ihnen aber nicht, daß Mrs. Ivory versucht hat, Sie zu täuschen. Sie haben tausend Pfund bekommen und würden wahrscheinlich ganz gerne noch mehr Geld haben.«

Ich wurde aufmerksam. Jetzt kam ich an den Punkt, zu dem ich wollte. Ich sagte schnell: »Darauf können Sie sich verlassen. Aber wie kann ich das?«

Er zog an seiner Zigarette. »Ich rate Ihnen folgendes: Suchen Sie Mrs. Ivory auf, und erzählen Sie ihr, wenn sie Ihnen nicht mehr Geld gäbe, würden Sie zu mir gehen und mir die ganze Geschichte erzählen. Sagen Sie ihr nur das.«

»Und glauben Sie, daß sie darauf hereinfällt?« fragte ich.

»Davon bin ich überzeugt«, sagte er beiläufig. »Und dann, wenn Sie Ihnen, sagen wir, dreitausend Pfund bezahlt hat – dafür, daß Sie mir nichts erzählen –, kommen Sie wieder zu mir und geben mir fünfzehnhundert Pfund davon. Fünfzehnhundert Pfund können Sie für sich behalten. Wie Sie sehen, bin ich sehr großzügig.«

Ich stand auf. »Es tut mir doch nicht leid, daß ich heute nacht hierhergekommen bin. Ganz und gar nicht. Im Gegenteil, ich bin froh, daß ich kam. Und wissen Sie, warum?«

»Nein. Warum denn?«

»Weil ich Sie dadurch verprügeln kann. Und das werde ich jetzt tun«, sagte ich. »Nur zum Spaß. Um Sie weich zu machen, wie wir es nennen. Wenn ich das getan habe, werde ich mit Ihnen reden. Sie werden dann in der richtigen Verfassung sein, mit mir wie mit Ihrem Erbonkel zu reden. Und es wird Ihnen auch noch Vergnügen machen.« Er sah mich gelangweilt an. »Wirklich? Wie wollen Sie das machen? Ich bin nicht nur etwas größer, sondern wahrscheinlich auch viel stärker als Sie. Sie sind doch etwas schmal geraten, oder meinen Sie nicht?«

»Haben Sie schon einmal etwas von Judo gehört? Das ist eine hübsche Kunst. Wie gemacht für einen Hurensohn wie Sie.« Ich ging auf ihn zu.

Er fragte leichthin, als ob ihn das alles nicht beträfe: »Wo haben Sie Ihr Judo gelernt?«

»Wo es erfunden wurde«, sagte ich. »In Japan.«

Ich kam näher. Ich beobachtete ihn. Sein Gesichtsausdruck wechselte plötzlich. Er kam auf mich zu. Als er die Hand hob, setzte ich zum Armschluß an. Er wich mühelos aus, und im nächsten Moment brüllte ich vor Schmerz auf, als er einen Judo-Gelenkbrecher an meinem rechten Handgelenk ansetzte. Es war zu spät für mich, als ich mich daraus befreien konnte. Vor einem Abwehrschlag, den ich mit der linken Hand führte, ließ er sich plötzlich fallen und wandte die Fußfalle an. Ich stürzte rücklings auf den Kopf. Halb gelähmt lag ich auf dem Boden. Seine Stimme schien von sehr weit her zu mir zu dringen.

Er sagte: »Ihr Judo ist sehr gut, außerordentlich gut für einen Anfänger. Aber nicht gut genug gegen einen Judoka-Schwarzgürtel zehnten Grades. Dazu brauchen Sie noch fünfzehn Jahre hartes Training, O'Hara.«

Er beugte sich über mich und schob seinen Finger in meinen Hemdkragen. Er zog meinen Kopf vom Boden hoch. Sein lächelndes Gesicht war dicht vor meinem. In seinen Augen leuchtete eine sadistische Befriedigung.

»Ich werde Ihnen auf dem Büfett einen kleinen Schnaps stehenlassen«, sagte er. »Sie werden ihn brauchen, damit Sie hier herauskommen und dorthin kriechen können, wo Sie hingehören. Jedesmal, wenn ich Ihnen wieder begegne, werde ich Sie härter anfassen. Das wird Sie lehren.«

Er schlug mir mit dem Handrücken seiner freien Hand ins Gesicht. Dann ließ er meinen Kragen los, und ich schlug mit dem Kopf hart auf den Boden. Und dann, um nichts zu versäumen, nehme ich an, trat er mir gegen den Magen. Es war ein ordentlich fester Tritt. Ein brennender Schmerz fuhr durch meinen Körper, schwarze Vorhänge fielen herunter, ich wurde ohnmächtig.

Das Erwachen war nicht angenehm. Ich lag im Dunkeln auf dem Boden, sammelte meine fünf Sinne und versuchte zusammenhängend zu denken. Es war nicht leicht. Am Hinterkopf hatte ich eine Beule. Der ganze Körper tat mir weh, und im Leib fühlte ich einen dumpfen Schmerz, den ich meinem ärgsten Feind nicht gewünscht hätte. Der Abend war doch nicht so besonders erfolgreich, dachte ich. Ich lag da und dachte nach. Wenn es ursprünglich Neugierde gewesen war, die mich in dieses Haus getrieben hatte, so war diese Neugierde nicht zu vergleichen mit dem Gefühl, von dem ich von diesem Moment an besessen war. Es war selbst größer als alle Schmerzen, die ich im Moment empfand und in die sich ein solider altmodischer Haß mischte.

Ich versuchte mich zu bewegen. Vorsichtig begann ich mit den Beinen. Dabei dachte ich an Ricaud. Er war eine interessante Erscheinung. Aber seit ich um elf Uhr Mrs. Ivory begegnet war, hatten sich die interessanten Erscheinungen gehäuft. So verführerisch diese Frau war, so teuflisch war Ricaud. Eine Mischung von Neugier und eiskaltem Zorn erfüllte mich, die nicht leicht zu beschreiben war. Ricaud beherrschte Judo. Er war Fachmann. Er hatte gesagt, daß er ein Schwarzgürtel zehnten Grades war. Ich glaubte es ihm.

Die Geheimwissenschaft und Kunst des Judo ist eingeteilt in Grade des Könnens. Wenn einem Mann nach einer harten Trainingszeit der schwarze Gürtel verliehen wird, so besagt das, daß er ausgebildet werden darf. Von diesem Punkt an gibt es zehn Stufen des Könnens, deren höchste der zehnte Grad ist. Ein Ausländer kann nie einen höheren Grad erreichen. Die Griffe und Schläge über den zehnten Grad hinaus sind Geheimnisse der Meister des Judo und erreichen eine so verblüffende Höhe, daß ein wahrer Meister des geheimen Judo einem Mann durch einfaches Händeschütteln den Hals brechen kann ...

Ricaud hatte nicht übertrieben. Das bedeutete, daß er viel herumgekommen war und einen beträchtlichen Teil seines Lebens in Japan oder zum mindesten in enger Verbindung mit einem großen Meister der Kunst verbracht hatte.

Ich stand auf. Ich war etwas unsicher auf den Füßen, aber ich konnte gehen. Zur Übung ging ich in kleinen Kreisen langsam durch das Zimmer und suchte den Lichtschalter. Schließlich fand ich ihn und machte Licht. Ich sah mich um. Der Raum war unverändert, außer daß die Flaschen vom Büfett fortgeräumt waren. Nur ein kleines, mit einer gelblichen Flüssigkeit halbgefülltes Glas stand wie verlassen mitten auf dem Büfett. Daneben lag ein Stück Papier. Ich ging hinüber und las die Worte auf dem Papier: »Hier ist Ihr Schnaps. Sie werden ihn brauchen. Und vergessen Sie nicht, was ich Ihnen gesagt habe. R.«

Ich war der Ansicht, ich hätte Mr. Ricauds Schnaps nicht nötig. Ich ging zur Tür und löschte das Licht. Ich tastete mich aus dem Haus und ging zu meinem Wagen.

Esmeralda lag noch genauso da, wie ich sie verlassen hatte. Ich ließ den Motor an, fuhr auf dem Kiesweg zurück, über den Feldweg auf die Straße noch London.

Nach einer Weile wurde mir besser. Ich suchte nach einer Zigarette. Ich hatte Glück, eine war noch da. Ich verlangsamte die Fahrt, zündete die Zigarette an und beschleunigte dann wieder das Tempo. Fünfundvierzig Minuten später hielt ich den Wagen vor einer Telefonzelle in Pont Street an und rief Joe Melanders Wohnung an. Ich hörte das Rufzeichen und wartete. Nach einer sehr langen Zeit kam er an den Apparat. Ich hörte ihn gähnen.

Ich sagte: »Joe, hier ist Caryl O'Hara. Ich bin in einer Klemme.«

»Was kann ich für Sie tun, Mr. O'Hara?«

Ich sagte ihm: »Ich habe ein Mädchen in meinem Wagen. Sie ist nicht sehr gut beieinander. Zuviel getrunken und möglicherweise noch was anderes dazu.«

Er sagte: »Das kenne ich. Manchmal machen sie so was.«

»Ich suche einen Platz, wo ich sie für eine kurze Zeit unterbringen kann, wo sie ins Bett gebracht wird und das, was sie immer in sich hat, ausschlafen kann. Ich dachte, daß vielleicht Mrs. Melander ein Auge auf sie haben würde.«

»Natürlich«, sagte Joe, »bringen Sie sie nur her. Wir werden auf sie aufpassen. Sie kann so lange bleiben, wie sie will.«

»Ich bin in zwanzig Minuten bei Ihnen«, sagte ich und hing ein. Ich fuhr in die Vale Street und hielt vor einer Nachtapotheke, deren Besitzer ich kannte. Ich ging hinein und kaufte ein paar Ampullen Calomel-Arthropin. Dann fuhr ich zu Joes Haus. Er öffnete mir die Seitentür neben dem Eingang zu seinem Lokal. Er hatte einen Morgenrock an. Er half mir, Esmeralda aus dem Wagen herauszuheben, und sagte: »Die ist aber hübsch. Es sind immer die gutaussehenden Mädchen, denen so was passiert.«

Im Wohnzimmer oben bearbeiteten wir Esmeralda mit Wärmflaschen und Riechsalz. Mrs. Melander machte Kaffee. Als Esmeralda schließlich aufwachte, sah sie nicht sonderlich gut aus und fühlte sich wahrscheinlich noch schlechter. Aber nachdem sie einen Schluck Kaffee getrunken hatte, wurde sie etwas menschenähnlicher. Mrs. Melander machte ihr in einem Nebenzimmer ein Bett zurecht. Ich sagte Joe, er solle seiner Frau helfen.

Als er aus dem Zimmer war, fragte Esmeralda: »Was bedeutet das?« Sie sah sich um. Sie war noch verwirrt, aber ihr Verstand arbeitete wieder.

»Erinnern Sie sich an mich, Esmeralda? Ich bin O'Hara. Ich traf Sie heute nacht draußen am ›Kreuzweg‹.«

Sie sah mich eine ganze Weile an, dann sagte sie: »Ich erinnere mich. Was ist Ihnen geschehen?« Sie lächelte ein kleines, klägliches Lächeln. »Ihr Gesicht ist . . . etwas verändert.«

Ich nickte. »Das kommt wohl von Alexis.«

»Ja? Haben Sie versucht, ihm was zu tun? Das war sehr dumm, wenn Sie das versucht haben.«

»Ich bin manchmal etwas komisch. Trinken Sie noch eine Tasse Kaffee und hören Sie mir zu. Wir sind in London, in der Wohnung eines Freundes von mir. Sie werden eine Weile hierbleiben, und dann werde ich Sie fortbringen, in eine Klinik, Esmeralda.«

Sie sagte plötzlich: »Jetzt erinnere ich mich. Caryl O'Hara, der freundliche Caryl.« Sie lächelte. Das Lächeln war beinahe schön. »Ich erinnere mich an alles. Aber was soll das mit der Klinik? Wer sind Sie, daß Sie glauben, Sie könnten mich in eine Klinik bringen?«

Ich lächelte. »Es ist egal, wer ich bin. Aber das wird geschehen. Ich bestimme, was Sie jetzt tun werden. In ein paar Minuten kommen Sie ins Bett. Sie werden eine Medizin nehmen, die ich für Sie besorgt habe. Bis Sie aufwachen, habe ich einen Platz gefunden, wo Sie hingehen und sich vernünftig betragen werden, Esmeralda.«

»Und was geschieht, wenn ich mich nicht vernünftig betrage? Sagen Sie mir das, O'Hara. Was geschieht, wenn ich sage, daß ich nicht in eine Klinik gehe? Warum soll ich das überhaupt?«

»Das wissen Sie selbst«, sagte ich. »Wenn Sie nicht in eine Klinik wollen, dann ist es eben das andere. Sie können es sich aussuchen.«

»Was ist das andere?« fragte sie.

»Ich werde Sie auf eine Polizeiwache bringen und Sie anzeigen, daß Sie unter der Wirkung von Drogen mit einer geladenen Pistole in der Hand herumlaufen. Dagegen hat die Polizei etwas, das wissen Sie ganz genau.«

Sie sah mich an und sagte: »Das Teuflische ist, daß ich Ihnen glaube, daß Sie das tun würden.«

Ich sagte nichts.

»Ich werde also ins Bett gehen«, gab sie nach und lächelte bedrückt.

»Machen Sie sich keine Sorgen. Besonders nicht über Ricaud. Vielleicht werden wir uns noch einmal über ihn unterhalten«, sagte ich.

Ich rief Mrs. Melander und machte sie mit Esmeralda bekannt. Dann gab ich ihr die Ampullen. »Eine jetzt, wenn sie zu Bett geht, und eine, wenn sie aufwacht«, sagte ich zu Mrs. Melander. »Wahrscheinlich komme ich gegen Mittag wieder.«

»Es ist gut«, sagte sie. Sie war eine nette Fraau.

Ich verabschiedete mich von Joe und ging. Ich fuhr zum Malinson-Hotel, weckte George, den Nachtportier, und ließ mir mein altes Zimmer geben. Er versprach, mir heißen Tee auf das Zimmer zu schicken. Ich fuhr mit dem Fahrstuhl hinauf, zog mich aus und ging ins Bett. Während ich den Tee trank, dachte ich: Es ist genug, daß ein jeglicher Tag seine eigene Plage habe.

Und das gehört zu dem Zeug, das man so denkt, wenn man sonst nichts zu tun hat.

Ehe ich einschlief, dachte ich noch an Mrs. Ivory. Die erste Runde hat sie gewonnen, dachte ich. Vielleicht war sie doch nicht nur schön, sondern hatte auch wirklich Verstand.

2

Um zwölf Uhr kam ich in Pells Büro. Ich war müde und gelangweilt. Es war die Art Langeweile, bei der man sich darüber wundert, warum, zum Teufel, man sich über irgendwas Unwichtiges Sorgen macht und seine Nase immer wieder in anderer Leute Angelegenheiten steckt.

Das Mädchen im Vorzimmer – eine scharfe Nummer mit zehn Zentimeter hohen Absätzen und gebleichten Haaren, die an den Wurzeln schon nachdunkelten – gönnte mir nur ein knappes Lächeln, eins von der Sorte, die sie für Leute gebrauchte, die sie meinte nicht leiden zu können. Sie sprach über das Telefon mit Pell und sagte ihm, daß ich da sei. Zu mir sagte sie, ich solle gleich hineingehen.

Pell hatte eine Nelke im Knopfloch. Er sah aus, als hätte er eine anstrengende Nacht hinter sich. Ich sagte »Guten Tag« und gab ihm die Quittung für sein Geld. Er legte sie in seinen Schreibtisch.

Er sagte spitz: »Ende gut, alles gut. Sie haben tausend Pfund bekommen und werden sich jetzt einen guten Tag machen.« Er lächelte säuerlich und zeigte seine großen Zähne.

»Ich weiß es noch nicht«, sagte ich. »Ich glaube, ich habe in der Sache mit Mrs. Ivory eine Dummheit gemacht.« Ich zündete mir eine Zigarette an. Es war meine erste an diesem Tage, und sie schmeckte wie sonst nichts auf der Welt.

Er fragte: »Warum?«

»Ich habe darüber nachgedacht, was Sie mir gestern abend gesagt haben. Ich war ein Narr, daß ich sie nicht angehört habe. Vielleicht hätte es sich gelohnt.«

»Das habe ich Ihnen ja gesagt«, sagte Pell. Er ging zum Wandschrank in der Ecke und brachte eine Flasche und zwei Gläser. Er goß den Whisky ein.

Ich nahm das Glas von ihm und sagte: »Danke für den Drink. Wo kann ich sie finden?«

Er lächelte mich an. »Sie wollen also wissen, ob das Geschäft noch zu machen ist.« Er zuckte die Achseln. »Ich weiß nicht, wo Sie sie finden können. Wir haben ihre Adresse nicht aufgeschrieben. Wir hatten keinen Grund dazu. Ich war froh, daß ich sie losbekam.«

»Nun, es sieht so aus, als ob ich etwas verpaßt hätte.« Ich stand auf. »Wir werden uns wohl bald wiedersehen. Bis dahin.« Ich ging hinaus.

Als ich durch das Vorzimmer ging, warf ich einen schnellen Blick auf das Mädchen. Sie tippte einen Brief. Hinter ihr konnte ich die Büroschlüssel an der Wand hängen sehen. Ich überlegte, ob ich ihr vertrauen konnte, entschied mich aber, daß das Risiko zu groß war. Sie sah aus wie eine von denen, die eine Weile mitspielen und dann, wenn es zu heiß wird, anfangen zu reden. Ich mochte ihren Typ sowieso nicht.

Ich sagte: »Guten Morgen«, und stieg die Treppen hinunter. Ich ging über die Straße und fand an der Ecke einen Farbladen. Dort kaufte ich zwei Stück Plastilin. Dann schlenderte ich zehn Minuten durch die Straßen und kehrte nach einem großen Umweg zu Pells Büro zurück, stellte mich in einen tiefen Hauseingang gegenüber und wartete.

Er kam kurz nach eins aus dem Haus, ging über die Straße zu seinem Wagen und fuhr davon. Ich wartete ein paar Minuten, dann ging ich in sein Büro hinauf.

Ich sagte zu dem Mädchen: »Tun Sie mir einen Gefallen, Miß Hynes. Ich möchte ein Telefongespräch führen, aber ich möchte sicher sein, mit der richtigen Person zu sprechen. Rufen Sie die Nummer für mich an und fragen Sie nach Mr. Helley. Wenn Sie ihn haben, geben Sie mir den Hörer. Ich möchte mit ihm persönlich sprechen, und ich möchte nicht von irgend jemand in seinem Büro abgewiesen werden.«

Ich lächelte sie gewinnend an.

Sie sagte: »Gut, wie ist die Nummer?«

Ich sagte ihr irgendeine Nummer, ging zu ihr hinüber und

stellte mich neben sie. Sie saß mit dem Rücken zur Wand, und während sie wählte, nahm ich die beiden Schlüssel vom Haken und steckte sie in meine Jackentasche. Ich nahm von jedem Schlüssel einen Abdruck, indem ich sie in das Plastilin preßte. In jedes Stück einen Schlüssel. Dann hängte ich die Schlüssel wieder an den Haken, während sie immer noch versuchte, mit Mr. Helley zu sprechen. Ich wartete, bis man ihr gesagt hatte, daß niemand einen Mr. Helley dort kannte, bedankte mich, bezahlte zwei Pence für das Gespräch und ging.

Am Ende der Straße nahm ich mir eine Taxe und fuhr zu Blooey Stevens. Blooey schnitzte ein Segelboot aus einem Stück Holz. Ich gab ihm die beiden Stücke Plastilin und bat ihn, mir die Schlüssel zu machen, sie in ein Päckchen zu packen und bis sechs Uhr abends im Malinson-Hotel abzugeben. Ich bezahlte ihm zwei Pfund. Er sagte, er würde die Schlüssel bis sechs Uhr fertiggemacht und abgeliefert haben.

In der Shaftesbury Avenue nahm ich mir wieder eine Taxe, fuhr zu meinem Büro und ließ den Wagen warten. Es war keine Post für mich da. Ich schloß das Büro ab, fuhr zu meiner Wohnung am Falsom-Place, packte meine Sachen in zwei Koffer und fuhr zurück zum Malinson-Hotel.

Ich ließ mein Gepäck beim Pförtner und sagte ihm, er solle die Anzüge gleich bügeln lassen. Ich sprach ein paar Worte mit dem Mädchen in der Telefonzentrale, schenkte ihr eine Flasche Chanel No. 5, die ich in meiner Wohnung eingesteckt hatte, und bat sie, auf Anrufe für mich sorgfältig zu achten.

Dann aß ich im Restaurant zu Mittag. Anschließend rauchte ich eine Zigarette. Dann ging ich zum Friseur und ließ mich rasieren, die Haare schneiden und das Gesicht massieren.

Ich saß zurückgelehnt in dem Stuhl, mit heißen Tüchern auf dem Gesicht, und dachte angestrengt nach. Aber es nützte mir gar nichts.

Als der Friseur mit mir fertig war, ging es mir bedeutend besser. Die Müdigkeit wich langsam von mir. Ich ging in mein Zimmer hinauf, nahm eine heiße Brause, zog frische Wäsche an und wechselte den Anzug.

Ich fand mein Bild nicht schlecht. Aus dem Spiegel sah mir ein gutgekleideter vierzigjähriger Mann mit erstem Gesicht entgegen. Er war groß und vielleicht etwas zu mager. Aber der Bursche sah intelligent aus, fand ich. In ein oder zwei Tagen werden wir sicher wissen, ob er das ist, dachte ich.

In diesem Augenblick ging mir der Gedanke durch den Kopf, was ich eigentlich zu tun hatte. Ich betrachtete mich im Spiegel und kam zu dem Ergebnis, daß ich durchaus nicht im klaren war über das, was ich tat. Aber ich wußte zwei Dinge. Das eine war, daß ich Ricaud nicht mochte, und das andere war, daß ich Mrs. Ivory nicht mochte. Sie hatte versucht, mich gedanklich unterzukriegen, und ihm war es physisch bereits gelungen. Und beides gefiel mir durchaus nicht. Ich fuhr im Lift hinunter in die Halle und wartete, bis der Portier mir ein Taxi besorgt hatte. Dann fuhr ich zum Belgrave Square zur Praxis von Dr. Charles Quinceley.

Ich mußte eine halbe Stunde warten, bis ich den Doktor sprach. Er gefiel mir gut. Er war etwa fünfzig, hatte ein hageres, kluges Gesicht und graue Haare. Ich hielt ihn für einen geraden und ehrlichen Menschen. Es schien mir das beste, offen mit ihm zu sprechen und abzuwarten, wie er es aufnehmen würde.

Als ich im Sessel in seinem Sprechzimmer vor ihm saß, sah er mich prüfend an und sagte: »Ich glaube nicht, daß wir uns schon einmal gesehen haben, Mr. O'Hara. Was kann ich für Sie tun?«

»Eine ganze Menge«, sagte ich ihm. »Ich wollte mit Ihnen über eine Ihrer Patientinnen reden, das heißt, ich glaube, daß sie eine Ihrer Patientinnen ist.«

Er sagte: »Ja, bitte«, bot mir eine Zigarette aus einer Dose von sibirischem Birkenholz an und reichte mir Feuer.

»Ich weiß, daß Ärzte nicht gerne über die Privatangelegenheiten ihrer Patienten sprechen, aber die Ausnahme bestätigt die Regel. Hier handelt es sich um die Ausnahme.«

Er sagte nichts.

Ich fuhr fort: »Ich bin Privatdetektiv und mit einem sehr schwierigen Fall beauftragt, der eine Dame betrifft. Eine Mrs. Esmeralda Ricaud.«

Er nickte. »Sie ist oder, richtiger, war meine Patientin«, sagte er. »Ich habe sie eine ganze Weile nicht gesehen.«

»Ich will Sie nicht mit Einzelheiten aufhalten, Herr Doktor, weil ich, genau wie Sie, nicht gerne über meine Klienten spreche. Ich will es so kurz wie möglich machen. Mrs. Ricauds Angehörige haben mich beauftragt, über sie zu wachen. Sie glauben, daß Mrs. Ricaud große Dosen Rauschgift zu sich nimmt. Sie glauben, daß sie es von ihrem Gatten Alexis Ricaud bekommt. Sie sind in großer Sorge, weil sie fürchten, daß sie kurz vor einem Zusammenbruch steht. Das fürchte ich auch. Sie sagten, sie ist oder war Ihre Patientin. Ich möchte, daß Sie sie wieder behandeln.«

»Das ist leicht gesagt, Mr. O'Hara. Aber Mrs. Ricaud ist über einundzwanzig Jahre alt und nicht entmündigt, soviel ich weiß. Darum kann ich sie nur behandeln, wenn sie selbst es wünscht.«

»Nicht in diesem Falle, Herr Doktor. Mit Esmeralda Ricaud muß etwas Entscheidendes geschehen. Wenn Sie sagen, daß Sie sich nicht um sie kümmern können, dann bleibt mir nur eines übrig: ich muß sie der Polizei übergeben.«

Er machte ein ernstes Gesicht. »Es tut mir leid, daß es so weit gekommen ist«, sagte er. »Ihr Fall war für mich außerordentlich schwierig, insbesondere im Hinblick auf ihren Gatten.«

Ich griff den Punkt auf. »Was wollen Sie damit sagen? Sind Sie der Ansicht, daß sie das Zeug von ihm bekommen hat?«

»Ich weiß es nicht«, sagte er.

Ich lächelte ihn an. »Das beantwortet meine Frage. Sie glauben, daß sie es von ihm bekommt, wollen es aber nicht aussprechen.«

Darauf antwortete er nicht. Nach einer Weile fragte er: »Warum halten Sie es für nötig, sie der Polizei zu übergeben?«

»Ich würde das nur tun, wenn Sie mich dazu zwingen. Die Lage ist folgende: Gestern abend fuhr ich zu einem Haus in der Nähe der Stadt. Dort traf ich sie. Sie stand nicht nur vollkommen unter Alkohol, sondern auch unter dem Einfluß einer Droge. Entweder Morphium oder Heroin.«

»Wahrscheinlich Heroin.«

»Gut, nehmen wir an, es war Heroin. Sie wartete auf ihren Gatten und fuchtelte mit einer Pistole herum. Sie sagte mir, daß sie ihn töten wolle. Ich glaube, daß sie ihn getötet hätte, wenn er ihr begegnet wäre.«

Er schüttelte betrübt den Kopf. »Es ist schändlich«, sagte er. »Sie war ein so nettes Mädchen. Sie muß während der letzten sechs Monate einen Rückfall gehabt haben. Sie ist weder physisch noch psychisch sehr widerstandsfähig. Und ich muß leider sagen, daß ihr Herz nicht sehr gut ist. Wen sie ihre Ausschweifungen nicht einstellt, wird sie ernstlich krank werden. Das letzte Mal sah ich sie vor drei oder vier Monaten. Damals dachte ich, daß sie ihre Rauschgiftsucht überwunden hätte. Ganz bestimmt trank sie damals auch nicht viel. Die Schwierigkeit liegt darin, daß sie sehr unglücklich ist und nicht die Kraft hat, ihr Unglück zu tragen.«

»Glauben Sie, daß eine charakterstarke Frau Ricaud ertragen könnte?«

Er zuckte die Achseln. »Ich sah ihn nur einmal. Er ist ein seltsamer Typ, um das wenigste zu sagen. Ich glaube, im stillen widersetzt er sich meinen Bemühungen, seine Frau zu heilen. Ich glaube, daß er sie überredet hat, die Behandlung abzubrechen.«

Ich wartete ein paar Sekunden. Dann sagte ich: »Hören Sie, Herr Doktor, die Sache kann sehr ernst werden. Ich glaube, daß diese Frau von Ricaud restlos genug hat. Ich glaube, daß ihr sein Anblick verhaßt ist. Aber sie ist nicht willensstark genug, ihn zu töten, solange sie normal ist. Um ihre Hemmungen zu überwinden, trinkt sie. Das hat sie mir gegenüber klar ausgesprochen. Und Whisky und Heroin sind eine böse Kombination. Eines Tages, und ich fürchte, es wird nicht mehr lange dauern, wird sie ihn umbringen und dadurch sich und ihre Familie in eine sehr üble Lage versetzen.«

»Was schlagen Sie denn vor?«

»Ich habe sie nach London zurückgebracht. Gegenwärtig ist sie bei Freunden von mir. Sie wurde gestern abend ohnmächtig. Ihr Puls war sehr schwach, und sie war ernstlich krank, als wir in London ankamen. Sie zeigte die üblichen Symptome einer Rauschgiftsüchtigen. Sie liegt mit einem leichten Beruhigungsmittel im Bett. Nun muß aber etwas mit ihr geschehen.«

»Was würden Sie vorschlagen?«

»Mein Gedanke ist, sie in eine Klinik zu bringen, in der Sie ihre Behandlung übernehmen können. Wenn Sie zustimmen, scheint mir alles in Ordnung zu sein. Wenn nicht, muß ich sie der Polizei übergeben.«

»Das wäre sehr schlimm für sie. Der Gedanke einer Klinik ist gut, und ich will gerne alles für sie tun, was ich kann. Aber ich zweifle daran, daß man sie von Ricaud fernhalten kann. Mir schien, daß er energisch darauf besteht, daß sie bei ihm ist. Er ist ihr Gatte, und ich möchte behaupten, daß es nicht sehr angenehm ist, mit ihm umzugehen. Das macht alles sehr schwierig.«

»Ricaud wird Sie in Ruhe lassen«, sagte ich. »Dafür werde ich sorgen.«

Das schien ihn zu erleichtern. »Wenn Sie garantieren können, daß sie mir überlassen bleibt, ohne daß sich jemand einmengt, und wenn Sie dafür sorgen, daß ihre Eltern mir schriftlich ihre Zustimmung geben, werde ich sie behandeln. Sie könnte in einer Privatklinik hier in der Nähe untergebracht werden, in Elham Street Nr. 12.«

Ich stand auf. »Ich bin froh, daß ich zu Ihnen gekommen bin. Ich werde sie heute nachmittag oder gegen Abend in die Klinik bringen. Die Rechnungen können Sie mir in mein Hotel schicken.«

»Ich freue mich, daß Sie gekommen sind«, sagte er. »Esmeralda war wirklich ein sehr nettes Mädchen. Ich werde sie heute noch aufsuchen. Sie wird sich nicht sehr wohl fühlen. Vor allem wird ihr das Rauschgift sehr fehlen. Ich werde gleich nachher mit der Oberschwester telefonieren und ihr Anweisungen geben. Mrs. Ricaud war schon einmal dort.«

Er brachte mich zur Tür. »Ich nehme an, Sie werden entweder ihre Mutter oder ihren Vater veranlassen, mir ein paar Zeilen zur Bestätigung zu schreiben.«

»Spätestens morgen«, versprach ich.

In Sloane Street nehm ich mir eine Taxe und fuhr zum Hotel zurück, holte meinen Wagen aus der Garage und fuhr zu Joe Melander. Als er die Tür öffnete, fragte ich nach Esmeralda.

»Es geht ihr nicht sehr gut«, sagte Joe. »Sie sieht sehr schlecht aus und will weder essen noch trinken. Millie sagt, sie sei so deprimiert, daß sie fürchtet, sie werde sich etwas antun, wenn man sie alleine läßt.«

»Es ist nicht so schlimm, wie es aussieht«, sagte ich und ging in Esmeraldas Zimmer hinauf. Mrs. Melander saß an ihrem Bett. Als ich eintrat, stand sie auf und ging hinaus.

Esmeralda saß aufrecht im Bett, ihr seidenes Nachthemd war von einer ihrer mageren Schultern heruntergeglitten. Sie lehnte halb gegen die Wand und war bleich wie der Tod.

Ich lächelte sie an. »Nun, Esmeralda, es ist alles geregelt. Sie kommen heute nachmittag in die Klinik in der Elham Street. Dr. Quinceley wird heute noch nach Ihnen sehen. Und in vierzehn Tagen werden Sie sich selbst nicht wiedererkennen.«

»Nein?« fragte sie sehr still. »Ich kenne mich jetzt kaum selbst.« Die Tränen begannen ihr über das Gesicht zu laufen. Mit der gleichen leisen Stimme fuhr sie fort: »Sie handeln sehr schnell, O'Hara.«

Ich versuchte, sie zu beruhigen, und sagte ihr, daß es ihr bald wieder bessergehen würde.

»Zum Teufel«, sagte sie. »Ich will gar nicht, daß es mir wieder bessergeht. Ich möchte tot sein. Aber da sind noch ein oder zwei Dinge, die ich erst erledigen möchte.« Sie begann zu schluchzen.

»Immer mit der Ruhe, Esmeralda«, sagte ich fröhlich. »Zunächst einmal müssen wir Ihnen ein paar Kleider und so weiter besorgen. Das kann Mrs. Melander tun. Wie ist es damit?«

Sie versuchte sich zusammenzureißen. »In meiner Tasche ist ein Schlüsselbund«, sagte sie, »der große Sicherheitsschlüssel ist für meine Wohnung. In dem Apartmenthaus Montacute Place 18. Es ist die Wohnung Nr. 6.« Ich nahm den Schlüssel aus ihrer Tasche. Dann ging ich hinaus und suchte Joe. Ich bat ihn, mit Mrs. Melander zu Esmeraldas Wohnung zu fahren und ihr ein paar Kleider und die Dinge, die sie sonst in der Klinik brauchte, einzupacken. Er sagte, es sei in Ordnung, sie würden sofort gehen.

Ich ging zu Esmeralda zurück. Sie schien etwas gefaßter. Ich gab ihr eine Zigarette und zündete mir selbst eine an. Eine kurze Weile rauchte sie schweigend. Dann sagte sie: »Sie sind sehr eifrig, O'Hara, nicht wahr?« Sie lächelte kläglich. »Warum sind Sie so eifrig? Wem soll es etwas nützen? Warum Ihr Interesse?«

»Warum sollte ich nicht?« fragte ich.

»Was haben Sie davon?« fragte sie. »Ich nehme an, Leonora hat Sie beauftragt. Es sähe ihr ähnlich.«

»Was für eine Leonora?« fragte ich.

»Leonora Ivory natürlich«, sagte sie.

Darauf antwortete ich nicht. Es entstand eine lange Pause.

»Sind Sie Polizist oder Detektiv oder so etwas?« fragte sie dann.

»Privatdetektiv«, sagte ich. Ich dachte, das würde genügen. Aber es genügte ihr nicht. Sie dachte eine Weile nach. »Wer bezahlt Sie, O'Hara?« fragte sie dann und sah mich von der Seite an.

Was kann ich verlieren, dachte ich und sagte: »Mrs. Ivory.«

Es entstand wieder eine Pause, und dann sagte sie sehr ruhig: »Ich dachte es mir. Sie ist großartig, nicht wahr, O'Hara? Sie ist so stark und klug, wie ich schwach und dumm und töricht bin.« Sie begann wieder zu weinen.

Das schien mir der richtige Augenblick, mehr zu erfahren. »Hören Sie zu, Esmeralda. Es kann alles in Ordnung kommen. Sie müssen sich nur von Ricaud fernhalten. Der Rest ist dann leicht.«

Sie begann ihre Augen zu tupfen und sah mich dann mit zusammengekniffenen Augen an.

»So, der Rest ist dann leicht. Alles, was ich zu tun habe, ist, mich von Ricaud fernzuhalten.« Sie lachte diesmal laut heraus. Es war das gleiche schrille, unerfreuliche Lachen, das ich vor Ricauds Haus von ihr gehört hatte. Sie sagte: »Es ist so leicht, zu sagen, mich von Ricaud fernzuhalten. Das ist ein guter Gedanke, wenn man es kann. Aber ich kann nicht, kann nicht, kann nicht . . .!« Sie war der Hysterie nahe.

Ich nahm ihr die Zigarette aus den Fingern und sagte rauh: »Legen Sie sich hin und beruhigen Sie sich. Sie brauchen sich keine Sorgen zu machen. Machen Sie die Augen zu und hören Sie auf nachzudenken. Benehmen Sie sich nicht törichter, als Gott Sie gemacht hat.«

Sie gehorchte. Sie legte sich zurück und schloß die Augen. Ich rauchte eine Zigarette, und dann hörte ich, wie Melanders zurückkamen. Ich ging in das Wohnzimmer und sprach mit Joe, der mir einen Whisky eingoß.

Sie hatten für Esmeralda zwei Koffer mitgebracht. Mrs. Melander hatte in der Wohnung alles gefunden, was sie brauchte. Sie sagte, daß sie sich dort gut umgesehen hätte. Die Wohnung wäre sehr hübsch, sei aber sehr vernachlässigt und müßte gereinigt werden. Ich fragte, ob Post für Esmeralda dagewesen wäre oder jemand angerufen habe. Sie sagte, es habe nichts dagelegen.

Sie gab mir den Schlüsselbund zurück, und auf dem Weg zu Esmeralda nahm ich den Schlüssel zu ihrer Wohnung von dem Ring ab und steckte ihn in meine Tasche. Als ich wieder zu ihr kam, saß sie aufrecht im Bett. Ihren Schlüsselbund tat ich zurück in ihre Handtasche.

Ich bat Mrs. Melander, Esmeralda beim Anziehen zu helfen. Dann ging ich zu Joe und trank Whisky mit ihm. Eine halbe Stunde später kam Mrs. Melander mit Esmeralda herein.

Esmeralda sah sehr schwach aus, aber sie hielt sich aufrecht. Ich gab ihr einen kleinen Schluck Whisky-Soda zu trinken. Sie bedankte sich herzlich bei jedem für das, was man für sie getan hatte. Es schien sie alles etwas zu verwirren.

Ich hatte mit Mrs. Melander verabredet, daß sie uns bis zur Klinik begleiten würde. Als wir aufbrachen, sagte Esmeralda: »O'Hara, geben Sie mir meine Pistole, ich brauche sie.«

»Nein«, sagte ich. »Sie brauchen in der Klinik keine Pistole. Man hält es dort für schlechte Manieren, wenn man auf das Personal schießt.«

»Ich will sie nicht für mich. Sie gehört nicht mir. Ich habe sie mir geliehen und will sie zurückgeben. Bitte geben Sie sie mir. Bitte, O'Hara.«

»Auf keinen Fall.«

Sie setzte sich. Die Tränen begannen wieder über ihr Gesicht zu laufen. Sie sagte verstockt: »Entweder bekomme ich die Pistole, oder ich gehe nicht in die Klinik. Verdammt, O'Hara, Sie wissen genau, daß Sie mich nicht zwingen können. Geben Sie mir die Pistole, und ich tue alles, was Sie wollen.«

»Na schön«, sagte ich. »Ich werde Sie holen, ich habe sie im Wagen.« Ich ging auf die Straße zu meinem Auto und nahm die Pistole aus dem Handschuhkasten. Während ich zurückging, sah ich mir die Waffe an. Es war ein Colt. Jemand hatte auf dem eingelegten Teil des Griffes unter der Sicherung ein Kreuz eingekratzt. Die Kratzer schienen mir ziemlich frisch zu sein.

Dann nahm ich das Magazin heraus und steckte es in die Tasche. Mit der entladenen Pistole konnte sie keinen Schaden anrichten. Ich ging zurück in Joes Wohnzimmer, nahm Esmeralda die Handtasche vom Schoß und öffnete sie. Ich ließ die Pistole in ihre Tasche fallen und hielt den Griff dabei so, daß sie nicht sehen konnte, daß ich das Magazin herausgenommen hatte. Dann schloß ich die Tasche und gab sie ihr zurück. Damit war sie zufrieden. Ich verabschiedete mich von Joe, und wir gingen. Esmeralda sagte auf dem ganzen Weg so gut wie kein Wort. Sie saß neben mir auf dem Vordersitz und sah gerade vor sich hin. Aber sie nahm nichts auf. Ihre Augen waren blicklos und müde. Es war fast fünf Uhr, als wir in Elham Street ankamen. Die Oberschwester, eine ordentliche Person, sagte mir, daß Dr. Quinceley angerufen hätte. Er wollte am Abend vorbeikommen. Sie wußte, was sie inzwischen zu tun hatte.

Ich verabschiedete mich von Esmeralda, während wir in der Halle auf den Fahrstuhl warteten. Sie sah müde, vollkommen erschöpft und todunglücklich aus. In ihren Augen standen Tränen, die sie zurückzuhalten versuchte.

»Sie sind kein schlechter Kerl, O'Hara«, sagte sie. »Ich kann Sie gut leiden.« Sie versuchte zu lächeln. »Sie sind mein Lieblingsprivatdetektiv. Ich kann Sie wirklich leiden. Der freundliche Caryl O'Hara, O'Hara mit der zerschlagenen Lippe.« Dann kam der Fahrstuhl. Ich freute mich über alles, was sie gesagt hatte.

Ich brachte Mrs. Melander nach Hause zurück und trank dann noch ein Glas mit Joe. Ich fuhr zum Hotel, brachte den Wagen in die Garage und sagte dem Wärter, er solle den Tank füllen und die Reifen aufpumpen. Dann ging ich in mein Zimmer und zog mich aus. Ich telefonierte den Portier an und bat ihn, mich um acht Uhr anzurufen.

Ich war müde, aber ich war mit dem Stand der Dinge nicht unzufrieden. Auf jeden Fall war ich die Sorge um Esmeralda losgeworden. Ich dachte an Mrs. Ivory. Ich erinnerte mich daran, was Esmeralda über sie gesagt hatte. Ich hätte gerne gewußt, ob ich mich in Leonora Ivory getäuscht hatte. Angenommen, ich tat es. Nun ja, was weiter? Ich legte mich ins Bett und schlief ein.

Das Klingeln des Telefons weckte mich. Ich sah auf meine Uhr. Es war genau acht. Ich stand auf und bestellte mir einen doppelten Martini auf mein Zimmer. Dann steckte ich meinen Kopf in kaltes Wasser. Während ich mich anzog, trank ich den Cocktail und rauchte eine Zigarette.

Ich fühlte mich besser, bis ich an Ricaud dachte. Das verdarb mir die Laune. Ich kam zu dem Ergebnis, daß ich dagegen nur eines tun konnte.

Ich ging in das Restaurant und aß zu Abend. Unterwegs ließ ich mir das kleine Paket mit den Schlüsseln für Pells Büro geben, das Blooey Stevens für mich abgegeben hatte, und befestigte die Schlüssel mit Esmeraldas Wohnungsschlüssel an meinem Schlüsselbund. Nach dem Essen fuhr ich zum Montacute Place. Ich parkte den Wagen in einer Seitenstraße und sah mir das Haus an. Es war ein anspruchsvolles Apartmenthaus. Die Eingangstür war unverschlossen, und wenn es einen Portier gab, so war er im Moment jedenfalls nicht anwesend. Die Wohnung Nr. 6 lag im ersten Stock. Ich schloß die Tür auf und trat ein.

Ich zog die Vorhänge zu, ehe ich Licht machte. Dann durchsuchte ich die Wohnung sorgfältig. Es war eine schöne Wohnung. Sie bestand aus einem Wohnzimmer, einem kleinen Raum, der aussah, als sei er als Arbeitszimmer benutzt worden, einem Schlafzimmer mit einem anschließenden Ankleidezimmer und einem luxuriös ausgestatteten Bad. Auf der anderen Seite des kurzen Ganges lagen eine Küche und ein Mädchenzimmer mit Bad. Offensichtlich waren die Küche und das Mädchenzimmer längere Zeit nicht benutzt worden. In dem Arbeitszimmer lag auf dem Schreibtisch mitten auf der Schreibunterlage ein Umschlag. Ein großer Briefbeschwerer aus Messing, der darauf lag, sollte den Blick sofort anziehen, wenn man das Zimmer betrat. Der Umschlag war nicht zugeklebt und »An Esmeralda« adressiert. Ich öffnete ihn und las den Brief. Er war auf einen blauen Bogen, der keine Adresse trug, geschrieben und lautete:

Meine reizende, unglückliche Esmeralda!
Wie geht es Dir? So gut, wie man nach den Umständen erwarten darf, nehme ich an.
Mein armer Liebling. Aber? »Wie kann das Feld rot sein, wenn der Mohn verblüht ist?«
Mein Süßes. Ich kann es Dir nicht länger verheimlichen. Hier ist alles schrecklich langweilig. Ich habe Sehnsucht nach den Bahamas, nach richtiger Sonne, blauem Meer und blauem Himmel und einer schönen, ruhelosen Dame, die in jener schönen Gegend wohnt und die an Alexis nicht ganz uninteressiert ist. Du wirst also das gewinnen, was Du willst – wenn Du vernünftig bist. Alles, was Du willst – wenn Du vernünftig bist. Aber Du mußt spätestens um zehn Uhr in meinem Haus »Zum Kreuzweg« sein. Um halb zwölf habe ich eine dringende Verabredung. Aber unsere Angelegenheit wird nicht lange dauern. Du wirst finden, daß ich unter den gegebenen Umständen bereit bin, sehr vernünftig zu sein. Bis dahin Alexis.

Ich schob Brief und Umschlag in meine Tasche. In einer Schublade im Wohnzimmer fand ich noch einen Stoß von dem blauen Papier. Offenbar war Alexis nach den Melanders in Esmeraldas Wohnung gewesen. Er wollte Esmeralda sprechen, und da er sie nicht antraf, hatte er den Brief für sie hinterlassen. Diesen Brief hatte er an dem kleinen Schreibtisch im Wohnzimmer geschrieben. Die Unterlage auf dem Schreibtisch war mit einem frischen Löschblatt bezogen gewesen. Ich hielt die Unterlage vor den Spiegel und konnte den Brief an Esmeralda deutlich erkennen. Er hatte aber noch einen anderen Brief geschrieben, ehe er an Esmeralda schrieb, dessen Abdruck auf dem Löschblatt unter dem an Esmeralda zu erkennen war. Ich konnte ein paar Worte entziffern: »Kreuzweg«, »12 Uhr«, »später«.

Ich hätte gerne gewußt, wer der Empfänger dieses zweiten Briefes war. Vielleicht hatte Ricaud darin seine zweite Verabredung getroffen, von der er Esmeralda geschrieben hatte, daß sie um halb 12 sein sollte. Wenn sie in Wirklichkeit auf 12 Uhr festgesetzt war, dann blieb ihm reichlich Zeit, Esmeralda vorher wieder aus dem Hause zu bekommen.

Ich ging in den Zimmern umher in der Hoffnung, sonst noch etwas zu finden. Ich sah aber nichts, das mein Interesse erregt hätte. Die Wohnung befand sich in einer allgemeinen Unordnung, die schlecht zu ihrer eleganten Einrichtung paßte. Wahrscheinlich hatte Esmeralda ihre Zimmer selbst aufgeräumt oder vielmehr nicht aufgeräumt.

Ich verließ die Wohnung wieder. Weder auf der Treppe noch in der Halle begegnete mir jemand. Ich stieg in meinen Wagen, zündete mir eine Zigarette an und fuhr in die Gegend, in der Pells Büro lag. Den Wagen parkte ich in einer Seitenstraße, etwa 150 Meter von dem Haus entfernt, und ging zu Fuß weiter. Die Straße war einsam und ruhig.

Ich öffnete die Haustür mit dem größten Schlüssel, ging die Treppe hinauf, schloß das Büro auf und trat ein. Ich schloß leise die Tür hinter mir und versuchte die Türklinke zu Pells Zimmer. Es war nicht verschlossen. Ich zog die Vorhänge zu, schaltete das Licht an und machte mich über die Schubladen von Pells Schreibtisch her.

Pell führte über alle seine privaten Fälle selber Buch. Ich kannte sein System. Er hatte besondere Notizbücher mit alphabetischen Registern. In diese Bücher trug er Adressen, Verabredungen und Zahlungen ein, die nicht durch seine Geschäftsbücher gehen sollten, weil diese Eintragungen seinen Angestellten Anhaltspunkte über ganz besonders vertrauliche Aufträge geben konnten.

Es dauerte zwanzig Minuten, bis ich die zweimal verschlossene Schublade aufbekam. Ich nahm die Bücher heraus und sah sie durch. Ich fing mit dem laufenden Jahr an. In den alphabetischen Registern fand ich weder unter »I« noch unter »R« eine Eintragung. Ich sah das Buch fürs vorhergehende Jahr durch.

Dort fand ich, was ich suchte. Unter dem Buchstaben »R« war der Name »Mr. Alexis (oder Leonora) Ricaud geb. Ivory« eingetragen. Als Datum war der 12. September angegeben. Ich schlug die Seite vom 12. September auf und fand folgende Notiz:

Mrs. Alexis Ricaud oder Ivory, wohnhaft Steynehurst, Wych Croß, Sussex. Scheidung eingereicht. Adresse des Mannes: Chilverton Arms, Fifth Avenue, New York City. NY. Rechtsanwälte: Hyram C. Metzling, Metzling und Fearns, Rechtsanwälte. Maerrick Building New York City, NY. Zur Verrechnung in bar eingezahlt: Fünfzehnhundert Pfund.

Das war die ganze Eintragung. Mrs. Ivory hatte also Pell schon im September des vergangenen Jahres gesprochen und hatte ihm fünfzehnhundert Pfund in bar angezahlt.

Ich sah die anderen Bücher durch. Rechts hinten in der Schublade war ein alphabetisch geordnetes Adreßbuch. Ich sah mir die Namen an. Unter »B« stieß ich auf den Namen Birk. Ich erinnerte mich an ihn. Birk hatte zu Beginn des Jahres Pell verlassen und arbeitete seitdem für die Transcontinental Agentur in Maddon Street. Ich notierte mir Birks Adresse und die Telefonnummer. Aus der Eintragung schloß ich, daß Mrs. Ricaud, wie sie damals noch hieß, drei oder vier Monate nachdem sie Ricaud in Amerika verlassen hatte, zu Pell gekommen war. Da sie sich immer noch Ricaud nannte, konnte ihre Scheidung damals noch nicht ausgesprochen gewesen sein. Es mußte also zu einem Zeitpunkt gewesen sein, bevor Birk Pell verlassen hatte. Ich wußte, daß Birk ein guter Mann war und daß Pell bedauert hatte, ihn zu verlieren. Birk wußte vielleicht etwas über Mrs. Ivory. Ich legte die Bücher wieder fort, schloß die Schublade mit dem Schlüssel, mit dem ich sie auch geöffnet hatte, schloß die Bürotür wieder ab und verließ das Haus. Ich ging zu meinem Wagen, setzte mich ans Steuer und dachte nach.

Ich sah auf meine Uhr. Es war elf. Ich ließ den Motor an und fuhr zu dem Nachtpostamt in Charing Cross Road und sandte folgendes Kabel ab.

Caley Jerres. Jerres Auskunftei, 176, 62. Straße New York City NY stop kabelt alle verfügbaren Informationen in Sachen Alexis Ricaud stop Vorleben, Verbindung zu Mrs. Alexis Ricaud, geborene Leonora Ivory, verheiratet in New York zwischen Januar und Juni vergangenen Jahres stop Scheidungsklage Ivory-Ricaud eingereicht drei bis vier Monate nach Heirat stop Berechnet höchste Gebühren aber eilt stop Beste Wünsche stop Antwort an Caryl O'Hara Malinson-Hotel, London England.

Nachdem ich das Kabel aufgegeben hatte, fuhr ich hinaus zum Notting Hill Gate. Ich fand Sados Haus schnell wieder und drückte auf die Klingel an der Tür. Es war lange her, seit ich Sado zum letztenmal gesehen hatte, und ich hoffte, daß er nicht umgezogen war. Aber die Sorge war umsonst. Er öffnete die Tür selber. Er sah mich an, und sein hageres, braunes Gesicht zeigte sein altes Lächeln.

Er verbeugte sich und sagte auf japanisch: »Meinen Gruß, O'Hara, das geduldige Rohr beugt sich im Winde.«

Ich verbeugte mich ernst und sagte ebenfalls japanisch: »Ich grüße dich, Sado. Weil sich das Rohr im Winde beugt, bricht es nicht.« Es war ein Scherz aus alten Zeiten.

Wir lachten beide, und ich folgte ihm ins Haus.

Sado war ein feiner Bursche. Er verkörperte das gute Japan. Er hatte alle Tugenden und keines der Laster seiner Rasse, oder falls er sie doch hatte, traten sie nicht in Erscheinung. Er hatte während des Krieges in Japan für den britischen Geheimdienst gute Arbeit geleistet, und gut heißt in diesem Falle gut. Wenn die Japaner ihn bekommen hätten, würden sie ihn bei lebendigem Leibe gekocht haben.

Wir gingen in sein Wohnzimmer, eine Kreuzung zwischen Ost und West, mit ein paar amerikanischen Tupfen darin. Er selbst sah unverändert aus. Sein mageres, runzeliges, braunes Gesicht war so alterslos wie die Zeit selbst. Die kleinen ruhigen Augen sahen gerade vor sich hin. Die entspannt hängenden Arme und Hände verrieten den Judoka. Er hatte den schmalen und geschmeidigen Körper eines Mannes, der zwei Tage lang von einer Handvoll Reis leben konnte.

Ich sagte: »Sado, gestern abend wandte ich Judo gegen einen schlechten Mann an. Er sagte mir nachher, daß er ein Schwarzgürtel zehnten Grades sei, und ich glaube es. Gegen ihn war ich hilflos.«

Er sah mich ernst an und fragte: »Warum, O'Hara?«

Ich erzählte es ihm. Ich erzählte ihm, wie Ricaud einen Gelenkbrecher an meinem Handgelenk angesetzt hatte, ehe ich nur anfangen konnte. Ich beschrieb, was er mit mir gemacht hatte.

»O'Hara, dieser Mann ist tief eingeweiht in die Weisheit des Judo«, sagte er. »Ist er ein sehr schlechter Mann?« fragte er dann.

Ich bejahte aus voller Überzeugung.

»Die Weisheit des Judo umfaßt die Wissenschaft, einem Griff

auszuweichen und einen Angreifer zu überwinden, indem man sich ihm entzieht. Aber gegen die Übeltäter erlaubt die Weisheit des Judo die Atini. Sie erlaubt die geheimen Schläge jedoch nur im Dienste des Guten. Schwöre mir, O'Hara, bei deinen Ahnen, daß, wenn ich dich einen Teil der Atini lehre, du sie nur gegen die bösen Mächte anwenden wirst.«

Ich schwor den japanischen Eid. Dann zeigte er mir drei Atini. Es waren Angriffsschläge. Ihre Einfachheit, ihre Durchschlagskraft und ihre Wirkung waren verblüffend.

Als ich Sado wieder verließ, war es zwanzig vor zwölf. Die Straßen waren frei, und ich dachte, daß ich in einer Stunde in Maidenhead sein könnte. Ich brannte darauf, Ricaud wiederzusehen. Gleichzeitig fühlte ich so etwas wie Mitleid mit ihm.

Gegen zwölf Uhr fünfundvierzig hatte ich Maidenhead hinter mir. Als ich auf den Feldweg kam, der von hinten zu dem Haus führte, schaltete ich das Licht des Wagens aus. Etwa hundert Meter von dem rückwärtigen Eingang ließ ich den Wagen im Schatten einiger Büsche auf der Straße stehen. Ich ging durch das eiserne Tor über den Kiesweg und den Pfad unter den Bäumen entlang.

Als ich über die Lichtung kam, auf der ich Esmeralda im nassen Gras tanzend getroffen hatte, dachte ich wieder an sie. Vermutlich hatte sie viel Unglück gehabt. Das Leben geht manchmal nicht sehr freundlich mit Frauen wie Esmeralda um. Es gibt Leute, denen alles gelingt, und andere, von denen man glauben sollte, daß ihnen alles gelingt, fallen immer wieder auf die Nase. Geld war schließlich nicht alles. Esmeralda hatte Geld gehabt. Aber ich hatte so eine Ahnung, als ob sie sonst nicht viel gehabt hätte. Und jetzt hat sie nicht einmal mehr Geld. Das Leben hatte sie an die Hand genommen und ihr böse mitgespielt.

Die Hintertür, durch die wir in der vergangenen Nacht ins Haus gekommen waren, stand offen. Ich weiß nicht, warum mich das überraschte, aber aus irgendeinem Grunde hatte ich erwartet, sie verschlossen zu finden. Ich trat ein, schloß die Tür sehr leise hinter mir und schritt durch den Gang.

Ich zweifelte nicht daran, daß ich Ricaud zu Hause treffen würde. Vielleicht würde ich sogar seinen zweiten Besucher bei ihm antreffen, falls meine Vermutung über das Schreiben, das ich versucht hatte im Spiegel in Esmeraldas Wohnung zu entziffern, richtig war.

Nun, das würde mich nicht stören. Die Situation würde sehr vergnüglich sein. Der Gedanke, Ricaud noch schlimmere Prügel zu geben, als ich gestern von ihm bekommen hatte, gefiel mir ganz besonders gut. Und ich wußte, daß er mit den drei Tricks, die ich von Sado gelernt hatte, mir erbarmungslos ausgeliefert war.

Und wenn Besucher dasein sollten, die bei dem Spaß zusehen wollten, um so besser. Ich war davon überzeugt, daß ich den Besucher richtig erraten hatte. Und auch das gefiel mir recht gut. Als ich mich dem Wohnzimmer näherte, sah ich den Lichtschein unter der Tür. Ich öffnete und trat ein. Ich stand im Zimmer mit dem Rücken zur Tür. Ricaud lag auf dem Sofa vor der elektrischen Heizung. Er war allein. Ein Arm hing lässig über die Rücklehne des Sofas, die Finger waren entspannt. Er schlief.

Ich sagte: »Guten Abend, Ricaud. Erinnern Sie sich an mich? Ich bin O'Hara.«

Ich ging ein paar Schritte in das Zimmer. Ich wartete darauf, daß er aufstehen würde, aber er tat es nicht. Als ich vor ihm stand, sah ich, warum. Er schlief nicht, er war tot. Von meinem Platz direkt neben der Heizung bot er kein sehr angenehmes Bild. Das Sofa war mit Blut befleckt, es stand ganz dicht an der Heizung. Ricauds rechte Hand hing über die Kante des sehr niedrigen Sofas herunter. Seine Finger berührten den weißen Teppich. Direkt unter ihnen lag eine Pistole, es war ein Colt.

Ich ging noch dichter heran und sah mich um. Dann sah ich den Brief. Er lag auf dem Boden, direkt neben der Pistole, aber das Blatt war zum größten Teil von dem Sofa verdeckt. Ich nahm mein Taschentuch aus der Tasche, bedeckte sorgfältig meine Finger damit, ehe ich den Brief aufhob und ihn las. Er lautete:

Meine entzückende Frau!
Du willst also nicht mitspielen. Aber ich habe meine Zeit nicht vergeudet. Ich hatte Zeit nachzudenken und bin endlich dahintergekommen, daß ich reichlich genug habe von Dir, von der Ivory, von der Welt im allgemeinen und zwei oder drei Leuten im besonderen. So werde ich diese Dinge behandeln, wie es ihnen zukommt.
Ich werde sie in einer Art erledigen, von der ich hoffe, daß sie Euch allen eine Menge Ärger und Schwierigkeiten machen wird, und das ist folgende

Ich legte den Bogen dorthin zurück, wo ich ihn gefunden hatte. Ich kniete nieder und betrachtete Ricaud genau. Es war einwandfrei Selbstmord. Die Pulververbrennungen um die Einschußwunde waren klar zu sehen. Die Haut war stark verbrannt. Die Pistole mußte sehr nahe, wenn nicht direkt an den Kopf gehalten worden sein. Aus der Lage der Pistole konnte ich sehen, wie seine Hand nach dem Schuß heruntergefallen war und die Waffe losgelassen hatte.

Ich war enttäuscht. Ich war maßlos enttäuscht, weil ich Ricaud nicht tot haben wollte. Ich wollte ihn lebendig. Ich wollte mit ihm abrechnen, weil er mich verprügelt hatte. Nun, ich konnte es nicht mehr.

Ich sah mich im Zimmer um. Drüben in der Ecke vor den verhangenen Fenstern auf der linken Seite, von der Tür gesehen, stand ein Schreibtisch. Die Tischlampe brannte. Ich ging hinüber und sah mir den Schreibtisch an. Mitten auf der Unterlage lag ein Schreibblock von dem gleichen Papier, auf das der Brief geschrieben war. Neben dem Block lag eine geöffnete Füllfeder. Ich nahm sie mit meinem Taschentuch auf und fuhr mit der Spitze der Feder über meine Handfläche. Die Tinte floß noch. Die Feder hatte noch nicht Zeit gehabt, vollständig zu trocknen. Die Feder war also während der letzten zwei Stunden benutzt worden, sonst wäre sie eingetrocknet und hätte erst geschüttelt werden müssen, ehe sie wieder schrieb. Ich legte sie zurück.

Ich ging zum Kamin. Es gab auf der Welt also doch eine Art Gerechtigkeit oder Vergeltung, oder wie man es immer sonst nennen will. Ich dachte an Esmeralda. Für sie mußte Ricauds Tod eine gute Nachricht sein, selbst wenn es für Ricaud ein böses Ende war.

Für mich gab es hier nichts weiter zu tun. Ich weiß nicht, warum ich trotzdem stehenblieb und auf den toten Ricaud hinabsah, der ein Schurke gewesen war, wenn es jemals einen gegeben hat. Ein seltsames Gefühl des Bedauerns überkam mich, gerade weil es für mich hier nichts mehr zu tun gab. Ich zündete eine Zigarette an, setzte meinen Hut auf, den ich, als ich in das Zimmer trat, auf einen Stuhl geworfen hatte, schritt zur Tür und ging hinaus. Als ich im Gang war und die Tür schon fast hinter mir geschlossen hatte, hielt ich inne. Mir war ein Gedanke gekommen.

In meinem Beruf wird es zur Gewohnheit, die Dinge im Geist zu fotografieren, sich ein schnelles Bild von Zimmern oder Personen zu machen. Während ich dort im Dunklen stand, sagte mir irgend etwas, daß hier nicht alles stimmte.

Ich ging in das erleuchtete Zimmer zurück. Ich stand neben der Tür und sah mich um. Dann fand ich es heraus. Das Sofa, auf dem Ricaud lag, stand zu nahe an der elektrischen Heizung. Mein Empfinden für Mißverhältnisse war durch die Tatsache alarmiert worden, daß ich noch fühlte, wie die Hitze auf meinem Bein gebrannt hatte, als ich niedergekniet war, um Ricauds Kopf zu betrachten.

Als Ricaud von dem Schuß getroffen wurde, lag er auf dem Sofa, und dort wäre es auch einem Selbstmörder zu heiß gewesen. Ich ging zum Kamin. Dann erkannte ich, daß jemand das Sofa näher an die Heizung geschoben hatte, nachdem Ricaud tot war.

Aber warum? Ich konnte mir nur einen Grund dafür denken: In der jetzigen Lage mußte die Wärmeausstrahlung der elektrischen Heizung das Eintreten der Leichenstarre verzögern. War die Heizung für einige Stunden eingeschaltet, so war kein Arzt in der Lage, den genauen Zeitpunkt des Todes festzulegen.

Ich kam sehr schnell zu der Überzeugung, daß Ricaud nicht Selbstmord begangen haben konnte. Jemand hatte ihn erschossen. Ich dachte einen Moment an den zweiten Besucher, die Person, mit der Ricaud um zwölf Uhr verabredet gewesen war. Es war inzwischen für ihn zu spät geworden, noch zu kommen. Inzwischen war es fast zehn Minuten nach eins, er mußte also schon dagewesen sein. Ich konnte mir unbesorgt Zeit lassen.

Ich ging zu meinem Wagen zurück und achtete sorgfältig darauf, im Schatten zu bleiben, für den Fall, daß mir irgend jemand auf der Straße entgegenkommen sollte, obwohl das um diese Zeit unwahrscheinlich war. Ich holte meine Taschenlampe aus dem Handschuhfach, ging zurück und durchsuchte das Haus.

Ich begann oben, da ich mir dachte, daß Ricaud wahrscheinlich nur wenige Zimmer benutzt hatte, weil er alleine wohnte. Wahrscheinlich nur ein Schlafzimmer und das Wohnzimmer unten. Darum konzentrierte ich mich auf das Schlafzimmer. Ich fand es bald heraus, weil nur in einem Zimmer die elektrische Heizung halb eingeschaltet war. Die Vorhänge waren zugezogen, darum schaltete ich unbesorgt das Licht an.

Ich durchsuchte das Zimmer sorgfältig, fand aber nichts von Bedeutung, bis ich an einen Tisch kam, der gegenüber dem Bett an der Wand stand. Er war als Schreibtisch benutzt worden, und seine einzige Schublade war unverschlossen. Ich fand Ricauds Paß und einen Brief darin, der von einer Frau in Nassau auf den Bahama-Inseln stammte. Es war ein mehr als zärtlicher Brief. Und ich fand Flugscheine nach den Bahamas auf den Namen Ricauds mit dem Datum des kommenden Tages. Er hatte also in dem Brief, den er in Esmeraldas Wohnung für sie zurückgelassen hatte, nicht gelogen, denn er wollte nach den Bahamas. Das machte den Selbstmord unwahrscheinlicher denn je. Wenn mir noch ein Beweis gefehlt hätte, daß Ricaud ermordet worden war, hier lag er vor mir.

Ich betrachtete den Paß, den Brief und die Flugscheine. Dann kam mir ein Gedanke. Ich glaubte nicht, daß er richtig sein mußte, jedoch, daß er richtig sein konnte. Ich steckte den Paß, den Brief und die Flugscheine in meine Brusttasche. Dann schaltete ich die elektrische Heizung aus. Ich benutzte dabei wieder mein Taschentuch, um keine Fingerabdrücke zu hinterlassen. Auf die gleiche Weise schaltete ich das Licht aus. Dann ging ich ins Wohnzimmer zurück.

Ricaud war erschossen worden, und jemand hatte alles eingerichtet, um Selbstmord vorzutäuschen. Und Ricaud selbst hatte unwissentlich, aber wirkungsvoll bei diesem Plan geholfen. Ich dachte eine Weile nach, mir kamen allerlei Gedanken. Dann machte ich mich an die Arbeit.

Ich beugte mich zum Fußende des Sofas nieder, hob es mit einiger Anstrengung hoch und zog es etwa einen Meter von der Heizung ab. Das gleiche wiederholte ich am Kopfende. Jetzt hatte das Sofa wieder seinen normalen Platz im Zimmer.

Ich ging zu dem Kamin zurück, kniete nieder und suchte sorgfältig den Boden ab. Ich fand bald, was ich suchte. Unter der Kante des weißen Teppichs, die von dem Sofa verdeckt gewesen war, als es zu nahe bei der Heizung stand, lag eine leere Patronenhülse. Ich hob sie auf, roch daran und betrachtete sie. Sie stammte aus dem Colt. Wer es auch gewesen war, der versucht hatte, den Mord an Ricaud als Selbstmord zu tarnen, er hatte das Sofa über die Teppichkante geschoben und dadurch die leere Patronenhülse verdeckt. So konnte niemand seine Fingerabdrücke darauf hinterlassen, ehe die Polizei sie fand. Ich steckte sie in meine Tasche. Jetzt waren meine Fingerabdrücke darauf.

Ich ging zum Büfett, öffnete es, holte den Whisky und ein Glas heraus und trank einen Schluck. Ich faßte die Flasche und das Glas nur mit meinem Taschentuch an und wischte das Glas, ehe ich es zurückstellte, sorgfältig mit meinem Taschentuch wieder ab. Dann setzte ich meinen Hut auf und ging aus dem Zimmer.

Ich verließ das Haus durch die Hintertür und ging den Pfad entlang auf die Lichtung zu. Es standen mir zwei Wege zur Verfügung. Entweder der Pfad, auf dem ich ging, oder ein breiterer Weg, der von der Seitentür zu dem mit Kies bestreuten Fahrweg zum hinteren Tor führte.

Inzwischen war der Mond aufgegangen, und ich ging langsam. Ich hatte die Absicht, auf den hinteren Fahrweg zu kommen, von dem der Pfad abzweigte. Nur daran dachte ich. Ich war nahe der Lichtung, als ich mit dem Fuß gegen einen harten Gegenstand stieß, der im Schatten eines Rhododendronbusches lag. Ich hob ihn auf.

Es war eine Coltpistole. Ich sah mich um und ging dann in ein Gebüsch unter den Bäumen. Ich legte die Pistole auf den Boden, kniete daneben nieder und deckte mit meinem Mantel den Lichtschein meiner Taschenlampe ab, um sie zu untersuchen.

Es stimmte – es war Esmeraldas Pistole. Da war das eingekratzte Kreuz auf dem Griff, das ich am Nachmittag gesehen hatte. So war das also.

Ich steckte die Pistole in die Tasche, setzte meinen Weg langsam fort und untersuchte dabei sorgfältig den Boden für den Fall, daß sonst noch etwas fallen gelassen worden war. Als ich auf den Kiesweg kam, stellte ich mich auf den mit Gras bewachsenen Rand und betrachtete prüfend den Weg. Es war genauso, wie ich es mir gedacht hatte. Im hellen Mondlicht war alles deutlich zu erkennen.

Da waren zwei deutlich zu unterscheidende Reifenspuren. Ich ließ mir viel Zeit, als ich neben dem Fahrweg durch das Gras kroch. Als ich mit meiner Untersuchung fertig war, hatte ich folgendes festgestellt: Ein Wagen war zur Garage gefahren worden und war dann wieder fortgefahren. Später war dann ein anderer, leichterer Wagen gekommen. Ich konnte sehen, wo die Spur des zweiten Wagens die hinausführende Spur des ersten Wagens kreuzte. Die Abdrücke der Reifen des ersten Wagens waren gleich. Ich hielt sie für Dunlop-Ballonreifen. Die Reifenspuren des zweiten Wagens waren deutlicher. Drei der Räder hatten ziemlich schmale Reifen, aber der vierte, der rechte hintere Reifen mußte es sein, war anders. Er hatte ein Wabenprofil.

Ich ging in das Wohnzimmer zurück und holte mir noch etwas zu trinken. Dabei behandelte ich die Flasche und das Glas mit derselben Vorsicht wie vorher. Es hätte peinlich für mich werden können, wenn man meine Fingerabdrücke gefunden hätte. Ich setzte mich in einen Sessel, nicht weit von dem unbeklagt dahingeschiedenen Ricaud, und dachte lange nach.

Ich muß über eine Viertelstunde dort gesessen haben. Dann glaubte ich alles zu wissen, was ich wissen wollte, und was ich nicht wußte, konnte ich erraten. Ich mußte also etwas unternehmen.

Ich ging hinaus in die Garage, deren Tür unverschlossen war, schaltete das Licht an und begann zu arbeiten.

Als erstes holte ich die leere Patronenhülse, die ich im Wohnzimmer unter dem Teppich gefunden hatte, aus der Tasche, die Patronenhülse, deren Kugel Ricaud getötet hatte. Mit einem Schraubenschlüssel, den ich auf der Werkbank fand, klopfte ich die Öffnung nach innen ein und legte die Hülse dann zur Seite. Dann nahm ich Esmeraldas Pistole aus der Tasche. Ich faßte sie sehr sorgfältig nur mit dem Taschentuch an, um die vorhandenen Fingerabdrücke nicht zu verwischen, aber auch, um nicht noch meine darauf zu machen. Ich roch an dem Lauf. Mit der Pistole war geschossen worden.

Mit den Fingernägeln zog ich das Magazin heraus und wischte es sorgfältig ab. Es war ein Magazin für zehn Schuß und enthielt noch neun scharfe Patronen. Eine nach der anderen nahm ich aus dem Magazin. Dann entfernte ich mit dem Taschenmesser die Kugel von jeder Patrone und steckte die neun Kugeln in meine Tasche. Darauf klopfte ich an den entschärften Patronen die Hülsen an der offenen Seite leicht ein, wie ich es mit der abgeschossenen Hülse gemacht hatte.

Die so entschärften Patronen lud ich wieder in das Magazin. Dabei achtete ich darauf, daß auf jeder Hülse meine Fingerabdrücke klar zu erkennen sein würden. Dann schob ich das Magazin in die Pistole zurück. Ich hatte die Pistole am Nachmittag schon in der Hand gehabt, als ich sie Esmeralda zurückgab. Es mußten also meine Fingerabdrücke unter denen der Person sein, die später damit geschossen hatte. Aber auf dem Magazin und den Patronen würden nur meine Fingerabdrücke sein.

Ich löschte das Licht in der Garage und ging zum Wohnzimmer

zurück. Ich nahm auch die Patronenhülse mit, die ich gefunden hatte. Ich legte sie unter die Kante des Teppichs, wo ich sicher war, daß sie gefunden werden würde, wenn jemand sorgfältig danach suchte. Dann gönnte ich mir noch einen herzhaften Schluck von Ricauds Whisky, stellte Glas und Flasche, nachdem ich sie wieder abgewischt hatte, fort, warf einen letzten Blick auf den toten Ricaud und verließ das Haus endgültig. Ich ging den Pfad zur Lichtung zurück. Esmeraldas Pistole warf ich wieder unter den Rhododendronbusch, wo ich sie gefunden hatte.

Man würde sehr sorgfältig suchen müssen, um sie zu finden. Ich ging weiter durch das Tor zu meinem Wagen und setzte mich hinein. Ich startete den Motor, zündete mir eine Zigarette an und fuhr nach London zurück. Auf der Fahrt überdachte ich noch einmal genau alles, was ich getan hatte.

Es konnte sein, daß ich einen Fehler gemacht hatte, aber ich glaubte es nicht.

Ich hielt an einer Telefonzelle auf der Großen Weststraße an. Auf der Uhr war es Viertel vor drei. Ich suchte die Nummer der Klinik in Elham Street im Telefonbuch und rief an. Nach einer Weile antwortete jemand.

»Es tut mir leid, Sie so spät zu stören«, sagte ich. »Aber ich habe eine dringende Nachricht für Mrs. Ricaud. Würden Sie sie ihr bitte sofort morgen früh mitteilen?«

Die Stimme am anderen Ende fragte: »Wer ist dort, bitte?«

»Hier ist O'Hara. Ich habe Mrs. Ricaud heute nachmittag in die Klinik gebracht.«

»Sie sind es, Mr. O'Hara?« Es war die Nachtschwester. »Ich muß Ihnen leider sagen, daß Mrs. Ricaud nicht mehr hier ist. Sie hat heute abend das Haus verlassen. Wir glauben, daß es um 10 Uhr war.«

»Wie«, sagte ich und versuchte möglichst erstaunt zu klingen. »Sie ist fort? Aber warum? Das verstehe ich nicht.«

»Wir verstehen es auch nicht«, sagte sie. »Sie muß sich aus ihrem Zimmer geschlichen haben, während der Nachtdienst in der Teeküche war. Wir haben uns alle sehr aufgeregt.«

»Habe Sie denn irgend etwas unternommen?«

»Was können wir tun? Die Oberschwester hat Dr. Quinceley angerufen und ihn benachrichtigt.«

»Hat Dr. Quinceley Mrs. Ricaud gesehen, ehe sie verschwand?«

»Ja. Er war gegen acht Uhr hier. Er hat Mrs. Ricaud gesehen und schien recht zufrieden. Er hat lange mit ihr gesprochen. Es ist schrecklich für uns, daß sie so weggelaufen ist. Es geht ihr nicht sehr gut. Ihr Zustand ist sehr besorgniserregend.«

»Ja, ich weiß es. Danke, Schwester. Ich werde mich morgen sofort mit Dr. Quinceley in Verbindung setzen.«

Ich hängte ein, setzte mich wieder in meinen Wagen und fuhr weiter. Das war also klar.

Ich fuhr zum Malinson-Hotel zurück, brachte den Wagen in die Garage, ging in mein Zimmer und legte mich schlafen. Sonst konnte ich im Moment nichts tun. Ich wußte jedenfalls nicht, was ich sonst hätte tun sollen.

3

Um neun Uhr wachte ich auf, frühstückte und rief Birk unter der Nummer an, die ich in Pells Adreßbuch gefunden hatte. Er war gerade im Begriff, aus dem Haus zu gehen. Ich verabredete mich mit ihm für ein Uhr zum Mittagessen im Restaurant »Premier« in Albewarle Street.

Den Vormittag saß ich in der etwas altmodischen Halle des Malinson-Hotels herum. Ich las in Zeitungen und Magazinen und dachte viel nach. Ich versuchte, Ordnung in die Dinge zu bringen, kam aber nur bis zu einem gewissen Punkt.

Als ich ins »Premier« kam, saß Birk schon auf einem hohen Hokker an der Frühstücksbar. Er war ungefähr vierzig Jahre alt. Von seinem dreißigsten Lebensjahr an hatte er als selbständiger Privatdetektiv gearbeitet, bis er seine gegenwärtige Stellung bei der Transcontinental-Agentur annahm. Zu der Zeit, als er mit Pell arbeitete, hatte er nebenher auch unabhängig gearbeitet, wenn ihm der Fall und die Bezahlung zusagten. Er war ein guter, zuverlässiger und angesehener Mann.

Wir aßen zusammen und fuhren nachher auf meinen Vorschlag in ein ruhiges Café in der Nähe der Regent Street. Birk stellte keine Fragen. Er wußte genau, daß ich ihn nicht nur gerufen hatte, um ihn zu fragen, wie es ihm ginge. Aber er wartete, bis ich anfing. Als wir in dem Café saßen, schob ich ihm zwei Fünfpfundnoten über den Tisch. Er faltete sie zusammen und steckte sie in die Tasche.

»Also ein Geschäft, O'Hara«, sagte er und lächelte mich an. »Dem Geld nach sieht es so aus, als wenn es ein lohnender Fall wäre. Soll das eine Anzahlung sein? Sie wissen, ich bin fest bei der Transcontinental. Ich kann nebenher nichts annehmen.«

»Nur ein paar Fragen«, sagte ich. »Die Antworten sind leicht und für zehn Pfund billig.«

Er lächelte wieder. »Das hängt davon ab, wie nützlich sie für Sie sind. Aber nur zu.«

»Sie bearbeiteten für Pell ein paar Sachen im Oktober, November und Dezember vorigen und im Januar und Februar dieses Jahres. Ich hatte von ihm ein paar Aufträge in den letzten Monaten vergangenen Jahres. Um diese Zeit lernten wir uns kennen. Stimmt's?«

Er nickte.

»Was halten Sie von Pell?« fragte ich.

Er zuckte die Achseln. »Ich meine, er war zu gerissen. Er dachte zuviel ans Geld und nicht genug an die Arbeit. Er versuchte, seine eigenen Angestellten und die freien Leute, die er beschäftigte, auszunutzen. Er war niederträchtig.«

»Warum? Verdiente er nicht viel Geld?«

»Er verdiente sehr viel Geld«, sagte Birk. »Aber er konnte nie genug kriegen. Er war wie wild dahinter her. Ich weiß, daß er einen guten Klienten verloren hat, von dem er einen sehr hohen Vorschuß hatte, nur weil er versuchte, auch noch an den Spesen zu verdienen. Aber so ein Kerl ist er. Geldgierig und niederträchtig.«

»Haben Sie je etwas von einer Mrs. Ivory gehört?«

»Sicher«, sagte Birk. »Ich habe von ihr gehört, und ich habe sie auch gesehen. Eine großartige Frau. Da war alles dran. Sie war bildschön und hatte einen Haufen Geld.«

»Was wollte sie von Pell?«

»Da fragen Sie mich zuviel. Sie wissen, wie verdammt dicht Pell in den Angelegenheiten hält, die er selbst bearbeitet. Ich sah sie ein- oder zweimal im Herbst vergangenen Jahres, kurz ehe Pell in irgendeiner Sache nach Amerika fuhr. Er war dann, glaube ich, zwei Monate dort. Bald danach gab ich die Arbeit für ihn auf. Ich hatte genug davon, daß er mir die heiklen Sachen aufhängte, die er selbst nicht machen wollte, und mich schlecht bezahlte, obwohl ich wußte, daß er große Honorare einstrich. Darum ließ ich ihn sitzen und schloß einen festen Vertrag mit der Transcontinental.«

Ich trank meinen Kaffee aus und stand auf. »Danke, Birk«, sagte ich. »Ich muß weiter.«

»Zehn Pfund sind eine Menge Geld, wenn das alles war, was Sie von mir wissen wollten«, sagte er. »Kann ich sonst was für Sie tun?«

Ich verneinte und verabschiedete mich.

Ich fuhr zur Klinik in die Elham Street und sprach mit der Oberschwester. Sie war in großer Sorge um Esmeralda. Etwas Derartiges war ihr noch nicht begegnet. Kliniken legen Wert auf einen geregelten Betrieb und haben für Patienten, die, wie und wann es ihnen gefällt, davonlaufen, nicht viel übrig, besonders dann nicht, wenn sie rauschgiftsüchtig sind.

Sie erzählte mir alles. Wahrscheinlich hatte Dr. Quinceley ihr gesagt, daß ich von Esmeraldas Familie beauftragt war, mich um sie zu kümmern.

»Nachdem Sie gestern nachmittag wieder gegangen waren«, sagte sie, »sah ich nach Mrs. Ricaud. Sie lag in einem hübschen Zimmer im zweiten Stock. Wir kannten sie, weil sie schon einmal hier war. Es ging ihr nicht sehr gut. Aber nach einer Weile wurde es besser mit ihr. Ihr Puls war regelmäßiger. Sie schien vergnügter und versuchte offensichtlich, sich mit allem abzufinden.

Dr. Quinceley kam gegen acht. Ich glaube, er hatte die Absicht, ihr eine kleine Dosis von einem Schlafmittel zu verordnen, aber sie sagte, sie wolle es lieber ohne das versuchen. Sie sagte, daß sie von ihrer Art zu leben genug hätte und nun ernstlich versuchen wollte, sich zusammenzureißen.

Ich nehme an, er glaubte ihr. Er redete ihr lange gut zu und sagte, er würde ihr ein Schlafmittel verordnen für den Fall, daß sie nicht einschlafen könne. Obgleich sie sehr erschöpft war und eigentlich hätte schlafen müssen. Am nächsten Morgen wollte er wieder nach ihr sehen. Wenn es ihr sehr schlecht ginge, wollte er ihr eine kleine Dosis Heroin geben. Ich glaube, er wollte sie so lange wie möglich ohne die Hilfe von Drogen behandeln.

Nachdem er gegangen war, schien sie ganz friedlich. Die diensthabende Schwester meinte, daß sie schon halb schliefe und wahrscheinlich bald fest einschlafen würde. Aber es besteht kein Zweifel daran, daß sie aufgestanden war und sich angezogen hatte, nachdem Dr. Quinceley bei ihr war. Sie muß ihr Nachthemd über die Kleider gezogen und sich wieder ins Bett gelegt haben.

Die Nachtschwester trat um zehn Uhr ihren Dienst an. Kaum eine Minute später läutete Mrs. Ricaud und sagte der Schwester, daß sie das Schlafmittel nehmen wolle. Die Schwester brachte es mit einem Glas Wasser, aber Mrs. Ricaud bat um etwas Tee. Sie wußte, daß die Schwester in die Teeküche am anderen Ende des Ganges gehen mußte, um den Tee zu machen. Während die Schwester fort war, muß Mrs. Ricaud sich fertig angezogen haben, die Treppe heruntergeschlichen sein und aus dem Haus gegangen sein. Bedauerlicherweise haben wir infolge Personalmangels keinen Nachtportier.«

»Sie hat demnach das Haus fünf oder sechs Minuten nach zehn verlassen.«

»Um die Zeit muß es gewesen sein«, sagte die Oberschwester. »Es ist das Schrecklichste, was passieren konnte. Gleich nachdem es mir gemeldet wurde, habe ich Dr. Quinceley angerufen. Sonst konnten wir natürlich nichts tun. Glauben Sie, daß Sie sie finden werden, Mr. O'Hara?«

»Hoffentlich«, sagte ich. Ich hätte gerne gewußt, wo ich ihrer Meinung nach Esmeralda suchen sollte. Ich sagte ihr, daß ich so bald wie möglich Quinceley aufsuchen würde, und ging.

Ich stieg in meinen Wagen und blieb eine Weile nachdenklich sitzen. Dann fuhr ich zu Pells Büro. Ich parkte den Wagen ein Stück von dem Haus entfernt, ging zu Fuß weiter und suchte nach seinem Wagen. Er stand an dem üblichen Platz. Ich sah mir den rechten Hinterreifen an. Die anderen drei waren von der gleichen Marke, aber dieser war anders. Sein Profil zeigte Waben.

Nun war ich sicher. Die Reifenspur, die ich an der rückwärtigen Einfahrt zum »Kreuzweg« gefunden hatte, stammte von Pells Wagen. Und diese Spur war die oberste gewesen. Das bedeutete, daß Pell zuletzt zu Ricaud gekommen war. Jemand war vor ihm herein und eine Weile später wahrscheinlich wieder fortgefahren. Dann erst war Pell gekommen.

So war das also. Es bedeutete sehr viel. Die einzelnen Stücke paßten zusammen.

Ich ging zu meinem Auto zurück und fuhr zu dem Haus am Montacute Place. Ich läutete und wartete auf den Portier. Nach einer Weile kam er von irgendwo die Treppe herauf. Er war ein älterer Mann mit grauem Haar, intelligentem Gesicht und nur einem Arm. Ein Veteran des Ersten Weltkrieges, dachte ich.

Ich sagte: »Mein Name ist O'Hara. Ich bin Privatdetektiv und suche Mrs. Ricaud. Sie hat gestern abend gegen zehn Uhr eine Klinik verlassen und ist seitdem verschwunden. Sie ist sehr krank und sollte nicht aufsein. Wissen Sie irgendwas von ihr?«

»Nun ja«, sagte er, »sie war gestern abend hier. Ich habe mit ihr gesprochen. Ich fand auch, daß sie sehr krank aussah. Aber sie hat nicht gesagt, wo sie hingehen wollte . . .«

Ich unterbrach ihn: »Um wieviel Uhr war sie hier?«

»Es muß ungefähr Viertel nach zehn gewesen sein. Sie konnte nicht in ihre Wohnung. Sie sagte, sie hätte den Schlüssel von ihrem Schlüsselring verloren. Ich öffnete ihr die Tür mit meinem Hauptschlüssel. Sie schien sehr aufgeregt zu sein und sah sehr merkwürdig aus.«

»Was geschah dann?«

»Ich richtete ihr eine telefonische Nachricht aus, die ich, ein paar Minuten ehe sie kam, angenommen hatte.«

Ich zog meine Brieftasche heraus und gab ihm eine Pfundnote. »Was war das für eine Nachricht?« fragte ich.

»Sie kam von Mr. Ricaud«, antwortete er. »Er rief meine Nummer an, weil in Mrs. Ricauds Wohnung niemand antwortete. Er sagte, daß er Mrs. Ricaud um zehn Uhr erwarte und daß er am Nachmittag einen Brief für sie hinterlassen habe. Ich sagte ihm, sie sei inzwischen noch nicht zu Hause gewesen und hätte den Brief gar nicht finden können.«

»Was sagte er dazu?« fragte ich.

»Es schien ihn zu überraschen«, sagte der Portier. »Ich meine sogar, er hat sich darüber geärgert. Er sagte noch: ›Nun gut, wenn Sie sie noch sehen, können Sie ihr von mir sagen, daß ich ihr heute noch schreibe. Sie wird meinen Brief irgendwann morgen bekommen. Und Sie können ihr sagen, daß ich hoffe, daß sie sich über den Brief freuen wird.‹«

»Und was geschah, als Sie das Mrs. Ricaud erzählten?«

»Sie stand im Vorraum ihrer Wohnung und sah mich nur an. Sie machte, wie soll ich sagen, ein dummes Gesicht, wenn Sie verstehen, was ich damit meine. Dann sagte sie mir, ich solle hinuntergehen und die Lynngarage hier in der Nähe anrufen, man solle ihr sofort einen Wagen schicken. Dann bat sie mich, ihr Whisky zu besorgen.«

»Bestellten Sie den Wagen?« fragte ich.

Er nickte. »Er war in wenigen Minuten hier. Ich ging in ihre Wohnung hinauf, um es ihr zu sagen und um ihr die halbe Flasche Whisky zu bringen, die ich ihr besorgt hatte. Die Wohnungstür stand offen, und als ich im Vorraum war, hörte ich, wie sie in ihrem Schlafzimmer Schubladen öffnete und wieder schloß. Sie fluchte, als sie eine Schublade nicht aufbekam. Dann kam sie heraus, und ich gab ihr den Whisky und sagte ihr, daß der Wagen da sei. Es sei gut, sagte sie dann und beklagte sich über das Telefon. Sie hatte versucht anzurufen, aber sie bekam nicht mal das Amt. Das Telefon hatte sich in der letzten Zeit merkwürdig benommen. Als ich sie fragte, ob ich es für sie versuchen sollte, sagte sie nein, es sei nicht mehr nötig.«

»Schien es ihr besserzugehen?« fragte ich. – »O ja, und ob«, sagte er. »Ich war überrascht über die Veränderung. Sie war viel lebhafter, und ihre Hände zitterten auch nicht mehr so.«

»Was geschah dann?«

»Ich ging auf die Straße und sagte dem Fahrer, er solle warten. Fünf Minuten später kam sie selbst. Sie stieg in den Wagen und fuhr fort. Sie hat nichts hinterlassen und auch nicht gesagt, wo sie hinfuhr.«

Ich gab ihm noch eine Pfundnote und sagte: »Ich würde mich gerne in ihrer Wohnung umsehen.«

Er dachte einen Moment nach und willigte dann ein. Ich folgte ihm die Treppe hinauf. Er öffnete die Wohnungstür mit seinem Hauptschlüssel.

Ich sagte: »Sie gehen besser nach unten und warten in der Halle. Es kann sein, daß ein Kriminalbeamter von Scotland Yard kommt. Wenn er kommt, bringen Sie ihn gleich herauf.«

Ich mußte diesen Trick versuchen, sonst hätte er mich nicht in der Wohnung allein gelassen. Aber damit war er zufrieden und ging.

Ich warf einen Blick in das Wohnzimmer. Esmeralda hatte alles durcheinandergebracht. Wahrscheinlich hatte sie Ricauds Brief gesucht, den ich mitgenommen hatte. Der Telefonhörer lag neben der Gabel. Ich legte ihn an seinen Platz. Dann ging ich ins Schlafzimmer und suchte nach der Schublade, die nur schwer aufging und über die Esmeralda geflucht hatte, weil sie klemmte.

Ich fand sie schnell. Es war eine der kleinen oberen Schubladen des Toilettentisches. Ich mußte sie mit Gewalt aufziehen. Es lag alles darin, wonach ich suchte. Neben weiblichem Krimskrams fand ich eine leere Heroinampulle und eine Injektionsspritze und außerdem in einem kleinen Karton ein mit zehn Patronen vollgeladenes Magazin für eine Coltpistole.

Über die Magazine wußte ich Bescheid. Eines hatte ich aus Esmeraldas Pistole herausgenommen, ehe ich sie ihr am Nachmittag des vorhergehenden Tages zurückgegeben hatte. Mit dem zweiten hatte sie die Pistole wieder geladen, als sie in ihre Wohnung kam, nachdem sie aus der Klinik geflohen war. Und hier vor mir lag nur das dritte der drei Magazine, die Colt mit jeder Pistole liefert.

Aber das Ganze mißfiel mir sehr.

Ich steckte den Karton mit dem Magazin in die Tasche und schloß die Schublade. Nun wußte ich Bescheid – mehr oder minder. Ich ging ins Wohnzimmer zurück und fand die Whiskyflasche. Sie steckte zwischen der Rückenlehne und dem Sitz des Sofas und war halb leer. Ich setzte mich mit der Flasche in der Hand auf das Sofa und dachte wieder einmal nach, was nun wirklich geschehen war. Es schien mir leicht zu erraten. Sie hatte nie die Absicht gehabt, in der Klinik zu bleiben. Sie wußte, daß sie in ihrer Wohnung noch Heroin hatte, und das wollte sie haben. Wenn sie in der Klinik blieb, würde Dr. Quinceley sie einer strengen Kur unterziehen und ihr kein Rauschgift erlauben. Das kannte sie schon. Darum war sie geflohen. Sie war in ihre Wohnung gegangen und hatte sich selbst eine Spritze gegeben. Danach hatte sie sich besser gefühlt. Dann dachte sie wieder an die Nachricht, die Ricaud für sie beim Portier hinterlassen hatte. Darauf war sie ins Wohnzimmer zurückgegangen und hatte versucht, ihn anzurufen. Aber das Telefon funktionierte nicht, und sie war zu ungeduldig und wollte nicht warten, bis sie Anschluß bekam. Sie legte den Hörer hin, ging ins Schlafzimmer zurück, öffnete wieder die Schublade ihres Toilettentisches, lud die Pistole und steckte sie in ihre Handtasche. Sie schloß die Schublade, ging in den Vorraum, beschwerte sich bei dem Portier, der wieder heraufgekommen war, über das Telefon, ging dann ins Wohnzimmer und trank einen kräftigen Schluck von dem Whisky.

Ich hörte wieder die Worte, die sie gesagt hatte, als ich ihr zum erstenmal begegnet war: »Wenn ich etwas getrunken habe, fange ich an zu denken ... Ich denke ganz bestimmte Dinge von ihm ...

die ich immer denke, wenn ich nicht bei ihm bin ... daß ich ihn töten werde ... ich denke das gerne ...«

Ich sah den Hals der Whiskyflasche an. Es war Lippenstift daran. Es ist verdammt komisch, dachte ich, so schlimm die Dinge auch stehen mögen, eine Frau wird nie vergessen, sich die Lippen anzumalen, selbst wenn sie solche Dinge im Kopf hat wie Esmeralda.

Ich wischte den Flaschenhals mit meinem Taschentuch ab und nahm einen Schluck. Es tat mir gut.

Dann verließ ich die Wohnung, schloß die Tür hinter mir und ging in die Halle hinunter, wo der Portier wartete.

»Wann haben Sie Mrs. Ricaud zum letzten Mal gesehen, von gestern abend abgesehen?« fragte ich ihn.

Er kratzte sich nachdenklich den Kopf. »Das muß am Montag gewesen sein. Am Nachmittag und am Abend war sie zu Hause. Sie ließ sich gegen neun Uhr etwas zu essen heraufbringen, weil sie zu einer Gesellschaft gehen wollte und keine Zeit zum Abendessen gehabt hatte. Ich glaube, kurz nach neun Uhr bekam sie Besuch, ehe sie fortging.«

»Wer war das?« fragte ich.

»Ich weiß es nicht. Aber ich war nachher oben in der Wohnung, als sie fort war, um das Tablett wieder herunterzuholen. Sie ging gegen zehn und sagte, sie würde noch einmal zurückkommen, ehe sie zu der Gesellschaft ging. Neben dem Tablett standen zwei Gläser. Ich nehme an, daß sie jemandem etwas zu trinken angeboten hat.«

»Wissen Sie, wem?« fragte ich.

Er schüttelte den Kopf. »Es kommen und gehen dauernd Leute. Es ist nicht mehr so wie früher, als wir den ganzen Tag einen Portier im Dienst hatten. Ich weiß nicht, wer es war.«

»Haben Sie Mrs. Ricaud gesehen, als sie zurückkam«, fragte ich, »ehe sie auf die Gesellschaft ging?«

»Ja, sie war etwa eine halbe Stunde fort, und in der Zwischenzeit hatte jemand, während ich wohl im Keller war, in der Halle ein Päckchen für sie hingelegt.«

»Wie sah das Päckchen aus? Und wie war es adressiert?«

»Es war ein kleiner Karton. Nicht ganz handgroß. Die Adresse war mit Schreibmaschine geschrieben. Ich gab es ihr, als sie zurückkam. Sie befand sich in einem schrecklichen Zustand, schlimmer denn je.«

»Und dann ging sie zu der Gesellschaft?«

»Ja, ungefähr zehn Minuten später, glaube ich. Und dann habe ich sie bis gestern abend nicht mehr gesehen.«

»Ich danke Ihnen. Ich habe Scotland Yard angerufen. Die Beamten werden heute nacht wohl nicht mehr herkommen.«

Er sagte: »Ich danke Ihnen. Ich hoffe, Sie werden Mrs. Ricaud finden. Sie war immer sehr freundlich zu mir. Jeder mochte sie gerne. Ich hoffe, daß sie bald wieder gesund ist.«

»Sie wird schon wieder gesund werden«, sagte ich, »jedenfalls hoffe ich es.« Und ich meinte es wirklich.

Ich fuhr ins Malinson-Hotel zurück und brachte den Wagen in die Garage. Dann ging ich an die Bar in der Halle und trank zwei Whisky-Soda. Die Bar war voller Leute, die sich gut zu unterhalten schienen. Nach einer Weile ging ich auf mein Zimmer, duschte, legte mich aufs Bett und rauchte eine Zigarette.

Ich fand, daß die Dinge für Esmeralda nicht sehr gut aussähen und daß ihr schändlich mitgespielt worden sei. Soweit ich es beurteilen konnte, hatte sie eben nicht viel Verstand und wahrscheinlich auch nicht viel Charakter – sie war eine dieser romantischen jungen Frauen, die aus einem jugendlichen Stadium nie ganz herauswachsen. Meiner Meinung nach hatte sie in ihrem Leben nur einen wirklichen Fehler begangen: ihre Heirat mit Ricaud. Und das hatte sie getan, weil sie ihn liebte. Weil sie ihn für einen großartigen Kerl hielt, weil er damals für sie der einzige Mensch in der Welt war, der ihr etwas bedeutete.

Nun, daraus konnte man ihr keinen Vorwurf machen. Einer viel klügeren und stärkeren Persönlichkeit als ihr war dasselbe geschehen. Mrs. Ivory hatte das gleiche gedacht wie sie. Mrs. Ivory, die keine Närrin war, war von Ricaud getäuscht worden. Auch sie hatte es für wert gehalten, ihn zu heiraten. Wenn es ihm gelungen war, Mrs. Ivory für sich zu gewinnen, was sollte da Esmeralda für eine Chance haben!

Ich hatte sie wieder vor Augen, wie ich sie das letzte Mal gesehen hatte, ein krankes, zitterndes, zermürbtes junges Ding, das in der Klinik neben dem Lift stand und mit den Tränen kämpfte. Ich halte zwar nicht viel von Sentimentalitäten, aber wie sollte man mit Esmeralda kein Mitleid haben, selbst wenn sie Ricaud getötet hatte, selbst wenn sie eine Mörderin war. Denn mir schien ein Mord manchmal gerechtfertigt, selbst wenn das Gesetz verbietet zu töten. Und ich hoffe, daß die Geschworenen einmal genauso denken würden wie ich.

Ich stand auf, ging zum Telefon und bat, mir »The Evening News« heraufzuschicken. Ein paar Minuten später wurde mir die Zeitung gebracht. Ich legte mich aufs Bett zurück und sah das Blatt durch. Gleich auf der ersten Seite fand ich, was ich suchte. Sie hatten ihm fünfzig Zeilen gegeben. Darüber stand:

Wohlhabender Mann
erschossen aufgefunden
Pistole und Abschiedsbrief bei der Leiche.

Mit einer Pistole neben sich wurde Mr. Alexis Ricaud heute nachmittag erschossen in seinem Haus »Zum Kreuzweg« in Maidenhead aufgefunden. Die Leiche wurde heute nachmittag um drei Uhr von Mrs. Eliza Frampton entdeckt, die bei Mr. Ricaud als Aufwartung beschäftigt ist. Mr. Ricaud soll Ausländer und aus den Vereinigten Staaten nach England gekommen sein. Seit einem Jahr ist er Mieter des Hauses »Zum Kreuzweg«, eines schönen Baues im georgianischen Stil, eine der Sehenswürdigkeiten des Bezirks. Mrs. Frampton fand die Leiche auf einem Sofa im Wohnzimmer, einem der wenigen Räume des Hauses, die in Benutzung waren. Die Pistole lag auf dem Teppich vor dem Sofa und daneben ein Brief, den Mr. Ricaud offenbar geschrieben hatte.

Der Polizeiarzt, der die Leiche untersuchte, ist der Ansicht, daß Mr. Ricaud sich selbst erschossen hat. Eine gerichtliche Untersuchung ist für Sonnabend angesetzt.

Das war es also. Ich legte den Kopf auf die Kissen zurück, betrachtete die Decke und rauchte. Ob Esmeralda damit davonkam? dachte ich. Es hing natürlich davon ab, wo sie war und wieviel sie gesagt hatte, wenn sie überhaupt etwas gesagt hatte. Vielleicht hatte sie eine Chance, aber mehr nicht. Ich dachte an den Portier im Hause am Montacute Place und an Dr. Quinceley. Ich wünschte, ich hätte nicht so offen mit Dr. Quinceley gesprochen. Aber vielleicht würde es nichts schaden.

Das Telefon klingelte.

Es war das Mädchen von der Zentrale. »Hier ist ein Kabel für Sie, Mr. O'Hara, soll ich es heraufschicken?«

Ich bat sie, es sofort heraufzuschicken. Ich war begierig, das Kabel zu lesen. Jerris hatte schnell gearbeitet. Ein Page brachte es. Ich nahm es ihm ab und gab ihm ein Trinkgeld. Ich öffnete den Umschlag. Es war tatsächlich von Jerris und lautete:

Leonora Ivory heiratete Alexis Ricaud 5. Mai in Queens County N.Y. stop Ehefrau Scheidungsklage eingereicht 1. August stop Klage Ricaud zugestellt 10. August aber keine weiteren Schritte stop keine Verhandlung kein Urteil erlassen stop Klage nicht zurückgezogen stop vertrauliche Auskunft Rechtsanwälte Metzling und Fearns versichert keine Anweisung Klage zurückzuziehen stop Vorleben Alexis Ricaud belastet stop zwei Anzeigen wegen Erpressung eine New York eine Illinois zurückgezogen nach Aufnahme Untersuchung stop vermutlich befürchteten Kläger in beiden Fällen öffentliche Verhandlung stop Ricaud charmant-gerissen Lebensunterhalt unbekannt stop vermutlich Zuwendungen von Frauen stop nachweislich verschiedene große Summen erhalten von Witwen stop kabele weitere Informationen wenn möglich stop viel Glück *Caley Jerris*

Da hatte ich es nun. Mrs. Ivory hatte am 1. August gegen Ricaud Scheidungsklage eingereicht. Die Klage war Ricaud am 10. August zugestellt worden. Aber weiter war nichts geschehen.

Der Fall ruhte. Ich glaubte zu wissen, warum.

Die Informationen über Ricaud überraschten mich nicht. Es paßte alles zu dem Bild, das ich von ihm gewonnen hatte.

Nun mußte ich etwas unternehmen. Es war Zeit, daß ich mit Mrs. Ivory sprach. Ich richtete mich auf, blieb eine Weile auf meinem Bett sitzen und dachte daran, daß ich Mrs. Ivory wiedersehen würde.

Dann zog ich mich an, ging in den Speisesaal und aß zu Abend.

Wenn man nachts im Auto fährt und die Straßen frei sind und das Wetter schön ist, kann man ausgezeichnet nachdenken. Man sieht vor sich die Straße und fährt automatisch, während der größte Teil des Gehirns unbeschäftigt und ungestört ist.

Ich dachte an meinen Urlaub, zu dem ich nicht gekommen war, ich dachte an den Reiseprospekt in der Schreibtischschublade in meinem Büro, den Prospekt mit dem Hotel in Torquay, seinem ruhigen und friedvollen Garten und dem Strand. Gerne hätte ich gewußt, ob ich diese Urlaubsreise je machen könnte. Der Gedanke, dort hinzugehen, war mir seit dem Tag, an dem ich den Prospekt irgendwo mitgenommen hatte, nicht aus dem Kopf gegangen, und das war schon verdammt lange her, wie mir schien. Aber immer war etwas dazwischengekommen, was mich von der Reise abhielt. Arbeit oder Geldmangel oder eine Frau oder sonstwas.

In den meisten Fällen war es keine Frau gewesen, weil Frauen zu den Dingen gehören, vor denen ich zu einer gewissen Zurückhaltung neige, außer daß ich über sie nachdenke. Und Frauen geben einem mitunter höllisch zu denken. Das weibliche Geschlecht wird immer Stoff zum Nachdenken geben, besonders Leuten in meinem Gewerbe. In neunundneunzig von hundert Fällen sitzt an der Wurzel jeden Übels, was es auch sein mag, ein weibliches Wesen. Der gescheite Mann, der gesagt hat »Cherchez la femme«, kannte die Welt nur halb, denn gewöhnlich braucht man nicht nach ihnen zu suchen. Wenn man irgendwo hinkommt, wo es Ärger gegeben hat, kann man gewöhnlich über sie stolpern.

Dazu kommt, daß ich wahrscheinlich ein bißchen zu wählerisch bin. Ich weiß gut, warum. Fast immer hatte mir meine Tätigkeit als Detektiv gezeigt, daß die meisten Verwicklungen auf der Welt darauf zurückzuführen sind, daß ein Mann irgendwo durch eine Frau ausrutscht. Eine schöne Frau, wohlbemerkt. Die Zahl der Männer, die durch häßliche Frauen Kummer haben, ist so klein, daß sie praktisch nicht zählt.

Und da auch ich für häßliche Frauen nicht viel übrig habe, hatte ich mich davor gescheut, mit ihnen zu eng in Berührung zu kommen. Ich hatte aber noch einen anderen Grund, wählerisch zu sein. Einen sehr einfachen. Wenn ein Mann über drei Jahre in einem Loch steckt, in dem er mit seiner Zeit nichts anderes anfangen kann, als nachzudenken, widmet er einen verdammt großen Teil dieser Zeit den Frauen. Das können Sie mir glauben. Und die Frauen, an die er denkt, sehen meistens besser aus als in Wirklichkeit. Natürlich, wenn er seine eigene hat, ist er geneigt, hauptsächlich an sie zu denken. In diesem Falle trägt die Abwesenheit sogar dazu bei, sein Herz mit Zärtlichkeit zu füllen, besonders wenn man, wie ich, in einem japanischen Kriegsgefangenenlager war. Aber wenn er nicht verheiratet ist, und ich war es nicht, ist er in hohem Maß geneigt, für weibliche Schönheitsideale zu schwärmen. Die Frauen, die während dieser Jahre in meinen Träumen eine Hauptrolle spielten, waren eben nur Träume. Auf jeden Fall waren sie wahrscheinlich zu schön, um wahr zu sein.

Ich fand Mrs. Ivorys Haus ohne große Schwierigkeiten zwischen Wych Cross und der Küste. Es war ein großes, aber nicht zu großes romantisches Gebäude, und es hatte Atmosphäre. Wenn das Innere so schön und harmonisch war wie das Äußere, müßte es für Mrs. Ivory einen großartigen Rahmen abgeben.

Es war kurz vor elf, als ich meinen Wagen am anderen Ende der breiten Auffahrt anhielt und auf die Klingel drückte. Ein alter Mann, er sah aus wie ein Butler aus dem Theater, öffnete mir die Tür.

Ich sagte, daß ich Mrs. Ivory zu sprechen wünschte.

Er sah mich etwas erschrocken an und sagte: »Es tut mir leid, mein Herr, aber ich bin sicher, daß sie niemanden empfangen wird.«

Ich sagte ihm, daß ich sie sehen müsse. Er wollte sich auf nichts einlassen. »Es tut mir sehr leid, mein Herr«, erklärte er, »aber ich fürchte, es ist nicht möglich. Ich bin sicher, daß Mrs. Ivory schon zur Ruhe gegangen ist.«

»Wenn das heißen soll, daß sie schon ins Bett gegangen ist, dann muß sie eben wieder aufstehen«, sagte ich ihm. »Gehen Sie und richten Sie ihr aus, daß O'Hara sie sprechen will. Und sagen Sie ihr gleich, wenn ich sage, daß ich sie sprechen will, bedeutet das, daß ich sie auch sprechen werde. Sagen Sie ihr nur das. Dann kommen Sie wieder her und warten Sie auf mich. Ich bin in fünf Minuten wieder da.«

Er machte ein Gesicht, als hätte ich ihm weh getan. »Aber mein Herr«, sagte er noch.

»Gehen Sie und tun Sie, was ich gesagt habe.« Es muß ziemlich grob geklungen haben, denn er sagte kläglich: »Sehr wohl, mein Herr«, und ging. Er schien sehr unglücklich über unsere Unterhaltung zu sein.

Ich ging auf dem Fahrweg um das Haus herum und fand auf der Rückseite die Garage. Sie war verschlossen, aber am Ende der niedrigen Ziegelwand war ein kleines Fenster. Ich stieß es auf und leuchtete mit der Taschenlampe hinein. In der Garage standen drei Wagen. Ein gutgepflegtes, hochpoliertes Rolls-Royce-Stadtcoupé, ein ebenso wohlgepflegtes Armstrong-Siddeley-Kabriolett und ein nicht so gut gepflegtes Kabriolett, dessen Haube ich nicht sehen konnte, mit bös zugerichtetem rechtem Kotflügel und verschrammter Seite.

Also doch, dachte ich. Das mußte Ricauds Wagen sein.

Ich ging zu dem von Säulen flankierten Eingang zurück. »Wollen Sie bitte hereinkommen, mein Herr«, sagte der Butler, »Mrs. Ivory will Sie empfangen.«

Ich folgte ihm durch die große Halle, einen teppichbelegten Gang entlang zu einem Zimmer auf der anderen Seite des Hauses. Es war ein behagliches Zimmer, ausgezeichnet möbliert und mit zwei oder drei schönen Gemälden an den Wänden. Im Kamin brannte ein kleines Feuer.

Ich ging ans Feuer und sah in die Flammen. Der Butler ließ mich allein. Nach zwei Minuten trat Mrs. Ivory ins Zimmer.

Als ich mich umwandte und sie ansah, fühlte ich einen leichten Schock. Ich wußte, wie sie aussah, ich hatte reichlich Gelegenheit gehabt, sie zu studieren, als ich sie Montag nachts in meinem Büro sah.

Aber bei einer Frau wie dieser erinnert man sich immer nur an die Hälfte. Das vollständige Bild konnte man nicht behalten. Es war zu gut.

Sie trug einen karminroten Hausmantel aus Samt, mit hochgeschlossenem Kragen, dessen obere Knöpfe offenstanden und eine Idee von Chiffon darunter mehr ahnen als erkennen ließen. Eine breite Schärpe aus dem gleichen Material war um ihre Taille geschlungen. Die weiten Ärmel waren mit Zobel besetzt. Die Farbe des Hauskleides unterstrich die Weiße ihrer Haut, und das gedämpfte Licht des Zimmers warf bronzene Reflexe auf ihr braunes Haar. Aber unter ihren Augen waren dunkle Schatten. Sie war müde, sie hatte Sorgen.

»Nun, Mr. O'Hara?« sagte sie.

»Ich möchte Sie bitten, Platz zu nehmen«, sagte ich, »ich möchte mit Ihnen sprechen.«

Sie stand drei Schritte vor mir und sah mich kühl an. Mit solchen Blicken mußte sie etwa das ansehen, was sich nach dem Hochwasser unter einer zu niedrigen Brücke ansammelt.

»Ich würde gern wissen, warum ich mit Ihnen sprechen sollte«, sagte sie.

»Dafür gibt es zwei Gründe. Erstens sind Sie krank vor Angst, und den zweiten habe ich hier in meiner Tasche. Ich glaube, daß im Moment der zweite Grund der wichtigere ist, und darum will ich ihn zuerst erledigen.«

Ich zog den Umschlag, in den ich ihre tausend Pfund gesteckt hatte, aus der Tasche und legte ihn auf den Tisch. Sie hob ihn auf, öffnete ihn und sah, was darin war.

»Warum haben Sie mir das zurückgebracht? Hielten Sie das für notwendig?«

»Nein, für notwendig hielt ich es nicht. Es war nur so ein Einfall von mir.«

Sie machte eine kleine Bewegung. »Warum haben Sie es dann überhaupt genommen?«

»Es wäre mir lieber, wenn Sie sich setzen würden. Sie werden es ja schließlich doch tun, weil ich Ihnen eine ganze Menge zu sagen habe, und es ist besser, Sie beruhigen sich. Es wird weder Ihnen noch jemand anders etwas nützen, wenn Sie jetzt hier stehen bleiben und sich einreden, Sie hätten Grund, mich zu hassen. Und das tun Sie gerade. Sie müssen sich beruhigen, weil Sie nachdenken müssen. Und Sie können nicht nachdenken, wenn Ihre Gedanken wie Eichhörnchen in einem Käfig im Kreis herumrasen. Also setzen Sie sich.«

Sie sah mich überrascht an und setzte sich.

»Zunächst das Geld«, fuhr ich fort. »Es ist nicht eigentlich wichtig, aber es ist besser, wenn Sie es wissen.« Ich lächelte sie an. »Es ist Zeit, daß wir keine Geheimnisse mehr voreinander haben. Als ich Sie am Montag in meinem Büro sah, hatte ich nicht viel für Sie übrig. Ich hatte sogar sehr wenig für Sie übrig und guten Grund dazu.«

Sie zog die Augenbrauen hoch. »Warum?« Es klang beinahe interessiert.

»Sie sagten mir, Sie seien zu mir gekommen, weil Sie jemanden brauchten, der keine Skrupel habe. Ich nehme an, Sie hielten mich für einen Mann, der keine Skrupel hat. Ich mußte ja so einer sein, weil Pell Ihnen am Nachmittag erzählt hatte, daß ich in einen üblen Scheidungsfall verwickelt wäre, daß der Rechtsanwalt der Gegenpartei an diesem Tage auf meine Kosten viel Spaß gehabt hätte. Es war Ihnen wohl nicht in den Sinn gekommen, daß ich vielleicht etwas sehr Anständiges getan habe, zum Beispiel, daß ich eine Frau, die seit Jahren an ein Schwein gefesselt war, aus einer teuflischen Ehe befreit habe. Einer Ehe wie der Ihren mit Ricaud, aus der Sie Ende vergangenen Jahres versuchten freizukommen. Der Gedanke war Ihnen wohl nicht gekommen?«

Sie wollte etwas sagen, aber ich ließ sie nicht zu Wort kommen.

»Eine andere Kleinigkeit«, fuhr ich fort. »Ich kenne Pell. Ich hatte das Recht zu denken, und ich dachte es auch, daß Pell aus eigenem Antrieb nie die Stirn haben würde, mir die tausend Pfund vorzuenthalten, die er mir schuldete. Ich dachte, daß Sie zu ihm gegangen seien und ihn bestochen hätten, er solle sagen, daß er mich nicht bezahlen würde, damit ich für Sie arbeiten müßte, weil ich Geld brauchte. Ich war berechtigt, das zu denken, weil ich, wie gesagt, Pell kenne und weil ich nicht glaubte, daß eine Frau wie Sie ohne weiteres mit tausend Pfund in der Tasche zu mir käme, wenn es sich nicht um einen seltsamen und ausgefallenen und irgendwo krummen Auftrag handeln würde. Das habe ich gedacht, und Ihr Verhalten hat mir gesagt, daß ich recht hatte.«

»Wie meinen Sie das?« fragte sie gespannt.

»Ich war berechtigt, das zu denken. Denn nachdem ich Ihr Geld angenommen hatte, sagte ich Ihnen, daß ich den Auftrag nicht übernehmen würde. Wenn Ihr Auftrag korrekt und untadelig gewesen wäre, hätten Sie dagegen etwas unternommen. Sie hätten mit Pell sprechen oder mir mit der Polizei drohen können oder etwas Ähnliches. Sie taten nichts Derartiges. Sie nahmen es widerspruchslos hin.«

Ich unterbrach mich und fragte: »Haben Sie etwas dagegen, wenn ich rauche?«

Sie schüttelte den Kopf. Sie stand auf, ging zu dem Tisch auf der anderen Seite des Zimmers und brachte mir eine Dose mit Zigaretten. Ich nahm eine, es war die gleiche dicke ägyptische Zigarette, die sie bei mir geraucht hatte. Ich zündete sie an und zog den Rauch ein.

»Erst gestern abend kam ich zu dem Schluß, daß Sie mich nicht übers Ohr hauen wollten, sondern daß Sie nur eine Närrin waren. Eine sehr schöne und sehr anziehende Närrin, aber nichtsdestoweniger eine in der Wolle gefärbte, verdammte Närrin.«

Sie errötete. Dann sagte sie mit leiser Stimme, ohne mich anzusehen: »Warum sagen Sie das?«

»Weil Sie nicht genug Verstand hatten, mir die Wahrheit zu sagen. Die ganze Wahrheit. Sie hatten nicht genug Verstand, um zu wissen, daß, wenn Sie in einer Klemme sind und von jemandem Hilfe wollen, Sie ihm zum mindesten die Wahrheit sagen müssen. Die ganze Wahrheit und nichts als die Wahrheit. Pell hat Sie von vornherein zum Narren gehalten. Statt dessen kamen Sie zu mir und erzählten mir das, was Sie mir nach Pells Absicht erzählen sollten. Darum sage ich das.« Ich machte eine Pause, um ihr die Möglichkeit zu geben, grob zu werden. Sie tat es nicht. Sie sagte gar nichts. Darauf fuhr ich fort: »Ich kann mir denken, was zwischen Ihnen und Pell Montag nachmittag vorgegangen ist. Sie kamen zu Pell und baten ihn, er solle Ihnen mit Esmeralda helfen. Er sagte, er könne es nicht. Er sagte, er sei zu beschäftigt oder die Sache gefiel ihm nicht oder sonst etwas. Das waren alles Lügen. Ich weiß, warum er es nicht konnte. Pell nahm Ihnen für seinen Rat Geld ab, weil er immer Geld haben will, weil das alles ist, woran er denkt, Geld. Darum mußten Sie ihn für seinen Rat bezahlen. Und er sagte Ihnen auch, daß ich Ihren Auftrag annehmen würde, wenn Sie mir die Geschichte erzählten, die er sich ausgedacht hatte, nämlich, daß er mich nicht bezahlen würde. Ist das richtig?«

Sie sagte es so leise, daß ich es kaum verstehen konnte: »Ja, das ist richtig.«

Ich lächelte sie an: »Tatsächlich habe ich das getan, was Sie von mir wollten. Ich tat es aus drei Gründen. Einer war mir gleich bewußt, die beiden anderen nicht. Der bewußte Grund war, daß ich neugierig war. Sehr neugierig. Und das überraschte mich außerordentlich.«

Ich warf die Zigarette ins Feuer. Ich mag ägyptische Zigaretten nicht. Ich zündete mir eine meiner eigenen an.

Mit der gleichen leisen Stimme, immer noch ohne mich anzusehen, fragte sie: »Und welche waren die anderen Gründe?«

»Die unbewußten?« fragte ich lächelnd. »Nun, ich nehme an, einer war die Tatsache, daß ich Ihr Geld angenommen hatte. Als ich Ihnen sagte, daß ich nichts unternehmen würde, dachte ich, Sie hätten Pell vorsätzlich veranlaßt, mich nicht zu bezahlen. In bösartiger Absicht. Aber ich bekam mein Geld noch am gleichen Abend. Er hatte zuviel Angst, es mir nicht zu geben. Und danach hielt ich mich wohl für verpflichtet, für Ihre tausend Pfund etwas zu leisten. Der dritte ist für Sie ohne Belang.«

»Warum?« fragte sie.

»Weil er eine ganz persönliche Angelegenheit betrifft«, sagte ich. »Darum ist er für Sie ohne Belang.«

Sie sah mich an. »Ich möchte alles wissen. Jetzt muß ich alles wissen. Was ist die persönliche Angelegenheit?«

Ich nahm einen tiefen Zug aus meiner Zigarette. Ich dachte, vielleicht ist es besser, sie sieht klar. Wahrscheinlich war ich auch neugierig, was sie dazu sagen würde.

»Der dritte Grund sind Sie«, sagte ich. »Ich bin noch niemandem begegnet, den ich mit Ihnen vergleichen könnte. Sie faszinieren mich. Das weiß ich jetzt. Damals wußte ich es nicht. Wenn ich darüber nachdenke, so glaube ich beinahe, das ist der Hauptgrund.« Sie sagte »Oh« und faltete ihre Hände im Schoß. Sie sah verlegen aus. Ich fand es bezaubernd.

»Ich fuhr noch am gleichen Abend zu Ricaud hinaus und fand dort Esmeralda. Sie war in einem sehr bedenklichen Zustand. Wahrscheinlich kennen Sie das an ihr. Wir unterhielten uns eine Weile, und dann wurde sie ohnmächtig. Ich brachte sie in meinen Wagen unter und wartete auf Ricaud. Als er dann kam, hatte ich eine kleine Unterredung mit ihm. Mir gefiel Ricaud nicht sehr, wirklich nicht. Und nachdem ich mit ihm gesprochen hatte, war ich überzeugt, daß er für Esmeraldas Zustand verantwortlich sei. Ich meinte, eine Tracht Prügel würde ihm gut bekommen.«

Sie sah mich an. In ihren Augen schimmerte Interesse. »Wollen Sie damit sagen, daß Sie ihn verprügelt haben?« fragte sie. Ich sah, wie sie ihre weißen Finger in ihrem Schoß nervös zusammenkrampfte und wieder entspannte.

»Dazu würde ich gerne ›ja‹ sagen, aber ich kann es nicht. Es kam genau umgekehrt. Ricaud verprügelte mich, bis mir schwarz vor den Augen wurde. Ich spüre es jetzt noch. Ich fand es nicht sehr vergnüglich. Aber danach war ich in die Angelegenheit persönlich verwickelt. Es ging nicht länger nur um Sie oder Esmeralda oder das Geld oder sonst irgend etwas.«

»Mr. O'Hara«, sagte sie langsam, »warum haben die Schläge von Alexis Ricaud mehr Bedeutung als Esmeralda oder meine Bitten oder Geld? Warum?«

Ich zuckte die Achseln. »Der Grund spielt keine Rolle. Er hat mit dieser Geschichte nichts zu tun.«

»Aber ich würde ihn gerne wissen«, beharrte sie. »Bitte!« fügte sie noch hinzu. Mit dem »Bitte« schaffte sie es und mit der Art, wie sie es aussprach. Ich dachte einen Moment nach, ob ich es ihr sagen sollte. Ich entschied mich dagegen. Wozu auch? Und dann – nun, es kam doch heraus. Es war eben eines dieser Dinge, die man tut, ohne zu wissen, warum.

»Ich war über drei Jahre in einem japanischen Kriegsgefangenenlager, einem der ganz üblen auf Formosa«, sagte ich. »Vielleicht haben Sie davon gehört.« Ich machte eine Pause. »Die Japaner mochten mich nicht sehr.« Ich lächelte. »Sie hatten für meinen Typ nichts übrig. Fast täglich bekam ich Prügel, aber ich gewöhnte mich nicht daran. Ich dachte viel darüber nach, und ich hatte eine Menge Zeit zum Nachdenken. Ich kam zu dem eisernen Entschluß, daß mich niemals jemand auch nur mit einem Finger anrühren dürfe, wenn ich je lebend aus dieser Hölle herauskommen sollte. Wahrscheinlich habe ich in dieser Hinsicht eine Art Minderwertigkeitskomplex entwickelt.«

Ich sah sie an. Ihre Hände waren jetzt unbeweglich. Sie war aufmerksam, und ihre Augen hatten alle Kälte verloren.

»In der Nähe des Feldes, auf dem ich tagsüber arbeitete, bildeten die Japaner Rekruten in Judo aus. Manche Leute nennen es auch Jiu-Jitsu. Ich sah häufig zu. Mit einem Auge beobachtete ich immer, was sie übten. Später lehrte mich ein Japaner, der für unseren Nachrichtendienst da draußen arbeitete und mit dem ich im Lager in Berührung kam, noch ein paar Dinge dazu. Er heißt Sado. Er war ein großartiger Bursche. Das stärkte mein Selbstgefühl etwas. Ich hatte das Gefühl, daß ich etwas Besonderes hatte, falls ich einmal kämpfen mußte, obgleich ich damals keinen Gebrauch davon machen konnte. Trotzdem war es ein großartiges Gefühl. Können Sie das verstehen?«

Sie nickte.

»Ich versuchte es mit Ricaud und erlebte eine große Überraschung. Er konnte viel mehr Judo als ich. Er hatte mehr vergessen, als ich je gelernt hatte. Und wie er mit mir umging – nun, das geht niemanden was an. Aber ich mochte es nicht. Es bekam auch meinem Minderwertigkeitskomplex nicht gut. Am nächsten Tag wurde mir klar, daß, wenn ich nicht zu Ricaud zurückginge und ihm eine noch schlimmere Abreibung gab, als er mir gegeben hatte, ich bald wieder in dem Lager Formosa landen würde, geistig, meine ich. Da mußte also etwas geschehen ... für mein eigenes Wohl.«

Es entstand eine Pause. Dann sagte sie: »Ich glaube, ich verstehe Sie.«

»Haben Sie die Abendzeitungen gelesen?« fragte ich.

Sie nickte. »Ja, er ist tot«, sagte sie, »er hat sich umgebracht.«

»Und das ist für alle Beteiligten das Beste, was geschehen konnte«, sagte ich, »insbesondere für Sie.«

Mit leiser Stimme fragte sie: »Warum insbesondere für mich, Mr. O'Hara?«

Ich warf meinen Zigarettenstummel ins Feuer.

»Im Mai vergangenen Jahres heirateten Sie Ricaud in New York. Drei Monate später verließen Sie ihn. Sie sagten ihm, daß Sie die Scheidung gegen ihn einreichen würden, und beauftragten Ihre New Yorker Rechtsanwälte. Dann kamen Sie nach England zurück. Ist das richtig?«

»Ja, das ist richtig.«

»Aber Sie trauten Ricaud nicht. Sie kannten ihn zu gut. Sie suchten jemand, der aufpaßte, daß er Sie nicht hinterging. Es wurde Ihnen empfohlen, zu der Pell-Detektiv-Agentur zu gehen. Sie gingen zu Pell. Sie gaben ihm fünfzehnhundert Pfund Vorschuß und beauftragten ihn, nach New York zu fahren und dafür zu sorgen, daß der Scheidungsprozeß bald durchgeführt wurde. Stimmt's?«

Sie nickte. »Ja.«

»Pell ging nach New York. Er traf sich mit Ricaud und verkaufte Sie an ihn. Ricaud hatte schon seinen Plan fertig. Er wollte Esmeraldas Geld an sich bringen. Und er wollte sich an Ihnen rächen. Sie kennen ihn. Er war ein schmutziger, sadistischer Charakter. Der Plan, den er sich ausgedacht hatte, war sehr gerissen. Und er überredete Pell mitzumachen, Pell ging zu Ihren New Yorker Rechtsanwälten – Sie erinnern sich, er hatte jede Vollmacht von Ihnen – und erklärte, daß Sie die Scheidung nicht weiterbetreiben wollten, daß Sie Ihre Absicht geändert hätten.«

Sie fuhr hoch. Sie stand vor mir und sah mich mit weit aufgerissenen Augen an. »Aber ich habe doch das Urteil. Das Urteil wurde mir vom Gericht zugestellt, ich . . .«

Ich schüttelte den Kopf. »Das Urteil kam nicht vom Gericht. Pell oder Ricaud beschafften sich ein offizielles Formular – das kann jeder bekommen – und fälschten die Stempel. Pell füllte das Formular mit Ihrem Namen und mit einem erfundenen Urteil aus und ließ es Ihnen nach England schicken. Natürlich hielten Sie das Dokument für echt. Mit Ihren New Yorker Rechtsanwälten traten Sie nicht mehr in Verbindung. Es war ja auch unnötig. Pell war dort in Ihrem Auftrag aufgetreten, und damit glaubten Sie, alles sei in Ordnung.«

Sie sagte: »O mein Gott. Dann ... dann ...«

»Dann waren Sie bis zu irgendeinem Zeitpunkt gestern abend Mrs. Ricaud«, sagte ich. »Bis er Selbstmord beging ... wenn es ein Selbstmord war.«

»Was meinen Sie damit?« fragte sie verstört und klammerte sich mit beiden Händen an die Armlehnen ihres Sessels.

Ich senkte meine Stimme. »Ricaud wurde erschossen. Wenn die Polizei es für Selbstmord halten sollte, um so besser. Aber es war kein Selbstmord, es war Mord.«

Sie gab einen leisen Laut von sich, der wie ein Schluchzen klang. Sie saß im Sessel und blickte starr vor sich hin, als ob sie etwas Gräßliches vor sich sähe. Einen Moment glaubte ich, daß sie ohnmächtig werden würde.

»Warum trinken wir nicht etwas?« fragte ich.

Sie riß sich zusammen. »Aber natürlich«, sagte sie und stand auf. Sie drückte auf die Klingel am Kamin. Dann blieb sie stehen, die eine Hand auf dem Kaminsims, und sah mich mit dunklen, verängstigten Augen an. Der Butler kam herein. Sie bestellte Whisky, und als er ihn gebracht hatte und wieder gegangen war, sagte ich: »Trinken Sie langsam einen Schluck Whisky und beruhigen Sie sich. Es ist nichts so schlimm, wie es zu sein scheint.« Ich lächelte sie aufmunternd an. »Es könnte viel schlimmer sein.«

Sie nippte von dem Whisky und stellte das Glas wieder hin. »Wieso könnte es schlimmer sein?« fragte sie.

»Auf zweierlei Arten«, sagte ich. »Wenn Ricaud noch lebte, befände er sich jetzt auf dem Weg nach den Bahamas, und wenn er einmal dort wäre, würden Sie teuflische Schwierigkeiten haben, je von ihm freizukommen. Wenn Sie es überhaupt schaffen könnten. Wenn man einen Scheidungsprozeß führt, ist es ein erheblicher Unterschied, ob beide Teile an einem Ort wohnen oder ob der eine Teil, der die Scheidung will, in England ist und der andere, der alle möglichen schmutzigen Tricks benutzt, ein paar tausend Kilometer entfernt ist. Ehe Sie unter solchen Umständen von Ricaud eine Scheidung erreichen würden, hätten Sie sehr viel bezahlen müssen. Das wußte er.«

Sie nickte. »Ja, ich verstehe.« Dann fragte sie: »Und die andere Weise, auf die es hätte schlimmer sein können?«

»Vielleicht hätten Sie keinen skrupellosen Privatdetektiv gefunden, der für Sie arbeitet«, sagte ich.

Sie versuchte zu lächeln, und beinah gelang es ihr auch.

Ich fuhr fort: »Die Situation ist nicht sehr gut, aber mit etwas Glück kann alles gutgehen. Esmeralda war gestern abend im ›Kreuzweg‹. Das ist nicht sehr günstig. Jetzt ist sie hier. Ricauds Wagen steht in Ihrer Garage, der Wagen, mit dem Esmeralda hierherkam. Der Wagen hat einen eingedrückten Kotflügel, und die Seite ist verschrammt. Wann kam sie hier an?«

Sie kam näher auf mich zu und sagte fast flüsternd: »Heute morgen zwischen halb drei und drei war sie hier. Gott allein weiß, wie sie es geschafft hat. Sie ist schrecklich krank. Sie war viele Stunden bewußtlos.«

»War ein Arzt bei ihr?« fragte ich.

Sie nickte. »Er kann im Moment nicht viel für sie tun«, sagte sie. »Man muß abwarten. Es ist eine Schwester bei ihr.« Sie sah mich verängstigt an. »Lassen Sie die Polizei nicht hierherkommen. Oder versuchen Sie, Esmeralda fortzubringen. Was sie auch getan hat, wir müssen sie schützen. Sie hat zu viel, zu Schreckliches gelitten.«

Ich unterbrach sie: »Hören Sie zu, wir haben keine Zeit für Sentimentalitäten. Es kann alles gut werden. Es kann sein, daß die Polizei an Ricauds Selbstmord glaubt. Weiß hier irgend jemand, wer sie ist?«

Sie schüttelte den Kopf. »Sie ist noch nie hiergewesen. Wir haben uns immer nur in London getroffen. Ich habe dem Arzt ihren Mädchennamen genannt. Den Namen, den sie trug, als sie . . .« sie zögerte und sagte dann mehr zu sich als zu mir, »ehe sie glaubte, mit Ricaud verheiratet zu sein.«

»Gut, dann besteht kein unmittelbarer Anlaß zur Sorge. Pflegen Sie sie gut und hoffen wir auf das Beste. Sonst können Sie nichts tun.«

»Aber angenommen, man findet heraus, daß sie dort war?« sagte sie. »Nehmen Sie das an. Was wird man dann tun, Mr. O'Hara, können Sie . . .?«

»Sorgen Sie sich nicht darum, was sein könnte. Sie müssen tun, was ich Ihnen sage. Es ist durchaus möglich, daß der Selbstmord geglaubt wird. Aber wenn Esmeralda ihr Bewußtsein wiedergewinnt, hindern Sie sie daran, mit irgend jemandem zu sprechen.«

»Ich will alles tun«, sagte sie leise. Sie sah mich lange an. »Ich glaube, ich habe mich Ihnen gegenüber sehr dumm benommen.«

Ich lächelte. »Dann wären wir ja quitt«, sagte ich, »weil ich mir Ihnen gegenüber immer noch dumm vorkomme. Aber ich nehme an, daran sind Sie gewöhnt.«

Sie antwortete nicht. Sie ging zu ihrem Stuhl zurück und setzte sich. Sie begann wieder ihre Hände nervös zusammenzukrampfen und wieder zu öffnen. Sie dachte offensichtlich an Esmeralda. Schließlich fragte sie verzweifelt: »Was kann ich nur tun?« Ihre dunklen und verängstigten Augen wanderten ruhelos zwischen meinem Gesicht und ihren Händen hin und her.

»Was getan werden muß, entscheide ich. Sie wollten, daß ich für Sie arbeite. Nun arbeite ich für Sie, und jetzt bestimme ich, was geschieht. Hören Sie mir zu. Ich werde Ihnen jetzt sagen, wie ich die Entwicklung sehe. Unterbrechen Sie mich nicht, es sei denn, daß ich einen bedeutenden Fehler mache, verstehen Sie?«

Sie nickte.

»Vergangenen Montag gingen Sie zu Pell. Sie gingen zu ihm, weil Sie wußten, daß die Dinge zwischen Ricaud und Esmeralda an einem entscheidenden Punkt angekommen waren. Sie wußten, daß Esmeralda kein Geld mehr hatte und am Ende ihrer Kräfte war. Sie wußten, daß sie Rauschgift zu sich nahm und trank. Sie fürchteten, daß sie ihre Selbstbeherrschung verlieren und gegen Ricaud etwas unternehmen würde. Wahrscheinlich hat sie dutzendemal öffentlich damit gedroht. Sie hatten Angst um sie. Sie wollten, daß Pell zu Ricaud ginge, um ihn einzuschüchtern. Pell sollte versuchen, Ricaud zum Verschwinden zu veranlassen. Richtig?«

Sie nickte wieder.

»Pell sagte Ihnen, das könne er nicht tun. Wahrscheinlich nannte er Ihnen Gründe, die einleuchtend klangen. Dann nehme ich an, tat er so, als ob er scharf nachdenke, ehe er sagte, daß er Ihnen vielleicht einen Rat geben könne. Darauf bissen Sie an und gaben ihm Geld. Dann stellte er Ihnen einige Fragen. Er wollte wissen, wo Esmeralda sei und ob sie noch Geld hatte oder nicht. Stimmt das? War es so?«

Sie sagte: »Ja, ich nannte ihm die Adresse. Ich sagte ihm, ich wüßte genau, daß sie kein Geld mehr hätte. Ich sagte ihm, daß ich ihr helfen wollte, aber daß sie mich nicht einmal sehen, ja nicht einmal mit mir telefonieren wollte.«

»Dann begann Pell von mir zu sprechen. Er sagte, daß ich der richtige Mann sei, um die Sache in Ordnung zu bringen, aber daß ich schwierig zu behandeln sei. Er sagte, ich würde Ihren Fall nicht übernehmen, es sei denn, daß er mich besonders reize oder daß ich Geld brauche. Geld brauche ich aber augenblicklich nicht, denn er müßte mir tausend Pfund bezahlen. Dann hatte er seinen großen Einfall. Er schlug Ihnen vor, Sie sollten zu mir gehen und mir sagen, daß er mich nicht bezahlen würde, weil er glaube, daß er mit dem Fall, den ich für ihn bearbeitet hatte, Schwierigkeiten haben würde. Sie sollten mir tausend Pfund bieten, wenn ich Ihren Auftrag übernahm. Er sagte, er würde meine Bezahlung zurückhalten, so daß ich für Sie arbeiten müßte. Er riet Ihnen, so bald wie möglich zu mir zu gehen und mich zu veranlassen, so schnell wie möglich mit Ricaud zu sprechen. Er sagte Ihnen, daß ich am späten Abend regelmäßig in mein Büro käme, um nach der Post zu sehen, daß mich Nachrichten von ihm dort schon spät erreicht hätten. Er riet Ihnen, in meinem Büro auf mich zu warten, mir diese Geschichte zu erzählen und aufzupassen, daß sie glaubhaft klänge. Ist das richtig?«

»Vollkommen richtig«, sagte sie. »Er fragte, ob ich von Ricaud je etwas gehört hätte, seitdem er mit Esmeralda verheiratet wäre. Das verneinte ich.«

»Wissen Sie, ob Pell Esmeralda je getroffen hat?« fragte ich. Sie schüttelte den Kopf. Eine Weile schwiegen wir. Ich stand vor dem Feuer und betrachtete sie. Ich hätte sie ewig ansehen können. Sie bot einen vollkommenen Anblick.

»Mr. O'Hara«, sagte sie, »meinen Sie wirklich, daß die Möglichkeit besteht, daß die Polizei an Ricauds Selbstmord glaubt?«

»Eine große Möglichkeit«, sagte ich. Ich konnte ihr nicht gut erzählen, daß ich verdammt genau wußte, daß die Polizei es nie glauben würde und ich es auch nicht zulassen würde. Ich bin ziemlich hart. Aber das brachte ich nicht fertig. Ich hätte ebensogut einem hungrigen Kind sein Brot wegnehmen können.

»Nun muß ich aber gehen«, sagte ich.

Sie stand auf und reichte mir die Hand. »Ich danke Ihnen für alles, Mr. O'Hara. Sie waren sehr freundlich. Ich hänge ganz von Ihnen ab. Niemand sonst kann mir helfen.«

»Ich wohne im Malinson-Hotel«, sagte ich und schrieb Adresse und Telefonnummer in mein Notizbuch, riß das Blatt heraus und gab es ihr. »Rufen Sie mich an, wenn irgend etwas geschieht. Wenn ich etwas erfahre, was Sie wissen müssen, rufe ich Sie hier an.«

Ich sagte: »Gute Nacht«, und ging zur Türe. Als ich die Hand auf die Türklinke legte, sprach sie wieder. Ich drehte mich um, und sie kam dicht an mich heran. Ich nahm einen Hauch von ihrem Parfüm wahr. Ich erinnerte mich an die Beschreibung, die Birk von ihr gegeben hatte. »Eine großartige Frau.« Diese Beschreibung schien mir sehr unzulänglich.

»Wollen Sie bitte das Geld nehmen«, sagte sie. »Die tausend Pfund. Vielleicht brauchen Sie Geld. Bitte, nehmen Sie's.«

Ich lächelte. »Noch nicht. Auf Wiedersehen, Mrs. Ivory.«

Ich ging durch die Halle, nahm von dem Butler meinen Hut entgegen und verließ das Haus. Ich stieg in meinen Wagen und fuhr nach London zurück.

Die tausend Pfund konnten warten. Und der Gedanke, mit Pells Geld zu arbeiten, belustigte mich. Und wie hätte ihm das erst gefallen, wenn er es gewußt hätte.

Aber eines Tages würde er es auch erfahren. Dieser Spaß stand ihm also noch bevor.

Die Nacht war schön und die Straße gut. Ich trat auf den Gashebel. Nach zehn Meilen hielt ich an und zündete mir eine Zigarette an.

Ich ließ den Wagen langsam wieder anfahren. Während ich die Fahrt beschleunigte, fragte ich mich, ob mein Plan gelingen würde. Nun, ich hatte den Versuch gewagt. Ich wunderte mich, warum eigentlich? Ich wunderte mich, warum ich das Risiko einging, denn es war ein Risiko. Ein teuflisches Risiko sogar.

Wenn es fehlschlug, würde es mir schlechtgehen. Aber ich hatte es angefangen. Ich konnte nicht mehr zurück, und es war sinnlos, mir etwas vorzumachen, weshalb ich es tat.

Ich dachte an Mrs. Ivory, an ihr herzförmiges, schönes Gesicht, ihren Hausmantel aus scharlachrotem Samt, ihre kleinen goldenen Sandalen, ihre zitternden langen Finger und ihre dunklen, verängstigten Augen.

Ich wußte nur zu gut, warum ich das Risiko einging.

Es war fast zwei Uhr, als ich zum Malinson-Hotel zurückkam. Der Nachtportier gab mir eine Notiz über einen Telefonanruf, der am Abend angekommen war. Ich steckte sie in meine Tasche und bat ihn, mir Tee aufs Zimmer zu schicken. Dann ging ich hinauf. Ich dachte immer noch an Mrs. Ivory und viele andere Dinge. Die Situation gefiel mir nicht sehr. Sie war schwierig. So schwierig, daß es mich beunruhigte, besonders in Anbetracht dessen, was ich vorhatte.

Ich zog mich aus und nahm ein warmes Bad. Ich hatte immer noch ein paar Schrammen von meinem Zusammenstoß mit Ricaud am Montagabend. Montag abend schien mir lange her zu sein. Und es waren doch nur zwei Tage. Zeit war ein seltsames Ding. Die Vorstellung von der Zeit hing hauptsächlich von den Dingen ab, die während einer bestimmten Periode geschahen. In die letzten wenigen Tage schien mir ein großer Teil Leben und Sterben zusammengedrängt worden zu sein.

Ich konzentrierte meine Gedanken wieder auf Esmeralda. Es war ganz offensichtlich, was geschehen war.

Esmeralda hatte nie die Absicht gehabt, in der Klinik zu bleiben. Aber das hatte sie mir natürlich nicht gesagt. Sie hatte meine Drohung ernst genommen, daß ich sie der Polizei übergeben würde, wenn sie nicht in die Klinik ginge. Darum hatte sie sich gefügt. Auch Dr. Quinceley hatte sie etwas vorgespielt. Und es war ihr gelungen, selbst Dr. Quinceley, der genau wissen mußte, was in einer Rauschgiftsüchtigen vorging, über ihre Absicht zu täuschen. Sie hatte ihm gesagt, daß sie keine Drogen mehr nehmen wollte, daß sie versuchen wollte, sich zusammenzunehmen. Es war zu erwarten gewesen, daß Dr. Quinceley ihr das glauben würde, erstens, weil er ihr glauben wollte, und zweitens, weil er doch sonst nichts tun konnte.

Sie mußte in ihrem Bett gelegen und nachgedacht haben. Worüber wohl? Auch das war ziemlich klar. Esmeralda hatte schon eine ganze Zeit kein Rauschgift mehr zu sich genommen. Sie hatte einen gewissen Schock erlitten. Sie war krank und elend. Sie mußte etwas haben, um sich wieder aufzupulvern, und wußte, daß in ihrer Wohnung eine Ampulle Heroin lag. Die wollte sie haben. Darum wollte sie dorthin.

Sie tat so, als ob sie einschliefe, und als man sie allein im Zimmer ließ, war sie aufgestanden, hatte sich halb angezogen, das Nachthemd wieder übergezogen und sich zurück ins Bett gelegt. Dann war die Nachtschwester, als sie ihren Dienst antrat, auf ihren Trick mit dem Tee hereingefallen.

Als sie die Klinik verlassen hatte, war sie mit einer Taxe sofort zu ihrer Wohnung gefahren und erhielt dort von dem Portier die Nachricht, daß Ricaud am Nachmittag dagewesen war. Das mußte sie erschreckt haben. Sie wollte wissen, warum Ricaud sie sprechen wollte. Vermutlich war sie sofort, nachdem sie dem Portier gesagt hatte, er solle ihr einen Wagen bestellen, in ihr Schlafzimmer gegangen und hatte sich die Heroininjektion gemacht. Die kleine Schublade hatte sie offengelassen. Dann war sie ins Wohnzimmer zurückgegangen und hatte das Oberste zuunterst gekehrt, um den Brief zu finden, den Ricaud zurückgelassen hatte. Aber ich war der Ansicht, daß sie recht gut wußte, was in dem Brief stand. Seit langer Zeit hatte sie versucht, sich von Ricaud frei zu machen, aber daran hatte er sie ohne große Mühe gehindert. Nicht weil ihm an ihr lag, sondern weil er ihr Geld wollte. Er gab ihr so lange Heroin, bis sie ohne das Gift nicht mehr leben konnte. Damit hatte er sie an sich gefesselt. Das war Ricauds Technik, und sie hatte nicht versagt. Aber jetzt wußte er, daß sie kein Geld mehr hatte, und sie wußte wahrscheinlich, daß Ricaud es wußte und daß sie damit für ihn uninteressant geworden war. Wahrscheinlich hatte sie erfahren, daß er eine andere Frau gefunden hatte und daß er sie verlassen wollte.

Aber darüber mußte sie Gewißheit haben.

Die Suche nach dem Brief gab sie dann schließlich auf. Sie kam auf den Gedanken, ihn anzurufen, aber sie bekam keinen Anschluß. Sie war ungeduldig und krank, sehr krank. Es mochte sein, daß ihr das Heroin auch nicht mehr viel half, weil sie wahrscheinlich schon den Zustand erreicht hatte, in dem das Gift ihr Befinden verschlimmerte anstatt es zu bessern. Sie gab das Telefonieren auf und ließ den Hörer einfach auf der Tischplatte liegen.

Sie ging in ihr Schlafzimmer zurück und sah die Schublade ihres Toilettentisches offenstehen. Als sie sie zuschieben wollte, fiel ihr Blick auf die Schachtel mit der Munition für die Pistole. Sie mußte inzwischen festgestellt haben, daß ich das Magazin aus der Pistole genommen hatte, ehe ich sie in die Klinik brachte. Darum nahm sie eines der Magazine aus der Schachtel und lud die Pistole wieder. Das dritte Magazin fand ich dann.

Dann hörte sie den Portier kommen, der ihr meldete, daß der bestellte Wagen dasei. Sie versuchte, schnell die Schublade zu schließen, aber sie klemmte, und es gelang ihr darum nur mit großer Mühe. Dann ging sie in den Vorraum zurück, nahm den Whisky in Empfang und bat den Portier, dem Fahrer des Wagens zu sagen, daß sie gleich kommen würde.

Sie ging ins Wohnzimmer, suchte nochmals vergeblich nach Ricauds Brief. Dann setzte sie sich aufs Sofa, öffnete die Flasche und trank einen großen Schluck. Sie verkorkte die Flasche wieder, versteckte sie im Sofa, wo ich sie gefunden hatte, verließ das Haus und sagte dem Fahrer des gemieteten Wagens, er solle sie nach Maidenhead fahren.

Ich hätte gerne gewußt, an was sich der Fahrer erinnern würde. Aber es machte mir keine großen Sorgen. Es war anzunehmen, daß er in der Abendzeitung die Nachricht von Ricauds Selbstmord gelesen hatte. Aber die Menschen glauben gewöhnlich, was sie in der Zeitung lesen. Es würde ihm kaum auffallen, daß er Esmeralda dort hingefahren hatte. Im übrigen war es möglich, daß sie ein Stück vom Haus entfernt ausgestiegen war und ihn weggeschickt hatte. Aber selbst wenn sie das alles nicht getan hätte, war kaum anzunehmen, daß ihm etwas aufgefallen war.

Wenn die Zeitung von einem Mord berichtet hätte, wäre es möglicherweise anders gewesen. Wahrscheinlich hätte er dann diese seltsam müde aussehende Frau, die er an dem Abend nach Maidenhead gebracht hatte, sofort mit dem Ereignis in Verbindung gebracht. Aber in der Zeitung stand nichts von Mord. Darum nahm ich an, nachdem ich es mir gründlich überlegt hatte, daß ich mir wegen des Fahrers keine Sorgen zu machen brauchte.

Aber etwas anderes beunruhigte mich. Die Sache hatte noch einen anderen Aspekt, der mir nicht gefiel.

Ich hörte, wie jemand den Tee in mein Zimmer stellte und wieder ging. Ich verließ das Badezimmer und goß mir Tee ein. Dabei fiel mein Blick auf meinen Rock, den ich aufs Bett geworfen hatte. Das erinnerte mich an den Telefonanruf. Ich suchte den Zettel aus der Tasche, faltete ihn auseinander und las: »Dr. Quinceley rief um elf Uhr an und läßt Sie bitten, sich am Donnerstagmorgen so früh wie möglich mit ihm in Verbindung zu setzen.«

Das mißfiel mir sehr. Ich hatte wider jede Berechtigung gehofft, daß er den Bericht über Ricauds Selbstmord in der Abendzeitung übersehen würde. Aber er hatte ihn gelesen.

Ich trank meinen Tee, zündete eine Zigarette an und fing an, im Zimmer hin und her zu gehen, während ich darüber nachdachte, was für ein Mensch Dr. Quinceley wohl war. Ich hielt ihn für einen typischen praktischen Arzt, und das sind im allgemeinen Leute, die hochanständig und verdammt aufrichtig sind. Ärzte mußten das sein. Mit Bedauern dachte ich daran, daß ich mit Dr. Quinceley Schwierigkeiten haben würde.

Ich wendete meine Gedanken wieder Esmeralda zu. Ich konnte die Szene, die sich am vorhergehenden Abend im »Kreuzweg« abgespielt hatte, vor Augen sehen. Es war alles sonnenklar.

Ricaud war in seinem geblümten Morgenrock in seinem Wohnzimmer auf und ab gegangen und hatte mit sadistischem Vergnügen an seine Abschiedsszene von Esmeralda gedacht, denn nach seiner Absicht sollte es eine Abschiedsszene werden, wenn sie um zehn Uhr zu ihm kam.

Er war überzeugt, daß sie kommen würde. Sie mußte kommen, und sie würde kommen, denn sie würde wissen wollen, was weiter geschehen sollte. Sie würde ihm glauben, daß er nach den Bahamas fliegen würde, um sich dort mit einer anderen Frau zu treffen, und er wußte, daß sie darüber zugleich verzweifelt und erleichtert sein würde. Verzweifelt, weil sie nicht wissen würde, von wem sie in Zukunft Heroin bekäme, und froh, weil sie von ihm frei wurde. Ricaud wußte nur zu gut, wie sehr sie ihn haßte. Das wußte niemand besser als er selbst.

Trotzdem war er überzeugt, daß sie kommen würde. Aber es wurde zehn Uhr, und sie kam nicht. Er wurde ärgerlich. Sein gehässiges, bösartiges Temperament, die sadistische Grausamkeit, die sich unter seinem liebenswürdigen Äußeren verbarg, die Gier, seinen Willen durchzusetzen, kamen zum Ausbruch. Er ging ans Telefon und rief ihre Wohnung an.

Ich kann mir vorstellen, wie er mit seiner freien Hand ungeduldig auf den Tisch trommelte, während er darauf wartete, daß Esmeralda ans Telefon kam.

Aber er bekam keine Antwort. Nach einer Weile gab er es auf. Seine Laune war noch schlechter geworden. Er legte den Hörer auf und rief dann den Portier an. Er fragte, ob Esmeralda seinen Brief bekommen habe, und erfuhr, daß sie noch nicht zu Hause gewesen war. Er hinterließ die Nachricht für sie, daß er ihr schreiben würde, sie den Brief morgen bekommen werde und daß er hoffe, der Brief würde ihr gefallen.

Dann dachte Ricaud an die zweite Verabredung, die er um 12 Uhr hatte. Er mußte sich darauf vorbereiten. Er überlegte sich den Brief, den er an Esmeralda schreiben wollte. Ich nehme an, daß er darauf ziemlich viel Zeit verwandte und dabei im Zimmer auf und ab ging, daß er nach Formulierungen und Ausdrücken suchte, die sie am schärfsten verletzen mußten. Schließlich setzte er sich und begann zu schreiben.

Meine entzückende Frau!

Du willst also nicht mitspielen. Aber ich habe meine Zeit nicht vergeudet. Ich hatte Zeit nachzudenken und bin endlich dahintergekommen, daß ich reichlich genug habe von Dir, von der Ivory, von der Welt im allgemeinen und zwei oder drei Leuten im besonderen. So werde ich diese Dinge eben so behandeln, wie es ihnen zukommt.

Ich werde sie in einer Art erledigen, von der ich hoffe, daß sie Euch allen den meisten Ärger und Schwierigkeiten machen wird, und das ist folgende:

Diese Worte füllten das erste Blatt des Schreibblocks. Auf dem nächsten Blatt wollte er ihr auseinandersetzen, was er beabsichtigte. Aber soweit kam er nicht mehr. Er hörte, wie sich die Tür zu seinem Zimmer öffnete. Er legte die Feder hin, und als er sich umdrehte, sah er, daß Esmeralda ins Zimmer trat.

Ich nehme an, daß Ricaud darüber sehr zufrieden war. Er sollte also doch die Möglichkeit haben, seinen Sadismus zu befriedigen, und er wußte, daß er mit gesprochenen Worten viel grausamer sein konnte als mit geschriebenen. Ich kann mir die Szene sehr gut vorstellen. Er war vom Schreibtisch aufgestanden und hatte sich auf das Sofa gelegt, während Esmeralda vor dem Kamin stehengeblieben war und ihn ansah.

Dann sprach er mit ihr. Er sagte ihr, daß er am nächsten Tag nach London käme und daß er einige Stunden später nach den Bahamas abfliegen würde. Er sagte ihr aber auch, daß ihr diese Stunden genügend Zeit ließen, für ihn Geld zu beschaffen. Er schlug ihr zum Beispiel vor, daß, wenn sie selbst keines hätte, sie sich ja an ihre Freundin Mrs. Ivory wenden könne. Er sagte ihr, daß er vielleicht so freundlich sein werde, ihr zu sagen, wo sie sich in Zukunft Heroin beschaffen könne, wenn sie bereit wäre, ihm Geld zu besorgen. Er sagte ihr ferner, daß sie große Unannehmlichkeiten haben würde, wenn sie seinen Wünschen nicht nachkäme. Nicht nur sie, sondern auch ihre Freundin Mrs. Ivory, jene Dame, die einmal sehr unfreundlich zu ihm gewesen sei und die alles getan hätte, was in ihrer Macht stand, um Esmeralda zu hindern, ihn zu heiraten.

Ich weiß nicht, was Esmeralda darauf antwortete. Ricaud war ein Mann, der es verstand, andere einzuschüchtern und seinen Willen durchzusetzen. Wahrscheinlich stand Esmeralda schweigend vor ihm und sah ihn mit ihren großen verschwommenen Augen hilflos an und bemühte sich, mit ihrem verwirrten Verstand herauszubekommen, was das alles bedeuten sollte. Aber er mußte ihr noch mehr gesagt haben. Er muß ihr gesagt haben, daß es ihn sehr amüsiert habe, als sie ihn anflehte, in eine Scheidung einzuwilligen. Für Ricaud muß dieser Moment der Höhepunkt der Unterredung gewesen sein. Er sagte ihr wohl, daß sie eine Scheidung gar nicht brauche, daß sie frei sei, frei, weil sie nicht mit ihm verheiratet war, weil sie überhaupt nie Frau Ricaud war.

Ich nehme an, dies brachte Esmeralda zu sich. Ihr Denken setzte ein. Wahrscheinlich fragte sie ihn, wovon er rede. Darauf sagte er ihr, daß er von Mrs. Ivory nie geschieden worden sei. Das Urteil, das Mrs. Ivory von dem New Yorker Gericht erhalten habe, war eine Fälschung. Er erzählte ihr, wie er sich das Formular verschafft und die Stempel gefälscht hatte. Natürlich habe Mrs. Ivory es als echt hingenommen. Ihre New Yorker Rechtsanwälte waren rechtschaffene und vertrauenswürdige Leute. Und sie hätte auch dem Mann vertraut, den sie nach New York geschickt hatte, um ihre Interessen wahrzunehmen: Pell.

Das war zuviel für Esmeralda. Das war der Tropfen, der das Faß zum Überlaufen brachte. Es war mehr, als sie ertragen konnte. Sie öffnete ihre Handtasche und zog die Pistole heraus. Als sie dies tat, muß Ricaud wahrscheinlich zum erstenmal in seinem Leben Angst empfunden haben, lähmende Angst. Er wollte sich von dem Sofa erheben, er wollte ihr die Waffe fortnehmen, er wollte sich wehren. Vielleicht wollte er davonlaufen. Aber er kam nicht mehr dazu, es ging zu schnell. Sie hielt die Pistole gegen seinen Kopf und drückte ab.

Das war Ricauds Ende.

Ich konnte es vor mir sehen, wie Esmeralda dastand, mit der Waffe in der Hand und auf Ricaud herabsah, auf das grimmige Ende ihres romantischen Traumes. Das war das Ende ihrer Liebe und ihrer Ehe, von denen sie Glück und Zufriedenheit erwartet hatte und die nur unsagbar grausame geistige und körperliche Leiden über sie gebracht hatten.

In einer Art Trance muß sie aus dem Zimmer gegangen sein,

durch den dunklen Gang aus der Seitentür, den Pfad entlang, der unter den Bäumen zu der Lichtung führte, wo sie in vergangenen Tagen, als sie noch glaubte glücklich zu werden, mit Ricaud ohne Musik getanzt hatte. Sie muß einen Rhododendronbusch gestreift haben, und dabei muß ihr die Pistole entglitten sein. Ich kann es mir vorstellen, wie sie sich gegen einen Baum lehnte, mit blicklosen Augen um sich sah und nicht wußte, was sie tun sollte. Heimatlos und verloren.

Dann erinnerte sie sich an Mrs. Ivory, von der sie gesagt hatte, daß sie so stark und klug sei, wie sie selbst schwach und dumm, Leonora Ivory, ihre einzige Freundin.

Sie war zur Garage zurückgegangen, hatte sich in Ricauds Wagen gesetzt und war davongefahren. Wie es ihr gelungen war, den Wagen nach Wych Cross zu steuern, ist unbegreiflich. Unterwegs war sie nur knapp einem schweren Unfall entronnen. Das zeigte der zerbeulte Kotflügel. Aber es war ihr gelungen. Als sie bei Mrs. Ivory ankam, war ihre letzte Kraft erschöpft. Aber sie hatte einen Hafen erreicht, und der Friede der Bewußtlosigkeit senkte sich über sie.

Ich trank noch eine Tasse Tee. Diese Grübeleien führten zu nichts, sie wiesen keinen Weg für die Lösung der Schwierigkeiten, die noch bevorstanden. Aber wenn ich diese Sache glücklich zu Ende führen wollte, mußte ich noch auf alle möglichen Überraschungen gefaßt sein.

Ich legte mich ins Bett und war in wenigen Minuten eingeschlafen.

4

Um neun Uhr stand ich auf, duschte heiß und kalt, frühstückte und ging zu Dr. Quinceley. Auf dem Weg zu ihm überlegte ich, was ich ihm sagen sollte.

Ich wurde sofort in sein Sprechzimmer geführt, als ich mich bei ihm melden ließ. Mit dem richtigen Grad von Unbekümmertheit sagte ich »Guten Morgen« und fragte, was es gäbe.

Er sah mich überrascht an. »Haben Sie gestern nicht die Abendzeitungen gelesen?« fragte er.

Ich nickte. »Sie meinen wegen der Meldung von Ricauds Selbstmord. Eine verdammt gute Nachricht. Für diesen üblen Burschen gerade das richtige Ende.« Ich lächelte ihn aufmunternd an. »Jetzt können Sie Esmeralda behandeln, ohne seine Einmischung befürchten zu müssen. Sie können Sie jetzt wirklich heilen.«

Darauf antwortete er zunächst nichts. Er stand auf und ging im Zimmer auf und ab und sagte dann: »Diese Sache beunruhigt mich, Mr. O'Hara. Ich bin Arzt und habe an meine Pflicht zu denken. Es gefällt mir gar nicht.«

»Was gefällt Ihnen nicht?« fragte ich. »Sie wollen doch nicht sagen, daß Ihnen Ricaud leid tut, weil er Selbstmord begangen hat?«

»Ricaud berührt mich nicht. Das ist es nicht. Er war ein grauenhafter Kerl. Und daß es ihm niemand ansehen konnte, machte ihn nur gefährlicher. Ich weiß eine ganze Menge von Ricaud. Ich habe mehr als einmal mit ihm gesprochen, und schon sein Anblick war mir zuwider. Und als Arzt habe ich von seiner Frau einige Dinge erfahren, die sehr böse waren. Er muß sie schauderhaft behandelt haben. Aber das ist es nicht, was mich beunruhigt.«

»Nun gut«, sagte ich, »was beunruhigt Sie denn?«

Er setzte sich an seinen Schreibtisch. »Seit über dreißig Jahren bin ich Arzt. Ich bin mit allen möglichen Leuten in Berührung gekommen, und ein Arzt muß ein besonders dummer Kerl sein, wenn er nicht lernt, Menschen zu beurteilen. Ich habe mir ein Urteil über Ricaud gebildet. Ich habe mir ein Bild von seinem Charakter gemacht. Aus dem, was seine Frau über ihn sagte, als sie ihre erste Entziehungskur bei mir machte, und aus dem, was ich von ihm sah und hörte, als ich mit ihm sprach. Ich habe nie einen Menschen gesehen, der weniger zum Selbstmörder geschaffen war als er.«

»Was meinen Sie damit, Dr. Quinceley? Sie wollen doch damit sicherlich nicht andeuten . . .«

Er unterbrach mich. »Ich will damit gar nichts andeuten. Ich wollte das nur feststellen. Die Sache gefällt mir nicht. Ganz und gar nicht, und zwar deshalb, weil Sie am Dienstag sagten, Sie hätten Mrs. Ricaud in sehr erregtem und nervösem Zustand mit einer Pistole in der Hand angetroffen. In diesem Zustand hätte sie gedroht, Ricaud zu töten, und Sie glaubten, daß sie ihn töten würde, wenn nicht etwas Entscheidendes geschähe. Deshalb wurde sie in die Klinik aufgenommen, und ich erklärte mich bereit, sie zu behandeln. Noch am gleichen Abend verschwand sie aus der Klinik. Es ist meine Ansicht, daß sie nicht die Absicht hatte, auch nur eine Minute länger in der Klinik zu bleiben, als sie mußte. Sie hat sowohl Sie wie mich getäuscht.«

»Und was meinen Sie war ihre Absicht?«

»Ricaud zu töten«, sagte er. »Sie hinderten sie daran, diese Absicht durchzuführen. Aber sie war entschlossen, es zu tun, sobald sie konnte. Ich will damit nicht sagen, daß sie es tat, aber die ganze Angelegenheit ist sehr seltsam, und ich habe das Gefühl, als ob ich darüber nicht schweigen dürfe.«

»Wem gegenüber? Der Polizei?« fragte ich.

Er nickte.

Ich lächelte. Ich gab mir Mühe, daß es ein sehr verständnisvolles Lächeln wurde. Und ich versuchte, ein nachdenkliches Gesicht zu machen. Ich wollte auf ihn den Eindruck machen, als dächte ich darüber nach, wieviel ich ihm von einer Sache anvertrauen könne, über die ich eigentlich nicht sprechen wollte.

Dann sagte ich: »Hören Sie, Dr. Quinceley, ich bin in einer etwas schwierigen Lage. Einerseits möchte ich Ihnen gegenüber offen sein, auf der anderen Seite hat die Angelegenheit meiner Klientin einige Aspekte, über die zu reden ich nicht berechtigt bin. Darum ist alles, was ich Ihnen sagen kann, folgendes: Ricaud hat Selbstmord begangen. Wenn er es doch nicht tat, das heißt, wenn er ermordet worden ist, dann nicht von Mrs. Ricaud. Ich weiß, daß sie es nicht gewesen sein kann.«

»Glauben Sie das wirklich?« fragte er.

»Natürlich«, sagte ich, »warum sollte ich es Ihnen sagen, wenn es nicht so wäre.«

Ich zündete mir eine Zigarette an. »Ich war über den Vorfall ebenso entsetzt und erschrocken wie Sie, bis ich herausfand, daß Esmeralda mit Ricaud nicht zusammengekommen ist. Sie kann nichts damit zu tun haben. Dessen bin ich absolut sicher. Ich kann Ihnen im Moment nicht mehr darüber sagen, ohne das Vertrauen meiner Klientin zu brechen, aber so ist es.«

»Ich bin sehr froh, das zu hören, Mr. O'Hara. Aber meiner Meinung nach wird der Untersuchungsrichter möglichst viel über den Toten erfahren wollen. Bestimmt wird er wissen wollen, ob er irgendwelche Verwandte hatte. Und er wird bestimmt erfahren, daß Ricaud verheiratet war. Es kann sein, daß er ein paar Fragen aufwirft, die für mich sehr unangenehm sind. Vielleicht wird es für mich nicht schlimm, weil Sie anscheinend in der Lage sind zu beweisen, daß sie unmöglich etwas damit zu tun gehabt haben kann. Aber seit langem hat sie öffentlich damit gedroht, ihren Mann zu töten. Es sollte mich nicht überraschen, wenn das bei der Verhandlung vor dem Untersuchungsrichter zur Sprache käme. Dann muß er weitere Nachforschungen anstellen, es sei denn, der Selbstmord wird einwandfrei nachgewiesen. Ist das aber nicht der Fall, wird die Behörde der Ansicht sein, daß ich meine Pflicht versäumt habe. Man wird sagen, daß ich dem Untersuchungsrichter oder der Polizei alles mitteilen mußte, was ich über Mrs. Ricaud und ihren Gatten wußte.«

Das mußte ich auf jeden Fall verhindern. Dazu gab es nur eine Möglichkeit. Ohnehin war alles, was ich brauchte, Zeit. Ein oder zwei Tage würden genügen.

»Ich verstehe Ihre Zwangslage sehr gut, und ich stimme Ihnen auch vollkommen zu. Aber es ist nicht nötig, daß Sie Verwicklungen herbeiführen, die Mrs. Ricaud sehr schaden und einen schweren Rückschlag für sie bedeuten müssen. Das werden Sie nicht wollen, besonders dann nicht, wenn ich Ihnen klarmache, daß es unnötig ist. Wie sehr es Esmeralda schaden wird, wissen Sie besser als ich. Und Sie werden ihren Zustand doch nicht verschlimmern wollen?«

»Natürlich nicht, aber . . .«

Ich unterbrach: »Dann ist alles in Ordnung. Die Verhandlung ist am Sonnabendnachmittag. Es wird Ihnen doch nichts ausmachen, bis dahin zu warten.«

Ich legte in meine Stimme einen Ton, der ihm zeigen sollte, daß ich ihn für ein bißchen voreilig hielt.

Das schien ihn zu beeindrucken. »Natürlich nicht«, sagte er. »Ich habe Esmeralda Ricaud sehr gerne und würde sie gern wieder gesund und glücklich sehen.«

»Dann ist es ja gut. Machen Sie sich bitte keine Sorgen. Warten Sie das Ergebnis der Verhandlung vor dem Untersuchungsrichter am Sonnabend ab. Dann werden Sie wissen, was Sie zu tun haben. Wenn Sie dann noch nicht beruhigt sind, können Sie immer noch tun, was Sie glauben tun zu müssen.«

Er sah mich erleichtert an. »Sie wissen, daß ich keine Schwierigkeiten machen will«, sagte er.

»Natürlich nicht«, sagte ich. »Aber sehen Sie, ich bin in der gleichen Lage wie Sie. Ich weiß alles, was sie gesagt und getan hat. Aber ich weiß auch, daß sie nichts mit Ricauds Tod zu tun hat. Wenn ich nicht absolut sicher wäre, daß es bei der Vernehmung vor dem Untersuchungsrichter am Sonnabend bestätigt wird, wäre ich wahrscheinlich der gleichen Ansicht wie Sie.«

»Ich verlasse mich auf Ihr Urteil, Mr. O'Hara. Ich werde nichts unternehmen, ehe ich nicht noch einmal mit Ihnen gesprochen habe. Wenn nötig am Sonnabend.«

Wir schüttelten uns die Hände, und ich ging fort.

Draußen atmete ich erleichtert auf. Bis Sonnabend hatte ich ihn jedenfalls festgelegt. Das hielt ich für vollkommen genügend. Ich ging zurück zum Malinson-Hotel und holte den Wagen aus der Garage, dann fuhr ich zu Mack und wartete dort, während der Wagen frisch getankt und gewaschen wurde. Dann setzte ich mich ans Steuer und fuhr nach Brighton.

In Brighton herrschte wilder Trubel. Es gehörte zu dieser gewissen Sorte Badeorte; man weiß nicht so recht, woran man ist. Es hatte eine bestimmte Atmosphäre, halb fröhlich, halb makaber. An der Oberfläche ist alles hübsch und sauber und gefällig. Aber nach einer Weile kommt man dahinter, daß alles zu temperamentvoll ist, um ganz echt zu sein. Wenn ich früher nach Brighton kam, hatte ich immer das Gefühl, es könnte sich lohnen, unter die Oberfläche zu gehen und ausfindig zu machen, was dahintersteckt. Aber es gelang mir nie.

Trotzdem gefiel es mir dort. Es tat mir gut, an einem Ort zu sein, wo ich niemanden kannte und mit niemandem zu reden brauchte. Ich wollte in Ruhe nachdenken.

Ich parkte meinen Wagen irgendwo und schlenderte eine Weile umher. Von der See wehte eine frische Brise. In einem Restaurant am Strand aß ich zu Mittag und ging dann wieder spazieren. Nach einer Weile hatte ich von den vielen Menschen genug; ich ging zu meinem Wagen zurück und fuhr in Richtung auf Rottingdean davon.

Nach etwa einer halben Stunde bog ich von der Hauptstraße in Richtung Alfriston ab. Auf dieser Straße war praktisch kein Verkehr. Ich parkte den Wagen am Rande einer Wiese und ging über die Felder. Hier war es ruhig und friedlich, hier ließ es sich ungestört nachdenken. Hauptsächlich dachte ich an Mrs. Ivory. Aber nicht nur an sie, sondern auch noch an eine Menge andere Dinge, die aus mir undurchdringlichen Gründen in meinem Kopf in ein wildes Durcheinander geraten waren. Sie mußten endlich geklärt werden.

Da war das Kriegsgefangenenlager in Formosa und dann das andere Lager, in das man mich von dort gebracht hatte. Und da war meine Flucht. Ich hatte Glück gehabt, sie war mir gelungen. Soviel ich wußte, war ich der einzige, der es je geschafft hatte, und ohne Sados Hilfe wäre nie etwas daraus geworden.

Dann dachte ich an meine Tätigkeit als Detektiv, und wie ich dazu gekommen war, als »Freiberuflicher« für Londoner Agenturen zu arbeiten. Und an meine erste Begegnung mit Pell und einige der Fälle, die ich für ihn bearbeitet hatte.

Aber noch nie war mir ein Fall wie dieser unter die Hände gekommen. Es war sinnlos, daß ich mir etwas vormachte – der Fall Ivory–Ricaud hatte für mich eine entscheidende Bedeutung. Entweder wurde es mein Meisterstück, oder ich scheiterte daran, und dann war es mit mir aus. Nur diese beiden Möglichkeiten waren für mich darin.

Wenn es mir gelang, war alles in Ordnung. Mit mir selbst, meine ich. Wenn ich versagen sollte – so fühlte ich dumpf –, würde ich wieder in das verfallen, was ich meinen »Formosazustand« nannte. Das Gefühl, das mich damals besessen hatte, ein Zustand geistiger Trägheit und Unzulänglichkeit, als ich von den verdammten Japanern in dem Lager herumgeprügelt wurde.

Natürlich war mir klar, daß ich Mrs. Ivory hoffnungslos verfallen war, und warum sollte ich mir etwas vormachen. Ich hatte es vom ersten Moment an gewußt, als ich sie sah. Selbst noch als ich glaubte, daß sie mich übertölpeln wollte. Ich hatte es mir damals nicht klar zum Bewußtsein kommen lassen wollen, aber so war es.

Natürlich war es ohne Bedeutung für sie. Ich war zu nüchtern und vernünftig, um nicht zu erkennen, daß es zwischen mir und ihr keine Berührungspunkte gab, außer meinen gegenwärtigen beruflichen. Trotzdem störte mich der Gedanke nicht. Der Gedanke nämlich, daß ich vollkommen verrückt nach ihr war. Das mußte auch so sein, denn wäre ich es nicht, hätte man mich für das, was ich da angerührt hatte, ins Irrenhaus stecken müssen.

Ich begann über alle Leute nachzudenken, die ich getroffen und mit denen ich gesprochen hatte, seit sie Montag abend in mein Büro gekommen war und dort auf mich gewartet hatte. An Esmeralda und an Alexis Ricaud, an Pell und an Mack, an Dr. Quinceley und an den einarmigen Portier am Montacute Place, an das Mädchen in der Telefonzentrale im Malinson-Hotel, der ich eine Flasche Chanel No. 5 geschenkt hatte. Ich gruppierte sie alle auf einem Bild, einschließlich Mrs. Ivory und mir selbst. Eigentlich war es ein hübsches Bild.

Ich zündete eine Zigarette an und sah mich um. Mir gefiel es auf dem Lande gut. Es war so herrlich ruhig. Nur wenn man aus der lärmenden Stadt heraus ist, merkt man, daß man im Grunde für London nicht sehr viel übrig hat. Selbst wenn man vom Gegenteil überzeugt ist. Ich ging zu meinem Wagen zurück und rauchte noch eine Zigarette. Dann fuhr ich zurück nach London.

Um acht Uhr aß ich zu Abend, trank anschließend zwei Whisky-Soda, ging in mein Zimmer und rief Pell an. Als er an den Apparat kam, sagte ich: »Hier ist O'Hara, ich möchte Sie gerne sprechen, Pell. Ich habe Sorgen.«

»Wer hat das nicht in diesen Zeiten«, sagte er. »Aber was sind Ihre Sorgen im besonderen?«

»Ich möchte am Telefon nicht darüber reden. Es betrifft die Geschichte mit dieser Mrs. Ivory.«

»Oh, das«, sagte er und lachte. »Ist es Ihnen doch gelungen, sie zu finden?« Und nach einer Pause fügte er hinzu: »Kommen Sie zu mir. Sie wissen, ich werde alles für Sie tun, was ich kann.«

Ich sagte: »Danke, Pell«, und hing ein.

Als ich zu ihm kam, öffnete mir wieder der Typ in der Alpakajacke die Tür.

Ich ging in das Zimmer, wo ich Pell schon einmal gesprochen hatte. Er stand vor dem Kamin und rauchte eine seiner kleinen, aber ausgezeichneten Zigarren.

Wenn man Pell vor sich sah, konnte man nicht glauben, daß er Privatdetektiv sei. Er war groß und stämmig, und obgleich sein Gesicht faltig und alt war, besonders wenn er getrunken hatte und verkatert war, machte er den Eindruck einer gewissen Gutmütigkeit. Er liebte auch gute Kleidung. Er konnte alles mögliche sein. Ein erfolgreicher Geschäftsmann, vielleicht sogar ein wohlhabender Grundbesitzer.

»Nehmen Sie sich was zu trinken, O'Hara, und eine Zigarre oder eine Zigarette. Sie stehen auf dem Tisch. Und dann sagen Sie mir, was Sie für Sorgen haben.« Er lächelte mich an. »Sie treffen mich in guter Laune. Vielleicht wissen Sie es nicht, aber ich habe was für Sie übrig. Sie sind ein verdammt guter Arbeiter, selbst wenn Sie ein etwas seltsamer Vogel sind.«

»Ich mache mir Sorgen, Pell. Ich fürchte, ich habe mich selbst zum Narren gemacht.«

»Wirklich? Nun, das passiert jedem einmal. Aber was hat das mit dieser Mrs. Ivory zu tun? Sie haben sich doch nicht etwa wegen ihr zum Narren gemacht? Womöglich mit Liebeserklärungen oder etwas Derartigem?« Er lachte über seinen eigenen Witz. »Sie ist schon ein großartiges Stück. Ich habe nie in meinem Leben so etwas gesehen. Nicht eine von denen mit einem schönen Gesicht und einer schlechten Figur oder einer guten Figur und einem Gesicht wie die Hinterseite eines alten Mülleimers. Sie hat alles, sogar Verstand, glaube ich, wenn es ihr darauf ankommt.«

»Das kann schon sein. Und wenn sie Verstand hat, dann ist sie besser dran als ich. Ich bin dahintergekommen, daß ich überhaupt keinen habe.«

»Was ist denn nun los? Was macht Ihnen Sorgen?«

»Hören Sie zu. Ich bin nicht ganz offen mit Ihnen gewesen. Ich habe mich selbst in eine Klemme gebracht, und mir ist nicht ganz wohl dabei. Ich habe Ihnen Dienstag abend gesagt, daß ich nicht wüßte, worüber Mrs. Ivory mit mir sprechen wollte, und daß ich sie fortgeschickt hätte. Das stimmt nicht. Sie hat mir gesagt, was sie wollte, aber ich hatte keine Lust, mich damit abzugeben.«

»Warum nicht?« fragte er.

Ich zuckte die Achseln. »Sie erzählte mir eine Geschichte, daß Sie mir meine tausend Pfund nicht geben wollten, daß Sie Bedenken hätten, es würde ein Einspruch gegen das Scheidungsurteil erhoben, oder so was. Ich wußte, daß es lauter Quatsch war. Dann bot sie mir tausend Pfund, wenn ich für sie arbeiten würde. Ich dachte schon, die Dame hätte Sie davon abgehalten, mich zu bezahlen, damit ich für sie arbeiten müßte.«

»Ich verstehe«, sagte Pell. »Darüber ärgerten Sie sich. Sie sind ein komischer Bursche. Sie schickten sie also fort?«

»So war es«, sagte ich. »Und ich wäre froh, wenn ich es dabei belassen hätte.« Er zog die Augenbrauen empor und zog an seiner Zigarre. »Sie haben also etwas unternommen?«

Ich nickte. »Als sie fort war, wurde ich neugierig. Ich weiß nicht, warum, aber . . . nun, ich wurde neugierig. Das ist die einzige Erklärung, die ich selbst dafür habe. Ich besorgte mir einen Wagen und fuhr hinaus nach Maidenhead. Ich sprach mit einem Mann namens Ricaud. Mrs. Ivory hatte diesen Mann im vorigen Jahr geheiratet, sich aber bald wieder von ihm scheiden lassen. Später war er nach England gekommen und hatte Mrs. Ivory zum Trotz ihre beste Freundin geheiratet, ein Mädchen namens Esmeralda. Mrs. Ivory behauptete, daß dieser Ricaud Esmeralda Rauschgift gäbe. Außerdem solle sie trinken und dadurch in einem bösen Zustand sein. Es sei zu befürchten, daß sie Ricaud umbringen würde, wenn sie eine Möglichkeit dazu hätte. Mrs. Ivory wollte von mir, ich sollte zu Ricaud gehen und ihm klarmachen, daß er verschwinden müsse.«

»So war das also. Und Sie gingen dann zu ihm und verscheuchten ihn. Verschwand er stillschweigend?« Er grinste.

»Es war nicht ganz so«, sagte ich. Ich nahm mir eine seiner teuren Virginiazigaretten und zündete sie mir an. »Als ich hinkam, fand ich diese Esmeralda im Park mit einer Pistole in der Tasche. Ich sprach mit ihr, und sie erzählte mir, daß sie auf Ricaud schießen würde, sobald sie genug Mut dazu hätte. Sie wartete bloß darauf, betrunken mit einer Pistole in der Hand vor Ricaud zu stehen und abzudrücken.«

»Das kennt man«, sagte Pell. »Diese Mädchen reden oft so, aber sie tun es nie.«

Ich sagte nichts. Nach einer Weile fragte er: »Was geschah dann?«

»Sie wurde ohnmächtig. Ich packte sie in meinen Wagen und wartete auf Ricaud. Wir sprachen ein paar Worte miteinander. Er schien Mrs. Ivory nicht sehr gut leiden zu können und kam schnell dahinter, daß ich für sie arbeitete. Wir redeten über belangloses Zeug und waren ziemlich grob zueinander. Dann dachte ich, ich könnte ein bißchen Judo an ihm versuchen, nur um in der Übung zu bleiben.«

»Das hat ihm sicher nicht sehr gefallen. Ich habe zugesehen, wie Sie Lennet hier in dem Zimmer fertiggemacht haben. Wissen Sie, Sie sind großartig, O'Hara.«

»Es war gar nicht großartig. Für ihn war ich nicht gut genug. Ich bezog höllische Prügel. Er verstand mehr von der Sache als ich.«

Pell lachte schallend. »Das ist das Komischste, was ich je gehört habe. Er hat Sie also verprügelt.«

»Und wie!« sagte ich mißmutig. »Das waren Prügel. Auf jeden Fall dachte ich, ich müßte mich um Esmeralda kümmern. Ich glaubte, Mrs. Ivory damit einen Gefallen zu tun. Ich nahm an,

Mrs. Ivory würde sich dafür in der gewohnten Weise erkenntlich zeigen.«

»Verstand haben Sie ja, das muß man Ihnen lassen.«

»Ich weiß nicht. Auf jeden Fall fand ich die Adresse eines Arztes in Esmeraldas Handtasche. Darum brachte ich sie nach London und ging zu dem Arzt. Ein netter Mann namens Dr. Quinceley. Offenbar hatte er sie schon einmal behandelt, als sie zusammengeklappt war. Wir schafften sie in eine Klinik. Das war am Dienstag.«

»Sie waren nicht untätig. Ich glaube, Sie sind einer von den Burschen, die ihre linke Hand nicht wissen lassen, was ihre rechte tut«, fügte er gut gelaunt hinzu.

»Man kann auch zu klug sein. Das war ich diesmal, glaube ich. Sie erinnern sich, am Dienstag kam ich zu Ihnen und wollte Mrs. Ivorys Adresse haben. Aber Sie konnten sie mir nicht geben, weil Sie sie auch nicht hatten. Ich wollte ihr endlich vorführen, was für ein guter Mensch ich war.«

»Das stimmt. Das sind Sie«, sagte Pell und zog an seiner Zigarre. Er stieß den Rauch mit spitzen Lippen langsam wieder von sich und fragte: »Was taten Sie dann?«

»Ich wußte nicht, was ich tun sollte. Schließlich dachte ich, ich könnte was riskieren. Mrs. Ivory wollte mir am Montagabend tausend Pfund bezahlen, als ich sie fortschickte. Ich hatte mich geweigert, sie anzunehmen.«

»Das war dumm«, sagte Pell.

»Es war sehr dumm«, pflichtete ich ihm bei. »Aber jetzt brauche ich Geld. Sehen Sie, von Ihren tausend Pfund habe ich siebenhundertfünfzig für den Wagen ausgegeben, den ich mir gekauft habe.«

»Sie sind wirklich zu komisch«, sagte er. »Sie bekommen tausend Pfund und müssen siebenhundertfünfzig davon für einen Wagen ausgeben.«

»Ich wollte immer einen Wagen haben. Auf jeden Fall mußte ich Mrs. Ivory finden. Ich sah nur eine Möglichkeit dazu, ich mußte ihre Adresse von Ricaud bekommen. Ich konnte zu ihm gehen und ihm schöntun und auf irgendeine Weise die Adresse aus ihm herauslocken.«

Pell sagte nachdenklich: »Ich sehe. Und gingen Sie zu ihm?«

»Ja. Und das ist es, was mir Sorgen macht. Pell, ich hatte keine Ahnung davon, aber ich rannte in einen Haufen Schwierigkeiten.«

»Wieso?« fragte er.

»Als ich hinkam, stand die Seitentür zum Hause offen. Ich ging hinein und fand Ricaud im Wohnzimmer, wo ich mit ihm gesprochen hatte. Er lag auf dem Sofa und war tot. Er hatte Selbstmord begangen.«

Pell sagte: »Ich weiß, ich habe es in der Zeitung gelesen. Aber was macht Ihnen daran Sorgen?«

»Es ist nur eine Kleinigkeit. Ich war natürlich neugierig. Ich kniete bei ihm nieder und sah ihn mir an. Es lag auch ein Brief da. Er hatte einen Abschiedsbrief geschrieben, so schien es jedenfalls. Ich habe ihn nicht angefaßt. Ich dachte, es sei das beste, wenn ich mich aus dem Staube machte. Als ich ging, fiel mir aber etwas auf.«

»Was war das?« fragte Pell.

»Als ich vor dem Sofa kniete, bemerkte ich es noch nicht. Aber später stieß ich darauf. Während ich kniete, verbrannte mir die elektrische Heizung, die direkt hinter mir war, das Bein. Ich berührte den Heizkörper beinahe. Als ich fortging, merkte ich, daß der Heizkörper zu nahe an dem Sofa stand. Es kam mir der Gedanke, daß jemand es vorgeschoben hatte, nachdem Ricaud tot war. Und dann stieg mir der Verdacht auf, daß Ricaud vielleicht gar nicht Selbstmord begangen hatte. Es konnte ihn ja auch jemand getötet haben. Und es hat ihn jemand getötet. Ich weiß auch ziemlich genau, wer. Es war seine Frau – Esmeralda Ricaud.«

Pell überlegte. Er biß auf seine Zigarre. Ich konnte seine Zähne sehen. »Nun gut, aber ich verstehe immer noch nicht, was Ihnen dabei Sorge macht. Sie haben ihn doch nicht getötet?« fragte er gut gelaunt.

»Nein, ich habe ihn nicht getötet. Aber betrachten Sie meine Position. Ich bin Privatdetektiv. Ein ›Unabhängiger‹. Solange ich meine Finger sauberhalte, ist alles in Ordnung. Aber was passiert mir, wenn mich die Polizei mit einer undurchsichtigen Mordaffäre in Verbindung bringt? Alle Agenturen werden mich auf die schwarze Liste setzen. Verstehen Sie, was ich meine?«

»Das stimmt. Aber ich weiß immer noch nicht, worauf Sie hinauswollen.«

»Es ist folgendes: Als ich am Montag zu Ricaud hinausfuhr, wußte ich nicht, wo sein Haus war. Ich mußte jemand fragen. Ich erkundigte mich an einer Kaffeebude außerhalb Maidenheads, auf der Straße nach Henley. Es war eine Erfrischungshalle für Autofahrer. Dort sagte man mir, wo das Haus ›Zum Kreuzweg‹ war.

Wenn die Polizei Nachforschungen anstellt, wird sich der Mann in der Kaffeestube an mich erinnern, und wer wird mir glauben, wenn ich sage, daß ich am Dienstag dort hinging, nur um eine Adresse zu erfahren? Das klingt doch etwas unglaubwürdig. Oder nicht? Die Wahrheit klingt immer unglaubwürdig. Ich weiß, daß das alles noch nichts beweist, aber ich bin beunruhigt. Am Sonnabend ist die Verhandlung vor dem Untersuchungsrichter, und ich weiß nicht, was dieser verdammte Doktor tun wird.«

»Sie meinen diesen Quinceley, der Esmeralda in der Klinik unterbrachte?«

»Ja, den. Als ich mit ihm sprach, wollte er nicht mitspielen. Ich mußte ihm eine ziemliche Lügengeschichte auftischen, ehe ich ihn dazu brachte, mir zu helfen. Ich erzählte ihm von Esmeralda, daß sie am Montag in der Nacht da draußen mit einer Pistole herumgefuchtelt hatte und Ricaud umbringen wollte. Nun, das wußte Dr. Quinceley alles. Sie hat schon seit einiger Zeit derartige Geschichten überall erzählt. Er weiß auch, daß am Sonnabend die Verhandlung stattfinden wird. Er ist sich nicht ganz klar darüber, ob es nicht seine Pflicht als Arzt ist, vorher auszusagen, was er weiß. Aber wenn er was sagt, dann muß er auch von mir reden.«

»Nun ja«, sagte Pell. »Wenn eine Frau herumläuft und erzählt, daß sie ihren Mann umbringen will, so ist das noch kein Beweis, daß sie das auch getan hat. Und einen Mord muß man beweisen. Und wenn man das nicht direkt kann, dann zum mindesten durch schlüssige Indizien.«

»Das ist es ja gerade. Es gibt ein paar verdammt schlüssige Indizien. Wir brachten sie am Dienstagnachmittag in die Klinik. Um zehn Uhr abends war sie schon wieder verschwunden. Es ist bekannt, daß sie nach Maidenhead fuhr. Man könnte getrost allen Tee Chinas gegen ein schlechtes Ei wetten, daß sie Ricaud getötet hat. Wenn ich aussagen muß, was sie Montag nacht tat, und die Tatsache dazukommt, daß sie Dienstag aus der Klinik fortgelaufen ist und dort hinausfuhr, haben Sie alle Indizien, die Sie brauchen. Und noch einige Kleinigkeiten dazu, dann haben Sie fast einen direkten Beweis. Ich kenne die Geschichte und wüßte, was ich eigentlich tun sollte. Ich sollte selbst zur Polizei gehen.«

Pell rieb sich sein Kinn und sagte: »Jetzt sehe ich, worauf Sie hinauswollen. Sie glauben, daß der Doktor reden wird und die ganze Selbstmordtheorie dann platzt. Und dann, glauben Sie, wird die Polizei anfangen herumzuschnüffeln. Und Sie glauben, wenn sie erst einmal was sucht, wird sie auch etwas finden. Und zwar Sie. Sie glauben, daß man sehr grob mit Ihnen umgehen wird und Sie wegen dieses altmodischen Polizeigesetzes über die ›Zurückhaltung von Beweismitteln‹ usw. usw. hart anfassen wird.«

»Genau das ist es«, sagte ich und nahm mir noch eine Zigarette aus der silbernen Dose. »Ich weiß, beim Teufel, nicht, was ich tun soll. Wenn dieser Dr. Quinceley nicht wäre, würde ich den Mund halten. Aber wenn ich den Mund halte und Quinceley redet, bin ich übel dran. Ich will aber nicht reden, ehe ich nicht unbedingt muß. Es ist mir verdammt egal, wer wen oder warum umgebracht hat. Ich denke an mich dabei.«

»Glauben Sie wirklich, daß dieser Doktor reden wird? Warum gehen Sie nicht noch einmal zu ihm und versuchen es ihm auszureden?«

»Das habe ich ja getan. Aber mir gefällt die Geschichte nicht. Ich vermute, daß er am Sonnabend zu der Vernehmung geht und sich ansieht, wie die Dinge laufen. Meiner Ansicht nach wird er es dann mit der Angst bekommen. Er kann dann jeden Moment losplappern. Sie wissen ja, wie die Ärzte sind. Und selbst wenn er bis Sonnabend wartet, ehe er spricht, wird der Untersuchungsrichter die Verhandlung vertagen und die Polizei wird sich an die Arbeit machen. Und im nächsten Moment bin ich Kronzeuge. Und in dieser Rolle würde ich mich nicht gerne sehen. Sie würde mir nicht sehr gut zu Gesicht stehen.«

»Nein«, sagte Pell, »wahrscheinlich nicht.«

Es entstand eine Pause. Dann sagte ich: »Dieser Mord ist eine seltsame Geschichte, Pell. Ich habe so eine Ahnung, daß nach Esmeralda noch jemand dort war. Ich meine, nachdem sie fort war und ehe ich kam. Ich halte jede Wette, daß das Sofa, auf dem Ricaud lag, nicht von vornherein so dicht bei der elektrischen Heizung stand. Es war noch jemand draußen gewesen. Jemand, der das Sofa verschoben hat.«

»Ich möchte gerne wissen, was die Polizei dazu sagen würde. Ihre Aussage hängt den Mord zu neunundneunzig Prozent Mrs. Ricaud an. Und mir scheint, sie ist es auch gewesen. Das restliche eine Prozent wirft einen Zweifel auf und bringt jemand anders unter Verdacht, jemanden, der die Spuren verwischt hat. Es wäre vielleicht ganz gut, von dem Sofa nichts zu sagen. Lassen Sie die Polizei das selbst herausfinden, wenn Sie können.«

»Ich wollte, ich könnte«, sagte ich. »Aber ich habe noch eine Dummheit gemacht.«

Er zog die Augenbrauen hoch. »Was denn jetzt noch? Was haben Sie denn sonst noch getan?«

»Ich weiß nicht, was mich dazu veranlaßt hat«, sagte ich, »aber ich schob das Sofa an seinen ursprünglichen Platz zurück. Dort, wo ich es am Montag gesehen hatte. Es ist mir selbst unerklärlich. Ich wünschte, ich wüßte, warum ich das getan habe.«

»Das ist verständlich genug«, sagte Pell. »Ich kann es mir erklären. Zuerst glaubten Sie, daß es Selbstmord war. Dann, als Sie dachten, es sei ein Mord, waren Sie nicht ganz sicher, ob der Verdacht nicht auf Sie fallen könnte. Ich habe das aus der Art, wie Sie redeten, herausgehört. Wenn Sie nachgedacht hätten, wäre Ihnen klargeworden, daß das sehr dumm war. Aber Sie dachten nicht nach. Unter solchen Umständen denkt man gewöhnlich nicht, oder wenn doch, dann zu schnell.«

»Vielleicht haben Sie recht. Aber ich bin in einer Klemme. Was würden Sie an meiner Stelle tun?«

Er zuckte die Achseln. »Ich weiß es nicht. Ich stecke nicht in Ihrer Haut. Darum kann ich es Ihnen nicht sagen. Wichtig ist, was Sie denken, das Sie tun sollten. Sie müssen sich zwischen zwei Dingen entscheiden. Wenn Sie die ganze Wahrheit über diese Angelegenheit sagen, wird Ihnen das als Privatdetektiv nicht sehr gut bekommen. Ich meine, daß, wie Sie selbst schon gesagt haben, die Agenturen Sie auf ihre schwarze Liste setzen werden. Auf der anderen Seite, wenn Sie nichts unternehmen und der Doktor redet, werden Sie große Scherereien mit der Polizei haben. Sie müssen sich entscheiden. Bedauerlich, daß dieser Doktor darin steckt.«

»Ja«, sagte ich. Ich dachte einen Moment nach. »Vielleicht sollte ich noch einmal mit ihm reden. Vielleicht bringe ich ihn dazu, daß er den Mund hält. Jedenfalls lohnt es sich, das zu versuchen.«

»Sie müssen sich aber beeilen, wenn Sie das tun wollen, oder nicht?«

»Ich muß morgen früh mit ihm sprechen. Ich muß mich für das eine oder andere entscheiden.« Ich goß mir noch etwas zu trinken ein, und dann fuhr ich fort: »Es ist komisch. Seit ich als Detektiv arbeite, ist es mir immer gelungen, meine Finger sauberzuhalten.

Ich habe ganz gut verdient, und ich habe gute Arbeit geleistet. Und das hier ist ein Fall, den ich nicht einmal haben wollte. Ich habe deswegen sogar das Geld abgelehnt. Und dann muß ich aus purer Neugierde meine Nase doch hineinstecken. Und nun sehen Sie, in was für eine Lage er mich gebracht hat.«

»Ja, so geht es einem«, sagte Pell. Er machte ein ernstes Gesicht. Ich konnte ihm ansehen, daß er angestrengt nachdachte. »Nun, Sie müssen selber sehen, wie Sie damit weiterkommen, O'Hara. Ich hoffe, daß für Sie selbst alles in Ordnung kommt.«

»Es ist nett von Ihnen, daß Sie mich angehört haben«, sagte ich. »Ich habe mir viele Sorgen deswegen gemacht. Es hat mir gutgetan, darüber zu reden. Morgen früh werde ich mit diesem Doktor sprechen. Ich werde mich entschließen, wenn ich weiß, was er tun wird.«

»Nun gut, ich wünsche Ihnen Glück. Wollen Sie noch was trinken?«

Ich trank noch ein Glas. Ich erzählte ihm, daß ich meine Wohnung aufgegeben hatte und im Malinson-Hotel wohnte. Dann ging ich. Während ich die Treppe hinunter und die Straße entlang zu meinem Wagen ging, überdachte ich das Gespräch noch einmal. Ich brauchte nicht unzufrieden mit mir zu sein. Ich hatte meine kleine Geschichte erzählt, ohne mir eine Blöße zu geben. Ich fand, ich hätte es ganz gut gemacht.

Ich ging zur Stadt zurück. Ich entschloß mich, bummeln zu gehen. Ich ging bummeln, weil ich mich langweilte, aber gleichzeitig beunruhigt und tief deprimiert war. Ich hatte da eine Sache ins Rollen gebracht, die ich nicht mehr anhalten konnte, selbst wenn ich gewollt hätte. Ich mußte sie weiterführen bis zu ihrem Ende.

Ich redete mir selbst ein, daß es eben eine jener unabänderlichen Geschichten sei, denen man im Leben ausgeliefert ist. Das tut man bekanntlich immer dann, wenn man versucht, sich selbst vorzutäuschen, daß es einem eigentlich egal sei, was passiert.

Ich begann bei den »Fröhlichen Neunzigern« in Bruton Street. Ich trank ein paar große Whisky-Sodas und riß mit den beiden Barmädchen, Terry und Dodo, Witze. Dodo meinte, ich sei blendender Laune, sie hielt mich für sehr witzig. Ich selbst fand mich nicht witziger als einen Pfarrer bei einer Leichenfeier. Den Whisky spürte ich überhaupt nicht.

Dann schlenderte ich eine Weile umher. Die meiste Zeit dachte ich in Variationen über mein Hauptthema nach, eine Tätigkeit, die meine Laune in keiner Weise verbesserte. Ich ging in noch ein oder zwei Lokale, die ich kannte, und trank noch mehr Whisky, ohne die geringste Freude daran zu haben.

Es war gegen elf Uhr, als ich zu »Griselda« kam. Griselda ist natürlich eine Bar, aber eine von den besseren. Sie unterscheidet sich von den meisten anderen insofern, als man sich dort bemüht, auch Luft in die Räume zu bringen, und die ein oder zwei Nummern, die sie gegen Viertel nach elf vorführen, gut sind. Ich hatte für Griselda einmal einen Auftrag erledigt, wie sie glaubte, sehr gut erledigt, und seitdem war sie immer besonders nett zu mir.

Ich setzte mich an einen Tisch, aß eine Kleinigkeit und trank noch mehr Whisky. Nach einer Weile wurde die Beleuchtung gedämpft, und die Kapelle begann ein sehr rhythmisches Stück zu spielen. Ein Mädchen mit einem süßen und verführerischen Gesicht, einem Kleid, das ihr auf den Körper geklebt zu sein schien, einem Fahrgestell, das eher für Tempo als für Sicherheit konstruiert war, und einer Stimme, von der man zum Glück nichts hörte, wenn man ihre Beine sah, kam auf die Tanzfläche und begann zu singen. Als sie fertig war, bekam sie von allen Seiten Applaus, aber sie merkte wohl nicht, daß der Applaus keineswegs ihrer Singerei galt. Sie hätte ihn auch bekommen, wenn sie überhaupt keine Stimme gehabt hätte. Mit ihren Beinen brauchte sie keine Stimme.

Sie sang noch ein Lied zu einem dicken älteren Herrn hin, der an einem Tisch am Rand der Tanzfläche saß. Es hieß: »Was mir zum Glück noch fehlt.« Als sie mit der ersten Strophe fertig war, bestellte Opa Champagner und machte seelenvolle Augen. Vielleicht dachte er an seine Jugend oder an seine Frau, oder was weiß ich.

Ich stand auf und ging. Es war eine schöne Nacht, und ich hatte genug vom Whisky und genug vom Bummeln. Ich ging zum Hotel zurück.

Es war fast Mitternacht, und ich war müde. Alles in allem genommen hatte ich seit Montag eine ganze Menge getan, dachte ich, als ich in mein Zimmer hinaufging. Ich zog mich aus und ging unter die Dusche. In diesem Moment begann das Telefon in meinem Zimmer zu klingeln. Ich hüllte mich in das Badetuch und nahm den Hörer ab.

Es war der Nachtportier. Er sagte: »Hier unten im Büro ist ein

Herr, Mr. O'Hara, der Sie unbedingt sprechen will. Es ist Detektivinspektor Gale von Scotland Yard. Er sagte, es sei sehr dringend.«

Na endlich, dachte ich. Jetzt fängt der Spaß an.

»Ich bade gerade. Bitten Sie ihn, in der Halle zehn Minuten zu warten. Ich rufe an, wenn er heraufkommen kann.«

Er sagte: »Jawohl, Mr. O'Hara.«

Dann ging ich ins Badezimmer zurück und brauste zu Ende. Ich zog mich an, zündete mir eine Zigarette an und telefonierte dem Portier.

Über Polizeibeamte wird unsagbar viel Unsinn geredet. Erst seit einigen Jahren bekommt das Publikum eine ungefähre Ahnung von dem, was sie tun und wie sie tatsächlich sind.

Meistens denken die Leute, daß sie entweder alle Neuauflagen von Sherlock Holmes sind und alles wissen oder aber, daß sie so dumm sind, daß es beinahe quietscht. In einem Haufen Detektiv-Romane werden die Polizeibeamten so dämlich geschildert, daß man sich eigentlich nur wundert, warum sie nicht längst für unmündig erklärt und ins Irrenhaus gebracht worden sind. Das geschieht, um irgendeinen anderen Typ in der Geschichte nur um so leuchtender herauszustellen.

Im großen und ganzen sind die Polizeibeamten, besonders die von der Kriminalpolizei und ganz besonders die vom Zentralbüro in Scotland Yard, sehr intelligente Männer und haben ihre Spezialität. Sie besteht darin, daß sie das Leben kennen und gewohnt sind, mit Menschen jeder Art und jeden Herkommens zu sprechen. Und ich weiß, was ich sage, wenn ich behaupte, daß sie das Leben kennen. Neun Zehntel der Bevölkerung jeder großen Stadt wissen überhaupt nichts über das zehnte Zehntel und wären sehr überrascht, wenn sie etwas darüber erführen.

Aber einen erfahrenen Detektiv kann, ebenso wie einen erfahrenen Kriminalreporter, nichts mehr überraschen. Er weiß, wo er sich umsehen muß. Er weiß, wo er eine bestimmte Sorte Leute findet. Er kennt all die seltsamen Dinge, die in einer Stadt vorgehen, Dinge, die niemals in den Nachrichtenspalten der Zeitungen erscheinen und dort niemals erscheinen werden, ganz gleichgültig, wer die Zeitungen veröffentlicht. Das Leben ist nun einmal so.

Die Hälfte aller Verbrechen, die begangen werden, geschehen nicht aus den Gründen, die die anständigen Leute annehmen. Sie sind auf gewisse Grundtatsachen zurückzuführen, die den Geist und die Lebensbedingungen gewisser Menschen aller Gesellschaftsschichten beherrschen.

Wenn ein Detektiv von einem raffinierten Verbrechen hört, dann macht er sich nicht selber vor, daß die Burschen es begangen haben, nur weil sie im Savoy Austern essen und Champagner trinken wollten oder weil es ihnen Spaß macht, in die Schweiz zu reisen. Er weiß genau, daß es gewöhnlich begangen wurde, weil die Burschen, die es ausführten, aus irgendeinem Grunde schnell Geld brauchten. Der Grund ist in neunundneunzig von hundert Fällen ein Unterrock bzw. die hübschen Formen, die in dem Unterrock drin stecken und die gern Dinge haben wollen, die Geld kosten. Wollte man über den Eingang zum Scotland Yard je eine Inschrift setzen, so wüßten die Männer, die dort arbeiten, genau, wie sie heißen sollte. Nur drei Worte: »Cherchez la femme«. Und diese drei Worte bedeuten in allen Sprachen dasselbe, einschließlich chinesisch.

Darum ist ein erfolgreicher Detektiv immer ein Mann, der eine ganze Menge über Frauen weiß und Frauen mag. Er ist ein Mann, der mit Frauen reden kann und so reden kann, als meinte er es ehrlich. Er ist ein Mann, der einem Mädchen vormachen kann, daß ihr Freund, den die Polizei verdächtigt, hinter einer anderen her ist.

Der Detektivinspektor war ein schlanker Mann mit Hornbrille, glatt rasiert und mit intelligentem und liebenswürdigem Gesichtsausdruck. Er trug einen gutgeschnittenen, zweireihigen blauen Anzug mit feinen weißen Streifen.

Ich bot ihm etwas zu trinken an, und er sagte »ja«. Das verriet mir eine ganze Menge. Polizeibeamte trinken gewöhnlich nicht, wenn sie im Dienst sind. Tun sie es doch, dann nur, weil sie hoffen, daß man sich ihnen gegenüber dann unbefangener fühlt.

Mir sagte es in diesem Fall, daß Inspektor Gale mir auf den Zahn fühlen und mich aushorchen wollte. Es sagte mir, daß wir eine freundliche und ungezwungene Unterhaltung haben würden, in der ich meine Pflicht als Bürger tun würde, indem ich der Polizei half. Und in Wirklichkeit würde Gale dasitzen und wie ein Schießhund aufpassen, ob ich mich verriete. Und es sagte mir noch mehr, nämlich, daß zwischen Scotland Yard und dem Polizeichef von Berkshire ein Telefongespräch stattgefunden hatte. In diesem Gespräch hatte Scotland Yard dem Polizeichef etwas mitgeteilt, was dem Amt während der letzten drei oder vier Stunden von jemandem gemeldet worden war. Der Polizeichef war etwas überrascht gewesen, aber da er ein kluger Mann war, hatte er sofort um die Unterstützung des Zentralbüros gebeten. Das bedeutete, daß einem Chefdetektivinspektor der Fall Ricaud übertragen wurde. Der Chefdetektivinspektor hatte ganz schnell ein bißchen über dieses und jenes nachgedacht und war zu dem Ergebnis gekommen, daß Detektivinspektor Gale der richtige Mann für den Fall sei, denn Gale war ein freundlicher und liebenswürdiger Mann, der so angenehm aussah, daß er niemanden beunruhigen oder gar ängstigen würde. Der Chefdetektivinspektor wußte, daß Gale keine Fehler machen würde und daß er ein Gedächtnis wie ein Stenogrammblock hatte und daß das, was man ihm sagte, fast Wort für Wort in seinem Gedächtnis haftenbleiben würde.

Ich schaltete die elektrische Heizung ein, und er trank einen Schluck von seinem Whisky-Soda. Dann fing er an.

»Mr. O'Hara, Sie haben wahrscheinlich in der Zeitung die Nachricht vom Tod eines gewissen Alexis Ricaud gelesen, in einem Hause, das ›Zum Kreuzweg‹ heißt und bei Maidenhead liegt?«

Ich sagte »ja«, und er fuhr fort.

»Wir glauben, daß hinter der Sache mehr steckt, als es den Anschein hat, und wir glauben, daß Sie uns helfen können. Natürlich müssen wir alles, was damit im Zusammenhang steht, überprüfen, selbst wenn wir von vornherein wissen, daß sich bei manchen Dingen nichts ergeben wird. Ich weiß, daß Sie das verstehen.«

Ich sagte »ja« und trank von meinem Whisky.

»Die Berkshire-Polizei hat uns gebeten, ein paar Nachforschungen für sie anzustellen«, fuhr er mit angenehmer Stimme fort. »Dabei haben wir unter anderem festgestellt, daß Sie Montag abend in Maidenhead nach dem Weg zum Haus ›Zum Kreuzweg‹ fragten. Sie fragten in einer Kaffeebude außerhalb Maidenheads. Der Mann, der uns das sagte, erinnert sich genau an Sie.«

Ich nickte. »Wieso erinnert er sich an meinen Namen? Ich habe ihm den nicht gesagt«, antwortete ich lächelnd.

Er sagte: »Richtig.« Und wenn man es genau überlegt, war es eine ausgezeichnete Antwort. Es war die einzige Antwort, die er darauf geben konnte.

Er fuhr fort: »Tatsächlich – ich will meine Karten vor Ihnen offen auf den Tisch legen, Mr. O'Hara – besteht Anlaß zu dem Verdacht, daß dieser Ricaud nicht Selbstmord begangen hat, sondern daß er ermordet wurde. Natürlich wissen Sie genau, daß bei der Untersuchung eines Mordfalles jeder Bürger, der irgend etwas weiß, das der Polizei helfen könnte, gesetzlich zur Aussage verpflichtet ist. Aber bitte glauben Sie nicht, daß wir uns Ihnen gegenüber darauf berufen wollen. (Ich dachte: O nein, beim Teufel, das würdet ihr nie tun.) Ich bin zu Ihnen gekommen, weil ich dachte, daß Sie uns freiwillig etwas mitteilen könnten, das, wie gering es auch sei, für uns von Nutzen wäre.«

»Ich weiß nicht«, sagte ich. »Das hängt davon ab, in welche Richtung Ihre Nachforschungen gehen. Wenn ich das wüßte, wäre es mir wahrscheinlich möglich, Ihnen etwas zu sagen.«

Er sagte: »Richtig.«

Es fiel mir auf, daß er immer dann »richtig« sagte, wenn er schnell über etwas nachdenken wollte. Es war ein hübsches Wort und gab ihm zwei bis drei Sekunden Zeit.

Er fuhr fort: »Es besteht die Möglichkeit, daß Ricaud ermordet wurde. Wir müssen in dieser Richtung nachforschen, nicht weil wir unbedingt daran glauben, sondern weil wir darauf hingewiesen wurden. Übrigens, waren Sie Montag abend am ›Kreuzweg‹?«

Ich nickte. »Ja«, sagte ich, stand auf und begann im Zimmer auf und ab zu gehen. Ihm zu Liebe machte ich ein beunruhigtes Gesicht. Dann sagte ich: »Wollen Sie nicht noch etwas trinken?«

»Ja, bitte«, antwortete er. »Ich trinke nicht viel, aber um diese Tageszeit ist es ganz angenehm, und Ihr Whisky ist gut.«

Ich füllte unsere Gläser. Dann begann ich mit meinem Glas in der Hand wieder auf und ab zu gehen. Nach einer Weile sagte ich: »Das Beste, was ich tun kann, Mr. Gale, ist, Ihnen das zu erzählen, was ich weiß. Für Sie kann sich vielleicht daraus etwas ergeben. Im übrigen ist es mir ganz angenehm, daß Sie zu mir gekommen sind. Ich war mir nicht ganz schlüssig darüber, ob ich selbst nicht schon vorher nach Scotland Yard hätte kommen sollen.«

Er sagte: »Richtig.« Und dann: »Warum taten Sie es nicht? Wenn diese Frage nicht unhöflich ist.«

»Der Grund ist ganz verständlich. Ich wollte nicht eine Sache in Gang bringen, die einem Dritten gegenüber unfair gewesen wäre.«

Darauf sagte er nicht mehr als: »Natürlich«, und trank wieder einen Schluck. Und dann nach einer Weile: »Würde es Ihnen helfen, wenn ich mir aufschreibe, was Sie sagen? Ich kann stenografieren, und es würde also nicht lange dauern. Es könnte vielleicht helfen.«

»Nein, das würde es nicht«, sagte ich.

»Sie glauben nicht?« fragte er. »Wahrscheinlich haben Sie einen Grund dafür, daß Sie das nicht wollen.«

»Den habe ich. Ich werde Ihnen erzählen, was ich weiß. Geradeheraus, ohne viel darüber nachzudenken. Und ich weiß, daß ich auch, nachdem ich mit Ihnen gesprochen habe, früher oder später eine förmliche Erklärung zu Protokoll geben muß. Ich möchte diese Erklärung selbst zu Papier bringen, wenn es soweit ist, verstehen Sie? Ich glaube, das ist besser.«

»Natürlich«, sagte er. Ich sah ihm an, daß er zufrieden war. Er glaubte, er hätte mich da, wo er wollte.

»Ich fuhr Montag abend zum ›Kreuzweg‹, um Ricaud zu sehen«, sagte ich. »Ich wollte im Auftrage eines Klienten mit ihm sprechen. Über diesen Auftrag möchte ich nicht gerne reden, wenn Sie nichts dagegen haben. Als ich hinauskam, antwortete niemand, als ich vorn am Haus klingelte. Darum ging ich hinten herum.«

Ich schwieg und trank meinen Whisky aus. Dann sagte ich: »Nebenbei bemerkt, als die Berkshire-Polizei nach der Meldung des Selbstmordes zu dem Haus fuhr und der Wagen kam, um Ricauds Leiche zu holen, benutzten sie da die vordere oder die hintere Einfahrt?«

»Die vordere«, sagte er. »Das hintere Tor ist heute morgen verschlossen worden. Nach der ersten Meldung hat niemand mehr den Weg betreten. Warum?«

»Weil Sie wohl den Kiesweg hinten noch fotografieren wollen«, sagte ich. »Darum werden Sie auch nicht haben wollen, daß jemand darauf herumläuft, verstehen Sie?«

Er sagte: »Ich verstehe.« Er war sehr interessiert. Er nahm aus einem ledernen Zigarettenetui eine Zigarette und zündete sie an.

»Ich kam durch die hintere Einfahrt. Das Tor war nicht verschlossen«, fuhr ich fort. »Ich ging durch den Park und stieß auf eine Frau. Ich weiß jetzt, daß sie Ricauds Frau, Esmeralda Ricaud, ist. Sie war betrunken. Ich möchte glauben, daß sie eine Menge Whisky in sich hatte. Und sie sah mir danach aus, als ob sie Rauschgift genommen hätte. Als sie ihre Tasche ins Gras fallen ließ, hob ich sie auf und fühlte dabei, daß eine Pistole darin war. Ich war nicht der Ansicht, daß sie in einem Zustand war, in dem man sie mit einer Pistole herumlaufen lassen sollte.«

»Wem sagen Sie das«, antwortete er. Er hörte gespannt zu. Er mußte denken, daß alles viel leichter war, als er erwartet hatte. Er konnte mich schon im Zeugenstand sehen, als Kronzeuge der Anklage in dem Mordprozeß gegen Esmeralda Ricaud. Er mußte sehr zufrieden sein. Und warum sollte er nicht. Der Beruf eines Polizisten ist, Mörder zu verhaften. Und er sah sich selbst schon dabei, einen Mörder zu verhaften, sehr bald, wie er hoffte.

Er drückte seine Zigarette aus. Ich bat ihn, sich noch etwas zu trinken einzugießen, aber er dankte und sagte, er würde statt dessen noch eine Zigarette rauchen.

Ich fuhr fort: »Ich hielt mich für verpflichtet, sie wegzuschaffen. Ich hielt sie für ein bißchen gefährlich« – er lächelte zu dieser Übertreibung –, »um so mehr, als sie ihren Gatten nicht mehr mochte und sagte, sie würde ihn töten. Ich glaube, sie hat das sehr oft gesagt. Und nach dem, was ich von ihm weiß, hatte sie ganz recht damit. Diesen Ricaud hätte schon längst jemand kaltmachen sollen.«

Er nickte. Er war zu geduldig und zu gut geschult, um mir zu sagen, ich solle bei der Sache bleiben und meine Randbemerkungen lassen.

»Ich packte sie in meinen Wagen. Das war nicht schwer, weil sie ohnmächtig geworden war. Dann fuhr ich sie nach London und brachte sie für die Nacht bei Freunden von mir unter. Am nächsten Tag brachte ich sie in eine Klinik.«

Er unterbrach mich. »Mr. O'Hara, als sie im ›Kreuzweg‹ waren, haben Sie Ricaud gesehen und mit ihm gesprochen?«

Darauf fuhr ich hoch. Ich beabsichtigte, die Unterhaltung so zu führen, wie es mir gefiel, und nicht, wie es ihm paßte. Ich sagte: »Hören Sie zu. Ich habe Ihnen schon gesagt, daß mir klar ist, daß ich über die Angelegenheit eine Erklärung zu Protokoll geben muß. Wenn und wann ich das tue, rechne ich damit, ins Kreuzverhör genommen zu werden. Wahrscheinlich vor Gericht, aber nicht hier. Darum seien Sie so nett und lassen Sie jetzt die Fragen.«

Er lächelte entschuldigend.

»Als sie in der Klinik war, glaubte ich, es sei alles in Ordnung«, fuhr ich fort. »Ich hatte nebenbei reichlich genug von ihr. Ich habe nie dafür geschwärmt, den Pfleger für Heroinsüchtige zu spielen. Ehe ich sie in die Klinik brachte, sprach ich mit einem Arzt, einem Dr. Quinceley, der sie schon früher behandelt hat. Sie kennen ihn, er hat Ihnen von mir erzählt, nicht wahr?«

»Ist das wichtig?« fragte er. »Dieser Punkt ist wirklich bedeutungslos.«

»Für mich nicht«, sagte ich. »Entweder Sie beantworten diese Frage, oder ich sage nichts weiter. Ich habe Anspruch auf etwas Rücksichtnahme. Ich erspare Ihnen schließlich eine Menge Arbeit.« Ich gab mir Mühe, meiner Stimme einen mürrischen Ton zu geben.

»Nun«, sagte er, »tatsächlich war es nicht Dr. Quinceley. Es ist das erste, was ich von ihm höre.«

Aber er sagte mir nicht, wer es gewesen war. Und er würde es gesagt haben, wenn er es gekonnt hätte, nur um freundlich und offen und ehrlich zu scheinen. Er *konnte* es also nicht sagen, und ich wußte, warum. Darum ließ ich den Punkt fallen. Ich hatte herausgefunden, was ich wissen wollte.

Ich zündete eine Zigarette an und fuhr fort: »Am Dienstagabend fuhr ich nochmals zum ›Kreuzweg‹, weil ich Ricaud sprechen wollte. Warum ich ihn sprechen wollte, ist gegenwärtig nicht wichtig. Ich werde auf diesen Punkt zurückkommen, wenn ich meine schriftliche Erklärung abgebe. Und in jedem Fall ist es im Moment ohne Bedeutung.«

»Nun gut«, sagte er, »fahren Sie fort. Bleiben Sie bei der Hauptsache, es ist sehr interessant.«

»Und ob«, sagte ich. »Als ich nach Maidenhead herauskam, es war schon ziemlich spät, kam ich durch das hintere Tor wie am Abend vorher. Ich fand die Seitentür in der Nähe der Garage offen und ging ins Haus. Ich kam ins Wohnzimmer und fand Ricaud auf dem Sofa vor der elektrischen Heizung liegen. Zuerst dachte ich, er schliefe, bis ich näher hinsah. Dann erkannte ich, daß er Selbstmord begangen hatte.«

»Selbstmord? Glauben Sie das wirklich?« fragte er.

»Zuerst glaubte ich es«, sagte ich. »Und Sie und jeder andere hätten es auch getan. Jeder wäre überzeugt gewesen, daß es Selbstmord war. Da war die Pistole, die Pulververbrennung um die Einschußwunde, der Abschiedsbrief, und Sie können mir glauben, daß Ricaud ihn geschrieben hat. Ich kenne seine Handschrift und kann es beschwören. Alles deutete auf Selbstmord. Ich kniete bei ihm nieder und sah ihn mir genau an. Das war meine Ansicht von dem Fall.«

Er sagte nachdenklich: »Er hat also den Abschiedsbrief geschrieben?«

»Natürlich hat er das«, sagte ich. »Aber es war nicht alles, was er schreiben wollte. Es war nur die erste Seite. Er wollte noch mehr schreiben. Der Brief sieht nur so aus, als ob er fertiggeschrieben wäre, aber er ist es nicht.«

Er pfiff leise vor sich hin. Er hatte den Wortlaut des Briefes wahrscheinlich von der Berkshire-Polizei erfahren und verstand, was ich meinte.

»Ich war überzeugt, daß es Selbstmord war«, sagte ich, »und hielt es für das beste, mich davonzumachen, solange ich unbehelligt davonkam. Ich hatte in diesem Moment keine Lust dazu, in die Untersuchung eines Selbstmords verwickelt zu werden.«

»Nein«, sagte er mit einem Lächeln. »Zu diesem besonderen Zeitpunkt hätte Ihnen das kaum gepaßt.«

»Was meinen Sie damit?« fragte ich.

»Ich meine damit, daß Sie nicht zu Ricaud gegangen sind, um sich nach seiner Gesundheit zu erkundigen. Sie wollten ihn wegen etwas anderem sprechen. Etwas, das offensichtlich mit Ihrem Klienten in Verbindung steht. Darum waren Sie nicht scharf darauf, in eine Verhandlung des Untersuchungsrichters verwickelt zu werden. Das ist verständlich. Aber gut, erzählen Sie weiter.«

Das ist ein Punkt für Gale, dachte ich. Detektivinspektor Gale war auf der Höhe, und er wollte, daß ich das wüßte. Ich sollte wissen, daß er durchschaut hatte, daß ich im Auftrag eines Klienten, über den ich nicht sprechen wollte, bei Ricaud gewesen war.

Er deutete mir an, daß, vorausgesetzt, er würde von der Hauptgeschichte alles erfahren, was er wissen wollte, niemand Fragen über Dinge stellen würde, die man für unwesentlich hielt, solange ich nicht von mir aus darüber sprechen wollte. Gale war kein Narr.

»Ich war auf dem Wege aus dem Haus, als ich mich an etwas erinnerte. Ich erinnerte mich daran, daß die elektrische Heizung mir das Bein verbrannte, als ich neben dem Feuer vor Ricaud niedergekniet war, um ihn mir genau anzusehen. Es wurde mir klar, daß das Sofa zu dicht bei der Heizung stand. Dann kam mir der Gedanke, daß jemand das Sofa an die Heizung herangeschoben hatte, um den medizinischen Befund zu verwirren.«

»Um die Leichenstarre zu verzögern«, nickte er. »Aber ich verstehe das mit dem Sofa nicht. Die Berkshire-Polizei hat kein Wort davon gesagt, daß das Sofa von seinem normalen Platz verschoben war.«

»Nein«, sagte ich, »das konnte sie auch nicht, denn ich habe es auf seinen richtigen Platz zurückgeschoben.«

»Warum haben Sie das getan?« fragte er.

»Zunächst, um mich davon zu überzeugen, daß es wirklich verschoben worden war. Als es dort stand, wohin ich es geschoben hatte, sah ich, daß es der richtige Platz war. Ich machte mir nicht die Mühe, es wieder vorzuziehen, denn jetzt bekam ich es mit der Angst. Aber mit verdammter Angst.«

Er zog an seiner Zigarette und beobachtete mich. Er dachte konzentriert nach und fragte: »Wovor hatten Sie denn Angst?«

Ich zuckte die Achseln. »Ich mochte das Ganze nicht. Mir sah es so aus, als ob jemand das Sofa verschoben hätte, um einen Selbstmord vorzutäuschen. Das gefiel mir nicht. Und ich wollte nicht in eine Mordgeschichte verwickelt werden. Das ist verständlich. Oder nicht?«

Er nickte. »Was taten Sie dann, O'Hara?«

»Ich ging fort, so rasch wie möglich. Ich lief zu meinem Wagen, den ich hinten auf der Straße stehengelassen hatte. Ich hielt nur einmal an, um zu telefonieren.«

»Mit wem?« fragte er. Es lag eine gewisse Entschiedenheit in seiner Stimme.

Ich zögerte einen Moment. »Ach, zum Teufel«, sagte ich und zuckte die Achseln. »Sie werden es doch herauskriegen. Wenn ich es Ihnen nicht sage, tut es Quinceley. Ich rief die Klinik an.«

»Um zu erfahren, ob Mrs. Ricaud noch dort war?« forschte er.

Ich nickte.

»Und war sie das?« fragte er.

Ich schüttelte den Kopf. »Sie war kurz nach zehn verschwunden. Sie war aus der Klinik davongelaufen. Man wußte nicht, wohin.«

»Und Sie glauben, sie fuhr zum ›Kreuzweg‹?« fragte er.

»Ich weiß es nicht«, sagte ich. Ich nahm mir eine Zigarette, ich brauchte sie. Dann goß ich mir noch etwas zu trinken ein.

»Ich habe nicht gefragt, was Sie über Mrs. Ricauds Handlungen wissen. Ich fragte, ob Sie denken, daß sie zum ›Kreuzweg‹ gefahren ist, nachdem sie die Klinik verlassen hatte.«

Ich zuckte die Achseln.

Er sagte eine Weile nichts. Er nahm eine Zigarette aus seinem Etui und zündete sie an. Er nahm sich viel Zeit dazu. Er dachte nach. Er dachte darüber nach, ob es geraten sei, mich gleich hier und jetzt zu bearbeiten; zu versuchen, die Lücke, die ich in meiner Geschichte gelassen hatte, zu füllen; zu versuchen, die Gründe herauszufinden, warum ich im »Kreuzweg« gewesen war, was ich für einen Auftrag hatte, und all die anderen Dinge, die er wissen wollte. Oder ob es besser sei, zuerst mit Dr. Quinceley zu reden, seine Geschichte zu hören und erst dann wieder mit mir anzufangen. Darüber dachte er nach. Schließlich sagte er: »Mister O'Hara, ich bin Ihnen für die Informationen, die Sie mir gegeben haben, sehr verbunden. Sie werden von großem Nutzen für uns sein, weil wir, wie ich Ihnen schon gesagt habe, die Angelegenheit unter einem sehr ernsten Gesichtspunkt untersuchen müssen, insbesondere jetzt, nachdem ich Ihren Bericht gehört habe. Da ist eine Sache, die Sie mir vielleicht noch sagen könnten und die von größter Bedeutung für uns wäre. Ich hoffe, Sie werden Ihr Bestes tun und mir diese Mitteilung noch machen.«

»Und das wäre?« fragte ich.

»Wo ist Mrs. Ricaud?«

»Ich weiß es nicht«, antwortete ich.

Es entstand ein Schweigen. Ein bedeutungsvolles Schweigen.

Er betrachtete das brennende Ende seiner Zigarette und dachte eine Weile nach.

»Mr. O'Hara«, fragte er dann. »Sie sagten, Sie fanden Mrs. Ricaud am Montagabend im Park mit einer Pistole. War sie geladen?«

»Ich weiß es nicht. Ich habe nicht nachgesehen.«

Es entstand wieder eine Pause. Dann sagte er: »Sie sagten, daß Sie sie nach London gebracht und für eine Nacht bei Freunden untergebracht haben, daß Sie sie am nächsten Tag in eine Klinik gebracht und ihren Arzt, Dr. Quinceley, veranlaßt hätten, nach ihr zu sehen. Hat sie Ihnen seine Adresse gegeben?«

»Nein, ich fand seine Visitenkarte in ihrer Handtasche, nachdem sie ohnmächtig geworden war.«

»Haben Sie einen besonderen Grund für das Interesse, das Sie an Mrs. Ricaud haben? Als Sie am Montag zum ›Kreuzweg‹ fuhren, hatten Sie da erwartet, sie zu treffen?«

»Nein.«

»Natürlich nicht. Sie gingen mit einem anderen Auftrag dorthin, oder nicht?«

Darauf antwortete ich nicht.

»Warum brachten Sie Mrs. Ricaud nach London und für eine Nacht bei Freunden unter? Warum brachten Sie sie am nächsten Tag in die Klinik und sprachen mit ihrem Arzt über sie? Warum sorgten Sie dafür, daß er sie behandelte? Und dann, als Sie Dienstag nacht von Maidenhead zurückkamen, nachdem Sie Ricauds Leiche gefunden hatten, warum war das erste, das Sie taten, als Sie in London waren, die Klinik anzurufen und zu fragen, ob Mrs. Ricaud noch dort war? Warum haben Sie das alles getan?«

Ich lächelte. »Ich weiß es wirklich nicht«, sagte ich.

Er lächelte zurück. Er stand auf, öffnete sein Zigarettenetui und hielt es mir hin. Ich nahm eine Zigarette, zündete sie an und sagte danke. Er setzte sich wieder. »Ich weiß, daß Berufsrücksichten auch Privatdetektiven verbieten, über die Angelegenheiten ihrer Klienten mit irgend jemandem zu reden, aber . . .«

Ich unterbrach. »Wer hat Ihnen gesagt, daß ich Privatdetektiv bin?«

Damit hatte ich ihn. Aber nur für zwanzig Sekunden. Er lächelte und sagte: »Wir kennen alle Privatdetektive in London – das müssen wir – und es gibt nur einen O'Hara darunter.«

Ich mußte zugeben, daß er sich schnell gefangen hatte.

Er fuhr fort: »Ich wollte Sie fragen, ob Mrs. Ricaud Ihre Klientin war.«

»Nein, ich habe sie vor Montag abend nie gesehen.«

»Ah so. Und Sie wissen nicht, wo sie wohnt?«

»Nein«, sagte ich.

»Sie wissen auch nicht, wo sie sich augenblicklich aufhält?« fragte er.

»Nein.«

»Sie brachten sie Montag nacht von Maidenhead in Ihrem Wagen nach London zurück.«

»Wieso zurück? Ich brachte sie nach London«, sagte ich. »Ich habe mit keinem Wort angedeutet, daß sie von London nach Maidenhead gekommen ist.«

Er lächelte anerkennend. »Sie haben auf alles eine passende Antwort. Wenn ich je einen Privatdetektiv benötigen sollte, werde ich mich an Sie wenden.«

»Vielen Dank. Ich werde gern für Sie arbeiten, wenn der Auftrag mir zusagt.«

»Nun gut. Jedenfalls brachten Sie sie nach London, und ich nehme an, daß sie früher oder später aus ihrer Ohnmacht erwacht ist.«

Ich nickte.

»Und nachdem sie festgestellt hatte, daß sie von Ihnen in die Stadt gebracht worden war, hat sie nicht mit Ihnen gesprochen? Sie wollen doch nicht behaupten, daß sie widerspruchslos tat, was ihr geheißen wurde? Daß sie sich wie ein artiges kleines Mädchen benommen hat und in die Klinik ging? Daß sie Ihnen nicht einmal gesagt hat, wo sie wohnt?«

»Doch, das will ich behaupten.«

»Aber als Sie sie in die Klinik brachten, da brauchte sie doch Kleider, Nachtzeug und Toilettenzeug. Sie muß doch etwas mitgenommen haben. Wo sind die Sachen hergekommen?«

»An diese Dinge habe ich nicht gedacht. Vielleicht hat die Klinik jemanden geschickt, um die Sachen zu holen. Ich weiß nichts davon.«

»Wo ist die Klinik?« fragte er.

Ich sagte es ihm.

Er stand auf. »Nun, Mr. O'Hara«, sagte er. »Sie haben uns sehr geholfen, und ich bin Ihnen für Ihre Unterstützung sehr verbunden. Ich glaube, ich muß Ihnen sagen, daß die Berkshire-Polizei die Angelegenheit an Scotland Yard übergeben hat. Und Sie sollten auch wissen, daß infolge einiger Informationen, die wir erhalten haben, das Amt die Absicht hat, den Tod von Alexis Ricaud sehr genau zu untersuchen.«

»Natürlich, es wäre verrückt, wenn es nicht geschähe.«

Er warf mir einen schnellen Seitenblick zu. »Gleichfalls sollten Sie wissen, daß Sie als Zeuge vorgeladen werden, falls die Nachforschungen eine Verhaftung wegen Mordes notwendig machen. Ich nehme an, daß Sie nicht die Absicht haben, London in den nächsten Tagen zu verlassen.«

Ich verneinte.

Er nahm seinen Hut. »Ich werde meinem Vorgesetzten von dem Inhalt unseres Gesprächs Bericht erstatten, Mr. O'Hara. Und ich rechne damit, daß Sie bereit sind, Ihre Aussage von heute abend zu wiederholen.«

»Selbstverständlich«, sagte ich. Dann fügte ich lächelnd hinzu: »Unter Wahrung aller meiner Rechte.«

Er war überrascht. »Unter Wahrung welcher Rechte?« fragte er.

Ich lächelte wieder. »Mr. Gale, Sie und ich, wir haben uns unterhalten. Mehr nicht. Ich habe nicht unter Eid eine Aussage gemacht. Ich habe das getan, was meine Pflicht als Staatsbürger ist. Ich habe der Polizei über das, was ich weiß, Informationen gegeben. Diese Informationen haben Sie von mir bekommen. Ich habe sie Ihnen gegeben unter Wahrung meiner verfassungsmäßigen Rechte, diese Informationen zu berichtigen, zu erweitern und zu ergänzen, wenn ich meine Erklärung schriftlich zu Protokoll gebe.«

Das schien ihn etwas zu erschüttern, aber nur etwas.

Er sagte mit seiner angenehmen, ruhigen und freundlichen Stimme: »Mr. O'Hara, ich halte Sie für viel zu klug, um sich mit den Behörden zu überwerfen. Ich bin überzeugt, Sie wissen genau, daß Ihnen das nicht gut bekommen würde. Nicht in Ihrem Beruf. Es wäre mir lieb, wenn Sie mir eine Frage beantworten würden, und ich gebe zu, daß ich nicht berechtigt bin, diese Frage zu stellen. Es würde mir helfen, wenn Sie sie beantworten, und wenn Sie sie nicht beantworten, werde ich genau wissen, warum Sie es nicht getan haben.«

Ich lächelte wieder. »Sie haben mich also auf jeden Fall in der Hand. Langsam bekomme ich es mit der Angst. Wie lautet Ihre Frage?«

Er sah mich ernsthaft an. »Wenn meine Vorgesetzten es auf Grund meiner Ermittlungen in den nächsten vierundzwanzig Stunden für nötig halten würden, gegen Mrs. Ricaud Haftbefehl zu erlassen und Sie vorzuladen, zur Aussage vorzuladen, sind Sie der Ansicht, daß Ihre Aussagen Beweismittel für die Polizei sein werden?«

Ich bejahte.

Das befriedigte ihn. Er setzte seinen Hut auf, sagte »Gute Nacht« und ging.

Ich schloß die Tür hinter ihm, goß mir noch etwas zu trinken ein, rauchte zwei Zigaretten und ging ins Bett. Ich las noch zehn Minuten in der »Evening News«. Dann löschte ich das Licht.

Detektivinspektor Gale war ein erstklassiger Polizeibeamter, dachte ich noch. Dann schlief ich ein.

5

Um zehn Uhr stand ich auf. Ich klingelte nach meinem Frühstück, aß, zog mich an und wanderte in meinem Zimmer herum. Ich war ruhelos. Ich fühlte mich berechtigt, ruhelos zu sein.

Nach einer Weile wurde mir das Herumlaufen im Zimmer über, aber der Gedanke, unten in der bequemen Halle zu sitzen und Zeitungen und Zeitschriften zu lesen, reizte mich auch nicht. So ging ich aus dem Haus und schlenderte ziellos umher, über Leicester Square, Regent Street und Bond Street, ohne sonderlich darauf zu achten, was ich sah.

Nach einer Weile merkte ich, daß ich unwillkürlich nach dem West-Central-Bezirk gegangen war, wo sich meine Wohnung am Falsom Place befand. Ich hatte genug von dieser Wohnung, sie war mir über. Ich ertappte mich bei dem Gedanken, daß mir alles über war.

Aber ich faßte einen Entschluß. Wenn ich diese Angelegenheit hinter mir hatte, würde ich mich neu einrichten. Ich wollte mir eine neue Wohnung und ein neues Büro mieten. Auf eine seltsame Art hatte mir diese Ivory-Angelegenheit gutgetan. Was auch die Ursache war, meine Moral hatte sich gehoben. Das Formosagefühl war ich endlich losgeworden.

Ich ging in meine Wohnung und packte die zurückgelassenen Dinge zusammen. Dann ging ich zum Hausverwalter, bezahlte die schuldige Miete und ging wieder fort. Er versprach, meine Sachen ins Malinson-Hotel bringen zu lassen.

Dann ging ich in mein Büro. Es war Post da, ein paar Briefe. Jemand wollte, daß ich in einem Hotel in Nord-Devon verschwundenem Geld nachforschen sollte, und dann war eine Anfrage von einer Versicherung da. Und das gefiel mir. Ich wollte immer schon gern für Versicherungsgesellschaften arbeiten. Es ist ein gutes Geschäft. Wenn man gute Arbeit leistet, wird man auch gut von ihnen beschäftigt. Aber im Moment hatte ich keine Lust. Ich hätte es gegenwärtig sowieso nicht übernehmen können. Ich setzte mich an die Maschine und schrieb der Gesellschaft einen entsprechenden Brief. Dann sah ich mich in dem Büro um und fand, daß es mir weniger denn je gefiel. Ich durchsuchte die Schubladen meines Schreibtisches. Es war nicht sehr viel drin, alte Büroklammern, kleine Stücke Siegellack und was man sonst so aufhebt. Nur in der untersten Schublade, in der ich sonst die Whiskyflasche aufhob, fand ich den Reiseprospekt. Den Prospekt mit dem Bild des Hotels in Torquay. Der Prospekt hatte sich in der Schublade festgeklemmt, darum zog ich die Schublade heraus und fand ganz hinten eine halbe Flasche Whisky, die ich total vergessen hatte. Das gefiel mir ausgezeichnet.

Ich öffnete die Flasche und trank einen Schluck. Dann lehnte ich mich im Sessel zurück und betrachtete den Prospekt. Das Hotel sah sehr hübsch aus. Nicht zu groß, mit einem Garten, der sich an der einen Seite des Hauses entlang zum Strand hinunter erstreckte. Es war ein weitläufiges, altmodisches Haus, das zum Hotel umgebaut worden war. Es hatte eine freundliche und friedliche Atmosphäre. Auf dem Bild lag es in vollem Sonnenschein, und man konnte das Meer sehen. Rechts auf dem Bild war ein Musiktempel mit einem spielenden Orchester. Ich steckte den Prospekt in die Tasche. Vielleicht glückte es mir eines Tages doch noch, zu diesem Hotel zu fahren. Ich schrieb einen Brief an den Hausverwalter und kündigte mein Büro zum Ende des Quartals. Ich schrieb, daß ich Ende nächster Woche vorbeikommen und die Miete bezahlen würde. Als ich damit fertig war, schloß ich das Büro ab, verließ das Haus, warf die Briefe in den Kasten und ging zum Mittagessen ins Malinson-Hotel zurück. Ich war gerade mit dem Essen fertig, als ein Page kam und mir sagte, daß ich am Telefon verlangt würde.

Ich ging in die Telefonzelle in der Halle. Jemand fragte mich, wer ich sei. Ich sagte meinen Namen, und darauf sagte man, dort sei das Büro der Rechtsanwälte Selby, Rourkes und Selby, und ob ich bitte einen Moment am Apparat bleiben wollte. Ich sagte »Ja«, und dann meldete sich eine andere Stimme. Es war eine wohlklingende, frische Stimme. Sie sagte: »Guten Tag, Mr. O'Hara, ich hoffe, ich störe Sie nicht beim Essen, aber es ist eine dringende Angelegenheit.«

Ich sagte »Ja« und wartete.

Die Stimme fuhr fort: »Ich bin Mr. Selby. Wir sind die Rechtsanwälte von Mrs. Leonora Ivory. Ich glaube, Sie kennen die Dame.«

Ich bestätigte ihm das.

»Zu meinem Bedauern muß ich Ihnen mitteilen«, sagte er, »daß sich heute morgen eine sehr traurige Lage ergeben hat. Ich möchte am Telefon nicht mit Ihnen darüber reden, aber ich möchte Ihnen wenigstens andeuten, worum es sich handelt. Die Polizei scheint zu glauben, daß eine Freundin von Mrs. Ivory, eine Mrs. Esmeralda Ricaud, die Ehefrau eines Mannes, der vor drei Tagen starb, in irgendeiner Weise in eine Mordaffäre verwickelt ist.«

»Wirklich? Das war der Selbstmord Ricauds. Die Polizei hält es also für Mord.«

»Ja, Mr. O'Hara. Ich würde sehr gern mit Ihnen darüber reden. Ich möchte sogar sagen, daß es sehr wichtig ist, daß ich mit Ihnen darüber rede. Ich brauche Sie nicht darauf hinzuweisen, daß wir Ihre Zeit, die bestimmt sehr wertvoll ist, nicht umsonst in Anspruch nehmen wollen.«

»Wann wollen Sie mich sprechen?«

»So bald wie möglich. Könnten Sie nicht gleich in mein Büro kommen? Die Adresse ist: Lincolns Inn Fields 129a.«

»Ich werde in zehn Minuten bei Ihnen sein, Mr. Selby.«

Ich holte den Wagen aus der Garage und fuhr nach Lincolns Inn Fields. Ich fand das Büro sehr bald. Es war das altmodische Büro eines Familienanwaltes.

Selby war eine angenehme Erscheinung. Er war um die sechzig, hatte weißes Haar und scharfe, durchdringende Augen. Er sah sehr gescheit aus. Er bat mich, in einem großen Ledersessel neben seinem Schreibtisch Platz zu nehmen, bot mir eine Zigarette an und sagte: »Mr. O'Hara, ich will weder Ihre noch meine Zeit mit langatmigen Erklärungen vergeuden und werde mich so kurz fassen, als ich kann. In knappen Worten ist die Situation folgende: Mrs. Ivory, deren Rechtsanwälte wir sind, hat uns beauftragt, ihre Freundin, Mrs. Esmeralda Ricaud, zu vertreten. Wie es scheint, steht Mrs. Ricaud gegenwärtig unter dem Verdacht, ihren Gatten vergangene Dienstag nacht ermordet zu haben. Wir haben nur sehr ungenaue Anweisungen von Mrs. Ivory erhalten. Tatsächlich hat sie uns über die ganze Angelegenheit nicht sehr viel sagen können. Es scheint, daß Mrs. Ricaud sehr krank ist und sich gegenwärtig in Mrs. Ivorys Haus in Wych Cross in Sussex aufhält. Die ganze Zeit über, seit sie dort in den frühen Morgenstunden des Mittwochs eintraf, war sie mehr oder minder bewußtlos, und ihr Arzt will nicht erlauben, daß sie vernommen wird. Er hält ihren Gesundheitszustand für sehr bedenklich. Die Polizei legt in der Angelegenheit vorbildliche Rücksicht an den Tag, aber es befindet sich ein Kriminalbeamter im Hause, für den Fall, daß sich Mrs. Ricaud genügend erholt, um einige Fragen beantworten zu können. Und natürlich wird er vorläufig dort bleiben. Verständlicherweise ist Mrs. Ivory über die Situation außerordentlich beunruhigt. Sie benachrichtigte uns vor einer Stunde, und wir werden uns mit diesem Fall die größte Mühe geben. Das werden Sie alles verstehen, Mr. O'Hara. Und sicher können Sie sich unsere Lage vorstellen.«

»Ja, sie kann nicht besonders gut sein. Sie tappen im dunklen.«

»Nicht gänzlich. Ich habe mich mit Chefdetektivinspektor Millin in Verbindung gesetzt, der die Untersuchung leitet, und er hat mich in entgegenkommender Weise über alles, was ich seiner Meinung nach wissen müßte, informiert. Unter anderem habe ich erfahren, daß Sie gestern abend gegenüber Detektivinspektor Gale, einem Beamten, der unter Chefdetektivinspektor Millin arbeitet, eine Art mündliche Erklärung abgegeben haben. Ich weiß natürlich nicht, was Sie ihm gesagt haben, aber Mrs. Ivory teilte mir mit, daß Ihnen bestimmte Tatsachen bekannt sind, die gewiß dazu beitragen können, die außerordentlich bedrängte Lage, in der sich Mrs. Ricaud gegenwärtig befindet, zu mildern. Ich war daher der Ansicht, es wäre gut, wenn ich mit Ihnen eine offene Aussprache hätte, um soviel wie möglich über diese unglückliche Angelegenheit zu erfahren. Selbstverständlich werde ich alles, was hier zwischen Ihnen und mir gesprochen wird, absolut vertraulich behandeln.«

»Selbstverständlich, Mr. Selby, fragen Sie bitte.«

»Mr. O'Hara, sind Sie nach sorgfältiger Prüfung der Ihnen bekannten Umstände der Ansicht, daß Mrs. Ricaud ihren Gatten getötet haben könnte?«

»Ja, das denke ich.«

»Glauben Sie, daß, wenn sie es tat, es vorsätzlich oder durch einen Unfall geschah?«

»Das weiß ich nicht, ich war nicht dabei«, antwortete ich.

»Aber Sie glauben, daß sie ihn getötet hat?«

»Ich kann es nicht beschwören. Dazu müßte ich wissen, daß sie das getan hat. Das bedeutet, ich hätte sehen müssen, wie sie es tat. Ich habe es aber nicht gesehen, darum kann ich die Frage nicht beantworten.«

»Dann denken Sie an andere Dinge, sagen wir an Indizien, die Sie veranlassen zu glauben, daß sie ihn getötet haben könnte?«

»Ja, es gibt eine ganze Menge Indizien, und die meisten sind für Mrs. Ricaud nicht gerade günstig.«

»Mr. O'Hara«, sagte er, »es wäre mir lieb, wenn Sie über diese Dinge offen mit mir sprechen würden.«

»Sicher«, sagte ich. »Ich habe nichts zu verbergen. Die Lage ist folgende: Montag abend kam Mrs. Ivory in mein Büro. Sie machte sich große Sorgen wegen Esmeralda Ricaud, weil sie augenscheinlich von Mrs. Ricauds Freunden oder sonst jemand gehört hatte, daß Mrs. Ricaud in einer sehr schlechten Verfassung war. Sie trank viel, und sie nahm Rauschgift.«

Er nickte. »Ich halte das für einen sehr wichtigen Punkt, fahren Sie bitte fort, Mr. O'Hara.«

»Wenn ich Mrs. Ivory richtig verstanden habe, mußte dieser Ricaud ein sehr übler Bursche sein. Ich habe Gründe anzunehmen, daß das, was Mrs. Ivory mir über ihn sagte, wahr ist. Ich glaube, er war von der übelsten Sorte, ein Erpresser, ein Sadist, ein Mann, der die meiste Zeit seines Lebens davon existiert hatte, daß er Frauen ausbeutete. Mrs. Ivory sagte mir, daß Ricaud ihrer begründeten Ansicht nach Esmeralda ihres Geldes wegen geheiratet hatte, daß er ihr das meiste abgenommen hatte, daß sie verzweifelt war. Mit anderen Worten, sie glaubte, daß Esmeralda sich in einem Zustand befand, in dem sie etwas sehr Dummes tun könnte.«

»Zum Beispiel Ricaud töten?« fragte er. »Hat Mrs. Ivory Ihnen das angedeutet?«

»Nein«, sagte ich, »das tat sie nicht. Es ist meine eigene Vermutung.«

»Ich verstehe, aber Sie kamen doch nicht grundlos zu dieser Vermutung. Sie hatten doch keinen triftigen Grund anzunehmen, daß Mrs. Ricaud daran dachte, ihren Gatten zu töten?«

»Nein. Als Mrs. Ivory zu mir kam, noch nicht. Aber wenige Stunden später.«

Er zog die Augenbrauen hoch und sah mich fragend an.

»Mrs. Ivorys Ansicht war«, fuhr ich fort, »daß ich zu Ricaud gehen und versuchen sollte, ihn zur Vernunft zu bringen. Sie glaubte, daß er verschwinden würde, wenn ich ihm sagte, es sei bekannt, daß er seiner Frau Rauschgift gäbe. Sie glaubte, ich könnte ihm damit Angst einjagen, und er würde sich davonmachen. Sie hielt das für die beste Lösung für alle Betroffenen. Ich fuhr zu seinem Haus und fand dort Esmeralda. Ich traf sie allein im Park. Sie war betrunken und stand, glaube ich, unter der Einwirkung von Rauschgift. In ihrer Handtasche hatte sie eine Pistole. Sie sagte mir, daß sie auf Ricaud warte und ihn töten wolle. Sie sagte mir, daß, immer wenn sie betrunken sei, sie ihn töten wolle.«

Diesen Punkt griff er auf. »Also nur, wenn sie betrunken war, hatte sie diese Absicht. Im normalen Zustand nicht?«

»Ich weiß es nicht. Ich habe sie nie im normalen Zustand gesehen.«

»Wollen Sie bitte fortfahren, Mr. O'Hara.«

»Am Dienstag brachte ich Mrs. Ricaud in eine Klinik. Ich hatte vorher ihren Arzt, einen Dr. Quinceley, gesprochen und ihm ihren Zustand geschildert. Dr. Quinceley hatte keine gute Meinung von Ricaud. Ich bin sicher, Dr. Quinceley ist überzeugt davon, daß Ricaud seiner Frau das Rauschgift verschafft hatte. Jedenfalls ging Esmeralda in die Klinik, und Dienstag abend besuchte Dr. Quinceley sie dort. Am selben Abend gegen zehn Uhr verschwand sie aus der Klinik. Sie ging in ihre Wohnung und trank dort etwas. Dann mietete sie sich einen Wagen und fuhr nach Maidenhead.«

»Sie sind dessen sicher?«

»Natürlich nicht, ich habe sie nicht dort gesehen.«

»Sie fuhren Dienstag nacht auch wieder dort hinaus?«

»Ja, und als ich hinkam, war Ricaud tot.«

»Mr. O'Hara, haben Sie Grund anzunehmen, daß Mrs. Ricaud Dienstag nacht dort gewesen war?«

Ich nickte. »Ich habe allen Grund dazu. Es gibt eindeutige Indizien, die das beweisen.«

»Würden Sie mir diese mitteilen?« fragte er.

Ich sagte: »Nein!«

»Haben Sie diese Indizien Detektivinspektor Gale mitgeteilt?«

»Nein«, sagte ich.

»Warum nicht?« fragte er.

»Ich nehme an, daß ich im Moment nicht daran dachte.«

»Ist es Ihre Absicht, der Polizei weitere Erklärungen abzugeben?« fragte er.

Ich nickte. »Ja, das werde ich wohl müssen.«

»Werden Sie in dieser Erklärung auf diese Indizien zu sprechen kommen, die beweisen, daß Mrs. Ricaud Dienstag nacht nach Maidenhead fuhr?«

»Ja«, sagte ich, »auch das werde ich tun müssen.«

»Warum können Sie dann mir nicht auch diese Indizien mitteilen?«

»Ich könnte es schon, aber ich werde es nicht tun.«

Das gefiel ihm nicht. Er schwieg eine Weile und sagte dann: »Nun gut, Mr. O'Hara, nehmen wir also einmal theoretisch an, um mit der Sache weiterzukommen, daß Mrs. Ricaud nach Maidenhead fuhr und ihren Gatten tötete. Glauben Sie, daß sie für ihre Handlungen verantwortlich war, als sie das tat?«

»Ich bin verdammt sicher, daß sie es nicht war. Ich glaube nicht, daß Esmeralda Ricaud, solange ich sie kenne, für irgendeine ihrer Handlungen verantwortlich ist. Ganz gewiß nicht Montag nacht. Meiner Meinung nach war sie betrunken und stand unter der Wirkung von Heroin. Am Dienstag, ehe sie in die Klinik ging, war sie sehr krank, physisch und psychisch. Solange sie in der Klinik war, erhielt sie keinerlei Droge oder andere berauschende Mittel. Sie sagte, sie wolle versuchen, ohne das auszukommen. Das mußte ihren Zustand verschlimmern. Ich weiß nicht, ob Sie wissen, was es für einen Süchtigen bedeutet, seine Drogen entbehren zu müssen. Aber es ist eine üble Sache. Leute, die an Drogen gewöhnt sind, müssen sie haben, oder sie schnappen über. In einem derartigen Zustand muß sie sich befunden haben, als sie die Klinik wieder verließ.« Er sagte: »Richtig. Wahrscheinlich wird sie alles versucht haben, vorher ihr Befinden zu verbessern, falls sie nach Maidenhead fuhr.«

»Das nehme ich auch an.«

»Als sie dort hinkam, muß sie sich also in einem Zustand befunden haben, in dem sie für ihre Handlungen verantwortlich war.«

»So wird es wohl gewesen sein. Vielleicht ist sie dort hingegangen, weil ... nun, dieser Ricaud mußte eine besondere Anziehungskraft für sie gehabt haben.«

»Eine Art Hypnose womöglich?« fragte er schnell.

»Nennen Sie es, wie Sie wollen, aber sie hatte wohl das Gefühl, daß sie dorthin mußte.«

»Sind Sie schon einmal auf den Gedanken gekommen, Mr. O'Hara, daß sie die Pistole möglicherweise zu ihrem Schutz bei sich trug?«

»Ja, auf den Gedanken bin ich schon gekommen.«

»Und«, fuhr er fort, »glauben Sie, daß sie die Pistole bei sich trug, weil sie dachte, Ricaud könnte sie angreifen?«

»Nein, das glaube ich nicht. Zu dieser Sorte gehörte Ricaud nicht. Er war ein Sadist, natürlich, aber im psychischen Sinne. Er verletzte sie seelisch hinreichend. Er brauchte sie nicht auch noch körperlich zu schlagen. In jedem Falle hat er durch Alkohol und Rauschgift erreicht, was er wollte, denn ich glaube, daß er sie zu beidem verleitet hat.«

»Ich verstehe, Mr. O'Hara, würden Sie mir bitte eine Beschreibung von Mrs. Ricaud geben? Würden Sie mir bitte sagen, was Sie ganz allgemein von ihr halten?«

»Ja, das kann ich tun. Ich halte sie für ein bedauernswertes Geschöpf. Ich glaube, sie war vollkommen wehrlos. Ehe sie Ricaud begegnete, ist sie sicher ein anständiges Mädchen gewesen, aber nachdem sie zwei oder drei Monate unter seinem Einfluß gestanden hat, war sie verloren. Ich nehme an, seine Technik war, daß er eine gutaussehende Frau, die etwas Geld hatte, in seine Gewalt zu bekommen versuchte, ihr das Geld abnahm, sie geistig und körperlich vernichtete und dann beiseite stieß, um sich eine andere zu suchen.«

»Glauben Sie, daß er eine andere gefunden hat, Mr. O'Hara?«

»Wie kann ich das wissen? Männer wie Ricaud sind immer auf der Jagd nach Frauen. Sie wollen immer ein paar auf einmal haben, wenn es ihnen gelingt, welche zu finden.«

Er dachte eine Weile nach und sagte dann: »Mr. O'Hara, ich will Ihnen sagen, was ich glaube. Es ist meine feste Überzeugung, daß, falls Mrs. Ricaud sich erholen und sie wegen Mordes an ihrem Gatten vor Gericht gestellt werden sollte, keine Jury sie wegen des Mordes verurteilen wird. Ich glaube, daß unter den gegebenen Umständen die Anklage auf Totschlag lauten wird, aber niemals Mord. Und ich glaube, daß, wenn das Gericht diese Geschichte erfährt – die Geschichte, die Sie mir eben angedeutet haben, es zweifelhaft ist, ob irgendein Richter dieses unglückliche Wesen zu mehr als einer sehr geringen Strafe verurteilen wird.«

»Damit könnten Sie recht haben.«

Er fuhr fort: »Ich bin froh, daß ich mit Ihnen gesprochen habe, weil Sie alles über Mrs. Ricaud wissen. Sie wissen, was ihr geschehen ist. Sie sind ein unvoreingenommener und guter Beobachter. Sie kennen ihre traurige Geschichte. Als Sie sie das erste Mal sahen, sahen Sie das schreckliche Ergebnis. Sie erkannten, daß diese Frau unter keinen Umständen für ihre Handlungen verantwortlich war. Ich bin überzeugt, Mr. O'Hara, daß Ihre Aussage Mrs. Ricaud vor jeder Strafe, die über das gesetzlich vorgeschriebene Mindestmaß hinausgeht, bewahren wird.«

»Ja, wenn ich diese Aussage machen sollte.«

Er fuhr in seinem Stuhl zurück. Darauf war er nicht gefaßt gewesen. »Was wollen Sie damit sagen – wenn Sie diese Aussage machen sollten?«

»Das sollten Sie wissen, Mr. Selby. Ich bin Zeuge für die Anklage. Natürlich kann ich von der Verteidigung ins Kreuzverhör genommen werden. Und im Kreuzverhör können sich alle möglichen Dinge ergeben, darunter auch dieses, vielleicht aber auch nicht.«

»Ich verstehe«, sagte er. Es entstand wieder eine Pause. Dann fuhr er fort: »Mr. O'Hara, ist es richtig, daß Sie nur eine Unterhaltung mit Detektivinspektor Gale hatten, daß Sie noch keine vollständige und verbindliche Aussage zu Protokoll gegeben haben?«

Ich nickte. »Das ist richtig, ich werde meine endgültige Aussage heute irgendwann machen. Ich habe das Bedürfnis, mich hinzusetzen und sie selbst niederzuschreiben, in meinen eigenen Worten und auf meine eigene Weise.« Ich lächelte ihn an. »Ich fühle mich immer wohler, wenn ich selbst vor der Maschine sitze und mit zwei Fingern tippe. Die Worte kommen mir dann leichter. Ich werde die Erklärung heute schreiben und der Polizei übergeben.«

Er lächelte. »Wissen Sie, Mr. O'Hara, nach dem, was Sie mir gesagt haben, sollten wir jetzt schon eine Abschrift Ihrer Erklärung haben. Ich halte Sie für einen Entlastungszeugen.«

»Es tut mir leid, ich fürchte, Sie täuschen sich. Das bin ich nicht.«

»Soso. Ich muß schon sagen, Mr. O'Hara, ich finde es etwas schwierig, Ihre Haltung zu begreifen.«

»Manchmal finde ich es selbst schwierig, meine Haltung zu begreifen«, sagte ich und lächelte.

»Es überrascht mich um so mehr, als Mrs. Ivory mir gesagt hat, daß sie sicher sei, wir würden bei Ihnen die größte Unterstützung finden.«

»Nun, es sieht so aus, als hätte Mrs. Ivory sich geirrt.«

»Ich fürchte, so ist es. Wollen Sie mir erlauben, einen Punkt zur Sprache zu bringen, der vielleicht nicht . . .«

»Aber bitte, sagen Sie immer, was Sie für richtig halten.«

»Haben Sie Bedenken wegen Ihres Honorars, Mr. O'Hara?« fragte er. »Möglicherweise sind Sie der Ansicht, daß Ihre finanzielle Vereinbarung mit unserer Klientin bisher ... ich meine zwischen Ihnen und Mrs. Ivory, das hat an und für sich nichts mit Mrs. Ricaud zu tun ... für Sie nicht ganz befriedigend war. Es könnte sein, daß Sie der Ansicht sind, unsere Klientin hätte sich bisher nicht besonders entgegenkommend gezeigt. Aber ich kann Ihnen versichern, daß Bedenken in diesem Punkt ungerechtfertigt wären. Mrs. Ivory ist sehr wohlhabend und sehr großzügig.«

Ich lächelte. »Das muß sehr angenehm für sie sein.«

»Ich wollte damit nur sagen, daß Sie sich über diesen Punkt keine Sorgen zu machen brauchen. Mrs. Ivory wird Sie für Ihre Dienste zweifellos mehr als großzügig honorieren.«

»Habe ich gesagt, daß ich mir darüber Sorgen mache?«

Er seufzte. Ich merkte ihm an, daß seine Gefühle für mich in steigendem Maße kühler wurden. Er konnte meine Haltung nicht verstehen. Ich wollte kein Geld, und ich wollte auch nicht soviel sagen, wie er gerne hören wollte. Ich hatte eine Menge Dinge erwähnt, die zugunsten Esmeraldas sprachen. Aber nicht genug. Er glaubte, daß ich ihn hinhielt, und er konnte nicht verstehen, warum. In seinem Kopf bildete sich immer stärker die Vorstellung, daß ich als gegnerischer Zeuge zu betrachten sei.

Selby tat mir verdammt leid. Er gab sich solche Mühe. Er tat für seine Klientin sein Bestes. Ich wußte, daß er sofort, nachdem ich gegangen war, Mrs. Ivory anrufen und ihr über die ganze Unterredung berichten würde. Sie würde sehr empört über mich sein. Sie würde denken, daß ihr erster Eindruck von mir doch richtig war, daß ich skrupellos wäre und mein eigenes Spiel spielte. Sie würde mich für einen perfekten Schuft halten.

Das heißt, wenn sie je in solchen Ausdrücken von anderen Leuten dachte. Aber falls sie es noch nicht getan hatte, war es höchste Zeit für sie, damit anzufangen, und dies war eine gute Gelegenheit.

»Mr. O'Hara«, sagte Selby, »lassen Sie mich noch einmal versuchen, den Kern der ganzen Angelegenheit zu umreißen. Ich glaube, daß Sie dieser armen, unglücklichen Frau, Mrs. Ricaud, sehr viel Elend und Unglück ersparen könnten. Ich glaube, daß, wenn Sie bereit wären, frei und offen mit mir zu sprechen, wenn Sie mir die ganze Wahrheit sagen, die Sie kennen – in anderen

Worten, wenn Sie bereit wären, mir genau und ausführlich zu sagen, was Sie beabsichtigen, der Polizei in Ihrer schriftlichen Erklärung über die Ereignisse, die zu dem unglücklichen Zwischenfall führten, mitzuteilen – über Mrs. Ricauds Geisteszustand, über Ihre Unterhaltung mit Ricaud, über seinen Charakter, wie Sie ihn kennengelernt haben –, dann glaube ich die Unterlagen in der Hand zu haben, die es mir ermöglichen, vor der Anklageerhebung der Staatsanwaltschaft klarzumachen, wie wir unsere Verteidigung zu führen beabsichtigen. Das wird zur Folge haben, daß die Staatsanwaltschaft aus eigenem Entschluß bereit ist, die Anklage zu mildern.«

Er hielt inne, um Luft zu holen. Ich fand, daß er eine ausgezeichnete Rede gehalten hatte.

»Ist es nicht Ihre Pflicht, das zu tun? Als anständiger und hilfsbereiter Mensch? Und wollen Sie es nicht doch tun, Mr. O'Hara?«

Ich sagte »nein« und stand auf. »Ich danke Ihnen für die Zigaretten, Mr. Selby, es tut mir leid, daß ich Ihnen nicht mehr Hilfe bieten kann.«

Er zuckte die Achseln. »Um es kurz zu machen, Mr. O'Hara, ich bin außerordentlich enttäuscht. Nach meinem Telefongespräch mit Mrs. Ivory dachte ich, daß wir hundertprozentig auf Ihre Unterstützung rechnen könnten. Sie wollen entschuldigen, daß ich noch einmal sage, daß ich Ihre Haltung nicht verstehe und sie nicht billige.«

»Nun, sie ist nun mal so. Haben Sie sonst noch etwas, Mr. Selby?«

Er sah vor sich auf seinen Schreibtisch. »Nein, sonst wäre wohl nichts mehr, Mr. O'Hara.« Der Ton seiner Stimme verriet mir deutlich, daß er mich für einen hochgradigen Schurken, einen Schuft und einen verdammten Lumpen hielt.

Ich sagte »Guten Tag« und ging.

Die Sonne war verschwunden, als ich auf die Straße trat. Es war ein grauer Septembernachmittag. Ich fand das Wetter abscheulich. Ich fuhr zum Malinson-Hotel zurück, ging in mein Zimmer, zog mich aus, legte mich aufs Bett und schlief ein.

Um sieben Uhr stand ich auf. Ich rief in der Halle an und bestellte mir einen doppelten Martini und die Abendzeitung. Als der Boy beides brachte, trank ich langsam den Martini und sah die Zeitung durch. Ich fand auf der ersten Seite, was ich suchte:

War es doch Mord?
Verhaftung in der Maidenhead-Tragödie erwartet.

Detektive von Scotland Yard, die den mysteriösen Tod von Alexis Ricaud untersuchen, glauben jetzt, daß er ermordet wurde. Ricaud war mit einer Pistole und mit einem Brief neben sich im Wohnzimmer seines Hauses »Zum Kreuzweg« bei Maidenhead erschossen aufgefunden worden. Die Leiche wurde am Mittwoch um drei Uhr von Mrs. Eliza Frampton, der Aufwartung, entdeckt. Die Polizei vermutet, daß er Dienstag abend nach zehn Uhr ermordet wurde. Die medizinischen Sachverständigen sind nicht in der Lage, den genauen Zeitpunkt seines Todes zu bestimmen, da das Eintreten der Leichenstarre durch eine dicht bei dem Toten stehende elektrische Heizung verzögert wurde. Chefdetektivinspektor Millin von Scotland Yard, der die Untersuchung leitet, ist jetzt im Besitz einiger Informationen, von denen man glaubt, daß sie zu einer baldigen Verhaftung führen werden.

Das war es also.

Detektivinspektor Gale hatte nicht viel Zeit verloren. Aber das hatte ich auch nicht erwartet. Nachdem er mich gestern abend gesehen hatte, hatte er rasch gehandelt. Er hatte Quinceley gesprochen, das Personal der Klinik und den Portier von Montacute Place. Dann hatten sie Esmeralda gefunden. Das konnte nicht schwierig gewesen sein. Sie hatten früh am Morgen einen Beamten nach Wych Cross geschickt, der Esmeralda verhören sollte. Aber das hatte der Arzt verhindert, und der Polizist war noch dort und wartete auf seine Gelegenheit.

Dann hatte Mrs. Ivory Selby angerufen. Ich hätte gern gewußt, was Selby Mrs. Ivory am Telefon alles gesagt hatte, nachdem ich ihn verlassen hatte. Aber ich konnte es mir genau vorstellen.

Ich duschte, rasierte mich und zog einen frisch gebügelten Anzug an. Als ich fertig angezogen war, betrachtete ich mich im Spiegel und fand, daß ich für die Gelegenheit passend angezogen sei. Der Gedanke an das, was ich heute abend vorhatte, erheiterte mich. Dann ging ich hinunter und aß zu Abend. Anschließend ging ich zu Joe Melander. Wir setzten uns in sein Wohnzimmer und tranken einen Whisky.

»Ich habe gelesen, daß die Polizei auf die Idee gekommen ist, daß der Selbstmord in Maidenhead ein Mord gewesen sein könnte.«

»Ja«, sagte ich. »Sind Sie neugierig?«

Er zuckte die Achseln. »Millie und ich haben darüber gesprochen. Wir erinnerten uns an Mrs. Ricaud.«

»Sie war seine Frau«, sagte ich.

Joe schwieg. Ich fuhr fort: »Hören Sie mal, Joe, wegen dieser Sache, diesem Selbstmord oder Mord an Ricaud oder was es immer war. Es könnte sein, daß die Polizei Ihnen ein paar Fragen stellen wird.«

»Ja«, sagte er. Es überraschte ihn nicht sehr. Es braucht mehr, um einen Mann wie Joe, der schon so lange eine Kneipe hat, zu überraschen.

»Es ist nur ein nebensächlicher Punkt, aber es könnte sein, daß sie etwas darüber wissen wollen.«

»Was ist es für ein Punkt?« fragte er.

»Sie erinnern sich, daß Ihre Frau Mrs. Ricaud half, sich fertigzumachen, kurz ehe wir sie zur Klinik brachten. Sie erinnern sich, daß sie dort in dem Stuhl saß und mich nach der Pistole fragte?«

»Ja, Millie und ich merkten, daß Sie sie ihr nicht geben wollten.«

»Erinnern Sie sich an das, was ich gesagt habe?«

»Sicher. Sie sagten, daß sie die Pistole in der Klinik nicht brauchen würde. Ungefähr so: daß man es in der Klinik nicht gern hätte, wenn auf das Personal geschossen würde. Sie wollten sie ihr nicht geben.«

»Sonst noch was?« fragte ich.

»Ja«, sagte er. »Sie wurde deswegen bockig. Sie sagte, wenn sie die Pistole nicht bekäme, dann würde sie nicht in die Klinik gehen. Sie wollte sie haben, um sie einem Freund zurückzugeben, der sie ihr geliehen hatte, oder so etwas.«

»So war es. Und was tat ich dann?«

»Sie gingen hinunter und holten die Pistole aus Ihrem Wagen.«

»Habe ich sie ihr gegeben, Joe?«

»Nein, nicht direkt gegeben. Sie nahmen ihre Handtasche von ihrem Schoß, öffneten sie und taten die Pistole hinein.«

»Haben Sie sich dabei etwas gedacht?«

Er dachte einen Moment nach. »Wenn Sie so fragen, ja. Millie auch. Wir haben nachher darüber gesprochen.« Er lächelte mich an. »Ich habe noch nie gesehen, daß Sie einen Entschluß geändert haben, den Sie einmal gefaßt haben. Wir haben uns gewundert, daß Sie ihr die Pistole doch gegeben haben, nachdem Sie vorher gesagt hatten, Sie würden es nicht tun. Millie hielt es bei dem Zustand, in dem sich Mrs. Ricaud befand, für gefährlich. Sie fürchtete, sie könnte sich was antun.«

»Was haben Sie dazu gesagt?«

»Ich sagte ihr, sie solle sich keine Sorgen machen, Sie wüßten immer, was Sie täten.«

»Wenn Sie wüßten, wie recht Sie haben«, sagte ich.

»Hören Sie mal, ich will nicht neugierig sein, aber um was geht es?«

»Nicht viel«, sagte ich. »Vielleicht kommt die Polizei gar nicht zu Ihnen. Aber wenn sie es tut, und Sie erzählen genau das, was sich abgespielt hat, dann ist alles in Ordnung.«

»Dann ist ja alles gut«, sagte Joe. »Wollen Sie noch einen trinken?«

Ich trank noch einen Whisky-Soda, und dann ging ich.

Ich schlenderte eine Weile umher und ging dann zu einer Telefonzelle im Untergrundbahnhof am Piccadilly Circus und rief Pells Wohnung an. Er antwortete selbst.

»Hören Sie, Pell«, sagte ich, »es tut mir leid, daß ich Ihnen lästigfalle, aber ich würde Sie gern noch mal sehen.«

»Natürlich. Haben Sie noch mehr Sorgen, O'Hara?«

»Nichts, womit ich nicht gerechnet hätte«, antwortete ich. »Die Polizei war wegen dieser Ricaud-Angelegenheit gestern abend bei mir.«

»Ich möchte wissen, wie die darauf gekommen sind.«

»Das ist offensichtlich. Dr. Quinceley, der Arzt, muß geplaudert haben. Ich dachte mir gleich, daß er nicht den Mund halten würde.«

»Ja, ich erinnere mich, daß Sie das gesagt haben. Nun, ich hoffe, Sie haben die Wahrheit erzählt. Das ist das einzige, was Sie tun konnten.«

»Ja, das habe ich – mehr oder minder. Aber es gefällt mir nicht. Ich hätte gerne noch einmal mit Ihnen darüber gesprochen.«

»Nun gut. Warum kommen Sie nicht zu mir? Aber erst etwas später, weil ich noch ausgehe. Ich habe eine Verabredung und komme erst nach elf zurück.«

»Das ist mir recht. Ich habe selbst noch etwas zu erledigen. Sagen wir halb zwölf?«

»Geht in Ordnung«, sagte er. »Ich erwarte Sie.«

Ich hängte ein. Ich ging zu meinem Büro. Es hatte angefangen zu regnen, einer dieser plötzlichen Schauer, wie sie im September mitunter überraschend auftreten. Es war dunkel, und die Laternen gaben nur trübes Licht.

Als ich in die Straße kam, in der mein Büro lag, blieb ich stehen und betrachtete den Widerschein der Lampen auf dem nassen Asphalt. Sie sieht aus wie ein Fluß, dachte ich. Dann fiel mir ein, daß ich Montag das gleiche gedacht hatte, als ich in mein Büro zurückging und noch nicht wußte, daß Mrs. Ivory dort auf mich wartete.

Ich stieg die staubige Treppe hinauf, ging über die Dielen des langen Korridors und lauschte auf den Widerhall meiner Schritte in dem leeren Haus. Ich war froh, daß ich nicht mehr oft hierherzukommen brauchte. Ich hatte das Loch satt. Über dem Büro, dem Haus, der ganzen Straße lag etwas Deprimierendes.

Ich trat in das Büro, ging in das innere Zimmer und machte Licht. Dann nahm ich einen Schluck aus der Whiskyflasche und setzte mich an die Schreibmaschine. In dem neuen Büro muß ich auch eine neue Schreibmaschine anschaffen, dachte ich, als ich den Bogen einlegte. Dann begann ich zu schreiben:

London, den 20. September

Ich, Caryl Wylde O'Hara, Privatdetektiv, gegenwärtige Wohnung: Malinson-Hotel, London, W.O.1, gebe nachstehende Erklärung zu Protokoll: Am Montagabend, dem 16. September, kehrte ich gegen elf Uhr in mein Büro zurück . . .

Ich setzte ab, weil ich glaubte, etwas gehört zu haben. Es war ein stiller Abend. Ich hatte recht, ich hatte etwas gehört. Und ich erkannte den Laut wieder. Ich hatte ihn Montag nacht gehört. Es war das Geräusch von Mrs. Ivorys hohen Absätzen auf den hölzernen Dielen des Korridors, als sie fortging. Aber diesmal näherten sich die Schritte. Ich lehnte mich in meinem Stuhl zurück, zog eine Zigarette aus der Tasche und zündete sie an. Ich hörte, wie sich die Außentür öffnete. Sie kam herein, blieb in der Türöffnung zum inneren Büro stehen und sah mich an.

Ich weiß nicht, ob es anderen Leuten auch so geht, daß der Anblick bestimmter Menschen sie an bestimmte Worte denken läßt. Aber jedesmal, wenn ich Mrs. Ivory sah, kam mir aus Gründen, die ich selbst nicht verstand, das Wort »Ekstase« in den Sinn.

Ich hielt es für ein schönes Wort, Ekstase. Daran mußte ich denken, als ich sie sah.

Sie trug ein graues Kleid aus weichem Wollstoff, mit einem kleinen Tupfen Farbe am Kragen. Darüber einen langen, grauen Manchestermantel, auf dem Kopf hatte sie eine graue Filzkappe mit einem Band. Sie sah bezaubernd aus.

Ich stand auf. »Guten Abend, Mrs. Ivory«, sagte ich und schob ihr den großen Sessel hin, »wollen Sie bitte Platz nehmen.«

»Ich habe nicht die Absicht, mich zu setzen«, sagte sie. Ihre Stimme klang fremd und kalt. Es lag ein Ton darin, den ich vorher noch nicht von ihr gehört hatte.

»Nun, ganz wie Sie wollen.« Ich lächelte sie immer noch an.

»Ich will Sie nicht lange aufhalten. Ich bin hierhergekommen, weil ich mir über alles, was geschieht, und über Esmeralda so schreckliche Sorgen mache, daß ich eine Aufklärung brauche. Ich ertrage es kaum noch. Ich bin hierhergekommen, weil ich Näheres über Ihre außergewöhnliche Haltung wissen muß.«

»Warum ist meine Haltung außergewöhnlich?« unterbrach ich.

»Als die Polizei heute morgen in mein Haus kam, um Esmeralda zu vernehmen, war ich aufs tiefste erschrocken. Es kam mir der Verdacht, daß Sie dafür verantwortlich sein müßten. Aber ich war nicht sicher. Ich konnte nicht glauben, daß Sie es wirklich waren. Aber jetzt bin ich bereit, alles zu glauben.«

Ich zog an meiner Zigarette. »Wirklich?« fragte ich. »Und warum?«

»Heute morgen, nachdem ich mit dem Detektiv gesprochen hatte, nachdem der Doktor erklärt hatte, daß er unter keinen Umständen erlauben könne, daß Esmeralda vernommen würde, und nachdem der Beamte mir angedeutet hatte, was die Polizei glaubte, rief ich meinen Rechtsanwalt Mr. Selby an. Ich bat ihn, sich mit Ihnen in Verbindung zu setzen. Ich sagte ihm, daß ich überzeugt sei, er könne alles über diese schreckliche Angelegenheit von Ihnen erfahren. Er rief Sie an, und dann kamen Sie zu ihm. Er sagte, daß Ihre Haltung unbefriedigend gewesen sei, daß Sie die Absicht hätten, der Polizei eine schriftliche Erklärung abzugeben, aber daß Sie ihm den Inhalt der Erklärung nicht mitteilen wollten. Er sagte, daß Sie seiner Meinung nach als Belastungszeuge zu betrachten seien.«

»Das ist ganz verständlich. An Selbys Stelle würde ich wahrscheinlich dasselbe denken.«

»Was haben Sie vor? Glauben Sie nicht, daß Esmeralda jede Hilfe braucht, die sie finden kann? Alles, was Sie tun, ist ungereimt und widerspruchsvoll und seltsam.«

»Aber glauben Sie das doch nicht, Mrs. Ivory.«

»So ist es aber«, fuhr sie fort. »Ich habe heute morgen mit Dr. Quinceley gesprochen. Er erzählte mir von der Mühe, die Sie sich machten, Esmeralda in die Klinik zu bringen. Ich glaubte, daß Sie sehr hilfsbereit seien. Ich hatte eine sehr gute Meinung von Ihnen, und« – sie zögerte einen Moment – »ich erinnerte mich an einiges, was Sie mir in Steynehurst gesagt hatten. Ich glaubte, daß Sie sich vor nichts scheuen würden, daß Sie alles tun würden, was Sie könnten. Nicht nur Esmeraldas, sondern auch meinetwegen. Ich dachte . . .«

Ich lächelte sie an: »Ich tue immer mein Bestes für meine Klienten.«

Sie sagte: »Wirklich? Und das soll ich Ihnen jetzt noch glauben?«

»Sie meinen, nach meinem Gespräch mit Selby. Nur weil ich nicht wie ein gehorsamer Schüler aufstand und meine Aufgabe heruntersagte, als es Selby gerade einfiel.« Ich warf meine Zigarette in den Kamin. »Was mich an Ihnen stört«, fuhr ich fort, »ist, daß Sie alles so tun, wie es Ihnen in den Sinn kommt. Und Sie werden ärgerlich, wenn Sie Leute treffen, die anderer Meinung sind als Sie. Als ich Mittwoch nacht bei Ihnen in Steynehurst war, sagte ich Ihnen, daß Sie mich anrufen sollten, wenn irgendwas geschähe. Das taten Sie nicht. Sie mußten doch Selby anrufen. Warum haben Sie nicht getan, was ich Ihnen gesagt habe?«

»Ich sehe nicht ein, warum ich das tun sollte, ganz besonders jetzt. Ich glaube nicht, daß ich Ihnen trauen kann. Mr. Selby traut Ihnen nicht, nicht nach der Unterredung heute nachmittag.«

»Na schön«, sagte ich. »Mr. Selby traut mir also nicht, und Sie trauen mir nicht. Und was weiter? Was soll ich jetzt tun, vielleicht ins Wasser springen?« Ich zündete mir eine neue Zigarette an. »Sagen Sie mir eins, was soll diese ganze Aufregung mit Selby? Was glaubt er denn, was er tun kann?«

»Das sollte Ihnen eigentlich ganz klar sein. Mr. Selby sagt, daß Esmeraldas Geschichte so erschütternd ist, daß er überzeugt davon ist, die Staatsanwaltschaft würde nur Anklage wegen Totschlags erheben, wenn ihr die wahren Hintergründe des Falles bekannt werden. Vielleicht ist sie gesetzlich gezwungen, Esmeralda unter Mordanklage zu stellen, aber der Fall würde so sehr gemildert, daß der Strafantrag sehr gering ausfallen würde und womöglich die Mindeststrafe nicht überschritte.«

»Das klingt durchaus einleuchtend.«

»Mr. Selby weist darauf hin, daß alles Weitere hauptsächlich von Ihnen abhängt. Ehe er den Fall dem Gericht unterbreiten kann, und das sollte sehr schnell geschehen, muß er den ganzen Inhalt Ihrer Aussage kennen, die Sie vor der Polizei abgeben wollen.«

»Das verstehe ich wohl. Aber ich werde sie ihm nicht geben.«

»Warum nicht?« fragte sie. Ihre Augen waren feindlich. Ich dachte, daß sie noch nie so bezaubernd ausgesehen hätte.

»Darüber kann ich im Moment nicht sprechen.«

Sie fragte mit leiser Stimme: »Warum nicht, Mr. O'Hara?«

»Auch darüber kann ich nicht sprechen.«

Sie machte eine Bewegung. »Man macht die schlimmsten Fehler. Als ich Sie Montag nacht hier sah, mißfielen Sie mir. Ich hielt Sie für skrupellos. Aber, wie ich Ihnen schon gesagt habe, dachte ich, daß ich jemanden brauchte, der skrupellos sei. Später änderte ich meine Meinung über Sie. Ich fing an« – sie lächelte verächtlich – »freundlicher von Ihnen zu denken, aber jetz weiß ich, daß ich zuerst recht hatte. Sie sind skrupellos.«

Ich lächelte, aber innerlich war ich sehr böse. Ich war müde und sehr erschöpft. Ich hatte seit Montag eine ganze Menge hinter mir, und ich war nicht in der Laune, mich zu streiten. Auf jeden Fall – im Augenblick konnte ich mich nicht streiten.

Ich sagte: »Nun gut. Das wissen Sie jetzt. Und nachdem Sie es sich von der Seele geredet haben, werden Sie mir vielleicht erlauben, daß ich mit meiner Arbeit fortfahre. Entschuldigen Sie bitte nochmals, daß wir keinen Fahrstuhl im Hause haben.«

Sie wurde weiß vor Zorn. Sie drehte sich um und verließ das Büro. Ich hörte, wie sich die äußere Tür hinter ihr schloß, ich hörte wieder ihre hohen Absätze auf den hölzernen Dielen des Korridors.

Ich wartete eine Minute, dann ging ich den Gang entlang ans Fenster und sah hinaus. Ich sah, wie sie in ihren Wagen stieg, wendete und davonfuhr.

Das war also auch erledigt.

Ich ging in mein Büro zurück und setzte mich wieder an die Schreibmaschine.

Es war Viertel vor zwölf, als ich zu Pells Wohnung kam. Ich läutete und wartete. In meiner Brusttasche fühlte ich den Umschlag mit dem dicken Packen zusammengefalteten Papiers, der Niederschrift meiner Erklärung. Ich war zufrieden mit dieser Erklärung. Es war eine hübsche Arbeit. Ich hoffte, daß sie Detektivinspektor Gale ebenso gefallen würde wie mir selbst.

Pell öffnete mir selbst die Tür. Er trug eine schwarze Samtjacke und rauchte eine Zigarre. Er sah selbstzufrieden aus.

»Kommen Sie herein«, sagte er und führte mich durch den Gang in sein Wohnzimmer. Er deutete auf einen großen Sessel, neben dem ein Tisch mit Zigarrenkisten und Zigarettendosen stand. Ich fühlte, daß Pell guter Laune war. Das Leben gefiel ihm, und er war durchaus bereit, großzügig mit mir zu sein – bis zu einem gewissen Punkt natürlich. Innerlich mußte ich über ihn lachen.

Er ging zum Eckschrank, holte Whisky, Gläser und einen Syphon heraus, mischte Getränke und setzte ein Glas auf den Tisch neben meinen Ellenbogen. Dann stellte er sich mit dem Rücken zum Kamin und stand dort groß und gewichtig und sah mich mit vergnügtem Lächeln an.

»Sie haben also immer noch Sorgen«, sagte er. »Um was geht es jetzt? Ich nehme an, es hat Ihnen nicht gefallen, daß die Polizei von der Sache Wind bekam, ehe Sie sich entschließen konnten, von sich aus hinzugehen und Ihre Geschichte zu erzählen. Ich halte das nicht für besonders wichtig. Irgendwann mußte es ja doch herauskommen.«

»Ja, das schon, das weiß ich. Allerdings, ich hatte nie die Absicht, zur Polizei zu gehen.«

Er zog die Augenbrauen hoch. »Nein?«

»Nein«, wiederholte ich. »Ich wußte, Sie würden mir die Mühe abnehmen und sie direkt auf meine Fährte setzen, nachdem ich Ihnen erzählt hatte, daß die Selbstmordtheorie unhaltbar geworden war und Ricaud ermordet worden ist.«

Er sah mich überrascht an. »Was, zum Teufel, soll das heißen? Was meinen Sie damit, wenn Sie sagen, daß ich sie auf Ihre Fährte setzte?«

Ich lächelte ihn an, ich konnte es mir leisten. Soweit ich betroffen war, war die Situation nur komisch. Es mußte belustigend werden, zu beobachten, wie er das, was er jetzt von mir zu hören bekam, hin und her drehen und zu entkräften versuchen würde.

»Natürlich waren Sie es. Sie mußten es ja tun. Sie mußte es, um sich selbst zu schützen. Nachdem ich Sie gestern verließ, fingen Sie an nachzudenken. Sie wußten genau, daß, wenn ich zur Polizei ging und ihr meine Theorie vortrug, wie Ricaud ermordet wurde, man von Ihnen eine Erklärung verlangen würde, warum Sie den Mord als Selbstmord zu tarnen versuchten. Sie glaubten sich selbst decken zu können, wenn Sie Scotland Yard anriefen. Ihren Namen nannten Sie dabei nicht. Sie sagten, es sei unwichtig, wer Sie seien, aber Sie wüßten, daß Ricaud ermordet worden sei, daß er nicht Selbstmord begangen habe. Sie legten der Polizei nahe, einen gewissen Mr. Caryl O'Hara im Malinson-Hotel zu verhören, der in der Lage sei, diese Theorie zu erhärten. Das haben Sie getan. Und Sie taten es deshalb, um nachher sagen zu können, es hätte Ihnen leid getan, daß Sie den Mord als Selbstmord tarnten, und Sie hätten es ja dadurch wiedergutgemacht, daß Sie der Polizei über das Telefon den Tip gegeben hätten.«

Pell sagte ruhig: »Sie müssen vollständig und komplett wahnsinnig geworden sein. Sie . . .«

»Quatsch«, sagte ich, »gleich werden Sie mir auch erzählen wollen, daß Sie Dienstag nicht in Maidenhead waren, daß Sie Ricaud nicht tot auf dem Sofa gefunden hätten, daß nicht Sie es waren, der den Selbstmord vorgetäuscht hat. Das können Sie sich alles sparen. Ich weiß, daß Sie draußen waren, nachdem Esmeralda fort war, und das weiß auch Gale, der Detektivinspektor, mit dem ich gestern abend gesprochen habe. Ich habe es ihm sogar gesagt. Wenn auch nicht in klaren Worten.«

Pell trank auf einen Zug seinen Whisky aus und steckte die Hände in die Taschen. Seine Augen glitzerten.

»Was heißt das? Sie sagten es ihm, wenn auch nicht in klaren Worten?«

»Ich riet ihm, die Reifenspuren auf dem Kiesweg hinter dem Hause zu fotografieren«, sagte ich und lächelte. »Diese Abdrücke erzählen teuflisch viel. Zuerst waren da die Spuren von Ricauds Wagen, die von der Straße zur Garage führten. Sie stammten vom Nachmittag, als Ricaud von London kam. Darüber waren die Spuren von Ricauds Wagen, mit dem Esmeralda aus der Garage und auf und davon fuhr, nachdem sie Ricaud getötet hatte. Und dann waren da die Spuren von Ihrem Wagen, die über allen anderen lagen. Man kann genau sehen, wo Sie den Wagen hinter dem Haus angehalten hatten und wie Sie, nachdem Sie nachher aus dem Haus kamen, den Wagen wendeten und zur Straße fuhren. Das rechte Hinterrad Ihres Wagens hat einen Reifen mit einem auffallenden Wabenprofil.«

Es entstand eine Pause, die mit Dynamit geladen war. Es dauerte eine ganze Weile. Pells Gesichtsausdruck änderte sich. Er verlor sein freundliches Aussehen und wurde ein bißchen verstört. Nicht sehr viel, nur ein bißchen.

Er lachte. Es war kein sehr überzeugendes Lachen, aber es war ein Lachen. Dann sagte er mit offener, herzlicher Stimme: »Sie und ich, wir sind ein paar verdammte Narren, O'Hara. Wir haben Versteck miteinander gespielt. Sie haben mir was vorgemacht, und ich glaube, ich habe mit Ihnen dasselbe getan. Es ist verdammt komisch.«

»Wirklich«, sagte ich, »es gibt jemanden, für den ist es gar nicht komisch.«

»Sie meinen Esmeralda, Ricaud?« Er zuckte die Achseln. »Sie hat ihn umgebracht«, fuhr er fort, »und dafür wird sie bezahlen müssen. Sie wissen, daß sie ihn getötet hat, und ich weiß es auch.«

Ich sagte nichts. Es entstand wieder ein langes Schweigen. Pell war ruhelos, ihm war unbehaglich. Er wünschte, ich sollte weiterreden, aber den Gefallen tat ich ihm nicht, sondern rauchte schweigend meine Zigarette.

»Natürlich war ich draußen«, sagte er schließlich. »Und, es hat keinen Zweck, darum herumzureden, als ich ihn dort liegen fand, tat Esmeralda mir verdammt leid. Wenn je ein Bursche den Tod verdient hat, dann war es Ricaud. Ich tat mein Bestes, um ihr zu helfen, und veränderte alles so, daß es wie ein Selbstmord aussah.«

»Sie waren wirklich verdammt froh, daß er tot war, nicht wahr?« fragte ich. »Es paßte Ihnen in Ihren Kram. Sie hatten nicht damit gerechnet, daß Esmeralda es Dienstag nacht tun würde, oder doch? Sie hatten gehofft, daß es Montag nacht geschehen würde. In der Nacht, als ich sie draußen fand und nach London brachte. Aber Sie fanden es sehr prächtig, daß Ihr alter Freund tot war und für immer den Mund halten würde.«

Er wartete eine Weile und öffnete dann den Mund, um zu sprechen. Ich unterbrach ihn. »Lassen Sie es sein, Pell. Ich weiß genau, wie alles war. Glauben Sie, ich hätte fünf Tage lang nichts getan?«

Ich drückte meine Zigarette aus und fuhr fort: »Jetzt werden Sie ja wohl Farbe bekennen müssen, Pell, da Sie wissen, daß ich und die Polizei wissen, daß Sie draußen waren, nachdem Esmeralda Ricaud getötet hatte. Sie werden zugeben müssen, daß Sie den Brief fanden. Die erste Seite des Briefes, den Ricaud geschrieben hatte, daß Sie ihn mit Ihrem Taschentuch vom Schreibtisch nahmen und auf den Teppich legten. Sie werden zugeben müssen, daß Sie aus dem Haus gingen und aus Ihrer Pistole einen Schuß abgaben, einem Colt vom gleichen Typ wie der, den Esmeralda benutzt hatte, daß Sie zurückkamen, Ihre Fingerabdrücke von der Pistole abwischten, sie Ricaud in die Hand drückten, damit seine Fingerabdrücke darauf kämen, und dann aus seiner Hand auf den Teppich gleiten ließen. Das werden Sie alles zugeben müssen. Aber Sie werden es gern zugeben.«

Er sagte beinahe wild: »Warum soll ich das alles gern zugeben?«

»Weil Sie schon eine hübsche kleine Geschichte bereit haben, um alles zu erklären. Es ist die Geschichte von einer alten Klientin von Ihnen, Mrs. Ivory, die am Montag fast krank vor Sorge um Esmeralda zu Ihnen gekommen war und Sie um Ihre Hilfe gebeten hat. Sie hätten sie zu mir geschickt, aber ich hätte die Sache nicht übernommen, darum seien Sie zu Ricaud gegangen und hätten ihn tot vorgefunden. Sie hätten gewußt, daß Esmeralda es getan hatte, weil Mrs. Ivory Ihnen erzählt hatte, Esmeralda habe damit gedroht.« Ich wartete eine Weile, aber er sagte nichts. Was hätte er auch sagen können?

»Da Sie nun ein netter, ritterlicher Mann seien«, fuhr ich fort, »der nicht ertragen kann, daß eine Frau in Bedrängnis gerät, hätten Sie den Mord als Selbstmord getarnt, um der armen Esmeralda, die so Furchtbares durchgemacht hatte, zu helfen. Und Sie taten es für Ihre Klientin, Mrs. Ivory. Es wäre eine sehr gute Geschichte«, sagte ich, »wenn ich nicht eine hätte, die verdammt viel besser ist und die zufällig der Wahrheit entspricht.«

Pell hatte seine Fassung wiedergefunden. Er dachte angestrengt nach. Sein Verstand lief auf höchsten Touren. Er mußte jetzt herausfinden, wieviel ich wußte.

Er lächelte mich an und sagte: »Ich habe Sie immer für ein bißchen verrückt gehalten, O'Hara. Jetzt bin ich sicher, daß Sie es sind. Aber Sie interessieren mich. Erzählen Sie mir Ihre Geschichte, die so verdammt viel beser ist, weil sie zufällig der Wahrheit entspricht.«

»Sie tarnten den Mord an Ricaud, um Mrs. Ivory für den Rest ihres Lebens erpressen zu können. Wenn ich nicht diesen sogenannten Selbstmord in einen Mord zurückverwandelt hätte, und ich war der Bursche, der das Gerede von einem Mord angefangen hat, hätte die Polizei Ricauds Tod als Selbstmord hingenommen. Und bald wäre alles vergessen gewesen. Aber zwei Leute hätten gewußt, daß es ein Mord war. Sie und Esmeralda. Nach einer Weile wären Sie dann zu Mrs. Ivory gegangen und hätten ihr gesagt, Sie wüßten, daß Esmeralda Ricaud erschossen hätte und daß Sie Geld haben wollten, wenn Sie ihren Mund halten sollten, und Mrs. Ivory hätte sie bezahlt, bis einer von Ihnen gestorben wäre. So war es. Und Sie sollen wissen, daß ich es weiß.«

»Sie sind wahnsinnig«, sagte Pell. »Sie können es nicht beweisen. Und Sie wissen genau, daß Sie es nie beweisen können.«

»Ich werde es nicht einmal versuchen«, sagte ich. »Es ist auch ganz überflüssig. Auf jeden Fall sind Sie in einer Klemme, aus der Sie nicht herauskommen.«

Ich saß in meinem Sessel und lächelte ihn an.

Das gefiel ihm nicht. Es machte ihn nervös. Er begann zu sprechen: »Also, hören Sie zu, O'Hara . . . nun hören Sie mal her . . .«

»Halten Sie den Mund«, sagte ich, »und setzen Sie sich. Es ist besser, Sie regen sich nicht auf, solange Sie es nicht brauchen.«

»Was, zum Teufel, wollen Sie eigentlich?« fragte er. Er versuchte forsch zu sein, den alten Pell zu zeigen. Er versuchte, seine Selbstbeherrschung wiederzugewinnen.

»Setzen Sie sich an Ihren Schreibtisch. Ich werde Ihnen jetzt erzählen, warum man Sie für den Mord an Ricaud hängen wird.«

Er öffnete den Mund, um zu sprechen. Ich winkte ihm ab. »Schon gut«, sagte ich, »ich weiß, daß Sie Ricaud nicht getötet haben, aber Sie werden trotzdem dafür hängen. Dafür habe ich gesorgt. Es ist alles nett und ordentlich eingefädelt und paßt prächtig zusammen. Sie werden für den Mord an Ricaud hängen, und das beste daran ist, daß Sie ihn gar nicht umgebracht haben. Wollen Sie sich nun hinsetzen und mir zuhören? Oder soll ich die Erklärung, die ich hier in der Tasche habe, wie Sie Ricaud ermordeten, Scotland Yard übergeben, ohne Ihnen zu sagen, warum Sie hängen werden? Was ist Ihnen lieber?«

Ich saß da und lächelte ihn kalt an. Ich war mit einemmal gar nicht mehr müde. Ich fühlte mich ausgezeichnet.

Er ließ sich in den Sessel hinter seinem Schreibtisch fallen. Beinahe ruhig sagte er: »Das ist mehr als eine Erpressung. Sie wollen nur versuchen, Geld aus mir herauszuquetschen, weil Sie zufällig dahintergekommen sind, daß ich den Mord vertuschen wollte. Deswegen bilden Sie sich ein, Sie hätten mich in Ihrer Gewalt. Aber Sie irren sich.« Er versuchte ein zynisches Lächeln. »Aber reden Sie ruhig weiter, ich bin neugierig, verdammt neugierig. Ich möchte zu gern wissen, worauf dieser Quatsch hinaus soll.«

»Das sollen Sie hören. Ich werde Ihnen zwei Darstellungen geben. Einmal, wie es wirklich geschah, und die andere, wie ich erzählen werde, daß es geschah. Und die zweite Geschichte wird Sie an den Galgen bringen, verstehen Sie? Und nun hören Sie sich die erste Geschichte an, die wahre.

Im Spätsommer vergangenen Jahres kam Mrs. Ivory zu Ihnen und beauftragte Sie, nach New York zu fahren, um den Ablauf ihres Scheidungsprozesses gegen Ricaud zu überwachen. Sie beauftragte Sie damit, weil sie Ricaud nicht traute. Sie wußte, was er für ein Schuft war. Sie nahmen fünfzehnhundert Pfund von ihr und fuhren ab. In Amerika setzten Sie sich mit Ricaud zusammen und heckten einen hübschen kleinen Plan aus. Sie sollten den Rechtsanwälten von Mrs. Ivory mitteilen, Mrs. Ricaud wünschte die Scheidung nicht mehr. Sie sollten die Klage zurückziehen. Dann besorgten Sie oder Ricaud ein Urteilsformular, füllten es aus, verschafften sich irgendwie Stempel dazu und schickten Mrs. Ivory nach angemessener Zeit ein gefälschtes Scheidungsurteil. Das war Ricauds Idee. Und für ihn war es eine ausgezeichnete Idee. Er wollte Esmeralda heiraten, die er eingewickelt hatte, und wollte sich mit Ihnen das Geld teilen, was er ihr dann abnehmen wollte. Sie und Ricaud wußten genau, daß bei ihr eine ganze Menge zu holen war. Und Ricaud holte es sich. Nun, was haben Sie dazu zu sagen?« Pell saß stumm da und starrte gerade vor sich hin.

»So dachten Sie sich das«, fuhr ich fort, »und es klappte wie vorgesehen, Ricaud kam nach England, und Esmeralda heiratet ihn. Er behandelte sie bestialisch, gewöhnte sie an Drogen, um sie von sich abhängig zu machen. Er mußte das tun, denn wenn sie je versuchen sollte, sich hier von ihm scheiden zu lassen, mußte sie vorher den Nachweis erbringen, daß Ricaud von Mrs. Ivory geschieden war. Und er und Sie, ihr beide wußtet verdammt genau, daß ihr hereinfallen würdet, sobald das geschah. Als sie dann so weit war, daß sie das Rauschgift nicht mehr entbehren konnte, behielt er sie dadurch in seiner Gewalt, daß er sie mit dem Gift versorgte. Dann begann sie auch noch zu trinken, und dann konnte es nicht mehr lange dauern, bis sie ganz vor die Hunde ging. Aber das bekümmerte Sie nicht. Sie und Ricaud hatten ja ihr Geld, und wenn ihr noch etwas übriggeblieben wäre, würden Sie schon dafür gesorgt haben, das auch noch zu bekommen. Die Schwierigkeiten begannen erst, als Esmeraldas Geld alle war.«

Er griff nach der Whiskyflasche, goß sich einen großen Schluck ein, den er in einem Zug austrank. Ich konnte sehen, wie seine Hände zitterten.

»Ein sauberes Paar wart ihr, Sie und Ricaud«, sagte ich. »Die übelsten Bestien, die je eine wehrlose Frau in ein Leben gehetzt haben, das schlimmer als der Tod ist.«

Ich zündete eine frische Zigarette an, um mich zu beruhigen. »Vergangenen Montag«, fuhr ich fort, »kam Mrs. Ivory zu Ihnen. Sie hielt Sie für einen Mann, dem man vertrauen konnte, und sprach mit Ihnen über ihre Sorgen um Esmeralda. Sie erzählte Ihnen, daß Esmeraldas Geld zu Ende sei, daß Ricaud ihr das Leben zur Hölle machte, daß Esmeralda gedroht hatte, ihn umzubringen. Sie bat Sie, zu Ricaud zu gehen und ihn zu veranlassen zu verschwinden. Sie lehnten ab und schickten sie zu mir. Aber erst ließen Sie sich Esmeraldas Adresse geben, und sobald Mrs. Ivory Ihr Büro verlassen hatte, gingen Sie zu Esmeralda in ihre Wohnung am Montacute Place. Sie warteten vor dem Haus, bis der Portier seinen Platz verließ, um ungesehen die Treppe hinaufgehen zu können. Sie sprachen mit Esmeralda und haben bei ihr etwas getrunken. Der Portier sah nachher das zweite Glas in ihrem Zimmer. Sie pielten den Mitleidigen und fragten sie, ob Sie ihr helfen könnten. Esmeralda hatte getrunken, sie war erregt, nervös und überreizt. Sie erzählte Ihnen, daß sie am Abend auf eine Gesellschaft gehen wolle und später mit Ricaud eine Aussprache haben werde. Sie sagte Ihnen, daß sie Ricaud umbringen könne, und wahrscheinlich sagte sie auch, daß sie es sofort tun würde, wenn sie eine Waffe hätte und vorher genug getrunken habe. Es ist sehr wahrscheinlich, daß sie Ihnen das gesagt hat, weil sie mir fast dasselbe gesagt hat.

Das brachte Sie auf eine Idee, Pell. Sie sprachen ein paar beruhigende Worte zu ihr, und dann kamen Sie hier in Ihre Wohnung zurück und holten eine der beiden Coltpistolen, die Sie besitzen. Die andere war in Ihrem Büro, ich habe sie dort in Ihrem Schreibtisch gesehen. Die eine war wahrscheinlich hier in Ihrer Wohnung und sogar noch in ihrer ursprünglichen Verpackung. Eine kleine Pappschachtel, gerade groß genug für die Pistole und drei Magazine mit je zehn Schuß Munition. So werden sie in der Fabrik verpackt. Dann setzten Sie sich an die Schreibmaschine und tippten Esmeraldas Adresse auf ein Blatt Papier und klebten sie auf das Päckchen und brachten es nach Montacute Place. Sie warteten, bis die Halle leer war, und legten es dort dann auf den Tisch.

Sie wußten, daß Esmeralda, wenn sie das Päckchen bekommen würde, ehe sie nach Maidenhead fuhr, zu betrunken sein würde, um darüber nachzudenken, woher es kam. Sie würde froh sein, eine Waffe zu haben, mit der sie auf Ricaud schießen konnte. Sie bekam sie auch richtig. Es war die Pistole, die ich ihr Montag nacht abnahm. Es war Ihre Pistole, und Sie hatten noch eine von der gleichen Sorte.«

Ich schwieg eine Minute. »Wie gefällt Ihnen das, Pell?« fragte ich dann.

Er antwortete nicht. Er starrte mit glasigen Augen vor sich hin. Er war stark angeschlagen.

»Am Dienstag brachte ich Esmeralda in die Klinik. Ehe sie dort hinging, verlangte sie die Pistole zurück. Ich wollte sie ihr nicht geben. Aber sie weigerte sich, in die Klinik zu gehen, wenn ich es nicht täte. Darum gab ich sie ihr, nahm aber vorher das Magazin heraus. Ich dachte, es wäre sicher. Ich hatte Angst, sie könnte sich was antun.

Am Dienstagabend, während sie in der Klinik war, ging ich in ihre Wohnung. Ricaud hatte ihr einen Brief zurückgelassen, in dem er schrieb, sie solle um zehn Uhr nach Maidenhead kommen. Er schrieb ihr, daß er zu einer Frau nach den Bahamas fahren wolle und daß er bereit sei, vernünftig zu sein, wenn sie es auch wäre. Das sollte heißen, daß er noch mehr Geld von ihr wollte, ehe er sich davonmachte.

Er hatte den Brief in Esmeraldas Wohnung geschrieben. Auf dem Löschblatt fand ich den Abdruck der Schrift. Aber er hatte noch einen zweiten Brief geschrieben, und der war an Sie gerichtet. Darin schrieb er Ihnen, daß Sie am Dienstag um Mitternacht zu ihm nach Maidenhead kommen sollten, und er schrieb Ihnen,

Sie sollten ihm Geld mitbringen, sonst würden Sie Ärger haben, denn, wie er Ihnen wahrscheinlich früher schon einmal gesagt hatte, wenn Sie nicht täten, was er wollte, würde er Mrs. Ivory schreiben, wie Sie ihre Scheidung verhindert und sie betrogen hatten. Er wußte genau, daß man ihm gar nichts anhaben konnte. Erstens würde er auf den Bahamas sein, und zweitens war er immer noch ihr Ehemann, und wenn sie eine Scheidung wünschte, eine richtige Scheidung, würde sie ihm noch mehr Geld bezahlen müssen.

Ricaud schickte Ihnen diesen Brief am Dienstagnachmittag durch einen Boten, und ich wette, Sie gingen in die Luft, als Sie ihn gelesen hatten. Oder war es nicht so, Pell?«

Ich wartete eine ganze Weile, aber er sagte nichts. Er war vollkommen erstarrt, er sah aus wie ein häßlicher Götze.

»Trotzdem wußten Sie, daß Sie zu Ricaud gehen mußten, um mit ihm klarzukommen. Es war Ihnen klar, daß er Sie in der Hand hatte. Wenn er wirklich an Mrs. Ivory schrieb, dann waren Sie dran. Darum entschlossen Sie sich, zu ihm zu gehen. Wahrscheinlich hatten Sie die Absicht, mit ihm abzurechnen.

Aber Esmeralda bekam seinen Brief nicht. Ich bekam ihn, und ich habe ihn immer noch. Als Ricaud ihn hinterließ, war sie in der Klinik. Dort lief sie gegen zehn Uhr fort und ging in ihre Wohnung. Sie machte sich eine Heroininjektion, um sich auf die Beine zu bringen, und trank eine ganze Menge Whisky. Von dem Portier erfuhr sie, daß Ricaud kurz nach zehn angerufen hatte und ihr mitteilen ließ, daß er ihr schreiben werde. Sie versuchte ihn anzurufen, bekam aber keinen Anschluß. Darum fuhr sie zu ihm hinaus.

Aber ehe sie ihre Wohnung verließ, lud sie die Pistole neu, denn sie hatte inzwischen bemerkt, daß ich das Magazin herausgenommen hatte. Sie lud sie mit dem zweiten der Magazine, die Sie ihr so freundlich überlassen hatten. Das dritte Magazin und die Schachtel ließ sie zurück. Und das habe ich auch, Pell. Das dritte Magazin und die Schachtel. Dann fuhr sie nach Maidenhead.«

Ich stand auf. Ich nahm mein Glas, ging zum Schreibtisch und mischte mir einen Whisky-Soda. Ich hatte plötzlich starken Durst. Pell saß hinter dem Schreibtisch, das Kinn auf die Hände gestützt, und starrte in das Zimmer. Sein Gesicht war fahl vor Angst. Ich ging zu meinem Stuhl zurück.

»Sie fuhr nach Maidenhead«, fuhr ich fort. »Als sie dort in das

Wohnzimmer trat, saß Ricaud an seinem Schreibtisch und schrieb den Brief an sie. Er war mit der ersten Seite gerade fertig und wollte die zweite anfangen, als sie kam. Damit war Ricaud außerordentlich zufrieden. Sie war also doch gekommen.

Er stand auf und legte sich auf das Sofa, sie stand am Kamin, und die Szene, die nun folgte, war wahrscheinlich nicht neu, für beide nicht. Ricaud sagte ihr, daß er Geld brauche, daß er am nächsten Tag England verlassen und nach den Bahamas fliegen wollte, um sich dort mit einer anderen Frau zu treffen, daß, wenn sie ihm kein Geld beschaffen würde, er ihr und ihren Freunden und Verwandten teuflische Schwierigkeiten machen werde.

Als sie ihm sagte, daß sie kein Geld hätte, ließ er die Maske fallen und sagte ihr, daß sie gar nicht mit ihm verheiratet sei, daß ihre Freundin, Mrs. Ivory, immer noch Mrs. Ricaud wäre, daß er ihr dringend rate, bei Mrs. Ivory Geld für ihn zu beschaffen.

Das war zuviel für Esmeralda. Sie zog die Pistole aus ihrer Tasche, und als Ricaud sich aufrichtete, hielt sie sie ihm an den Kopf und drückte ab.

Und damit war für Ricaud alles vorbei.«

Ich zog eine Zigarette aus der Tasche und zündete sie an.

»Nachdem Esmeralda fort war, kamen Sie an«, fuhr ich fort. »Sie kamen durch die Seitentür ins Haus und fanden den toten Ricaud. Das behagte Ihnen außerordentlich. Wahrscheinlich hatten Sie Geld oder Ihr Scheckbuch in der Tasche und dazu Ihre Pistole, die andere Coltpistole, um ihn sich vom Leibe zu halten, falls er versuchen sollte, Sie zu verprügeln, wie er es mit mir getan hat.

Sie müssen dagestanden und sich die Lippen geleckt haben. Esmeralda hatte es also doch getan. Sie hatte ihn getötet. Das, worauf Sie am Montag gehofft hatten, war am Dienstag dann geschehen. Das mußte Ihnen enormen Spaß gemacht haben. Wenn Ricaud tot war, gab es niemand mehr, der Sie verraten würde. Sie waren fein heraus.

Sie sahen sich um und bemerkten, daß das Licht auf dem Schreibtisch brannte. Sie gingen hinüber und fanden den Brief, den Ricaud geschrieben hatte. Sie erkannten, daß dieser Anfang – mehr hatte er vor ihrer Ankunft nicht geschrieben – ein idealer Abschiedsbrief war.

Das war eine Versuchung für Sie, der Sie nicht widerstehen konnten. Wenn Sie die Tragödie als Selbstmord tarnten, dann hatten Sie Mrs. Ivory dort, wo Sie sie für den Rest ihres Lebens brauchten. Dann war es leicht für Sie. Sie wußten, daß Mrs. Ivory reich ist und alles tun würde, um Esmeralda zu schützen.

Sie wußten, daß die Pistole, mit der Esmeralda geschossen hatte, vom gleichen Typ und Kaliber war wie die in Ihrer Tasche. Und Sie wußten, daß mit keiner dieser Pistolen jemals geschossen worden war. Darum würde man auch nicht feststellen können, aus welcher Pistole die Kugel stammte.

Sie gingen in den Park und feuerten Ihre Pistole in den Boden ab. Dann säuberten Sie die Waffe, machten Ricauds Fingerabdrücke darauf, legten den Brief auf den Teppich und ließen die Hülse auf Esmeraldas Pistole liegen, wo sie war, denn das störte ja nicht. Dann sahen Sie sich noch mal um, und dann machten Sie ihren großen Fehler. Um zu verhindern, daß man feststellen könnte, um welche Zeit genau er sich erschossen hätte, weil Sie ja auch dagewesen waren, schoben Sie das Sofa näher an die elektrische Heizung, aber Sie taten es von der Rückseite, und darum merkten Sie nicht, daß Sie es zu nahe herangeschoben hatten.

Aber ich sah es, als ich kam, und schob es wieder zurück.

Ich wußte, daß Sie dort gewesen waren, Pell. Ich wußte, daß Sie es gewesen waren. Ich wußte, daß Sie darauf warteten, ob die Polizei es als Selbstmord ansehen würde, und das wäre unweigerlich geschehen, wenn ich nicht dazwischengekommen wäre.

Dann kam ich zu Ihnen und sagte Ihnen, daß ich beruhigt wäre, daß Ricaud ermordet worden sei und daß Sie etwas unternehmen müßten. Das taten Sie dann ja auch. Sie setzten die Polizei auf Esmeraldas Spur. Sie riefen Scotland Yard an, ohne Ihren Namen zu nennen, und machten sie auf mich aufmerksam. Und damit wäre meine erste Geschichte zu Ende. Nun, wie gefällt sie Ihnen, Pell?«

Er sagte mit einer seltsam trockenen, ja heiseren Stimme: »Selbst wenn es wahr wäre, kann man mich nicht dafür hängen. Sie hat es getan. Ich habe ihn nicht getötet. Sie war es.«

»Sicher«, sagte ich, »natürlich hat sie ihn getötet. Aber Sie haben meine zweite Geschichte noch nicht gehört, Pell. Die Geschichte, die Sie an den Galgen bringt. Wollen Sie die nicht auch hören?« Er blickte auf und sah mich an. Er versuchte, mit der Zunge seine Lippen anzufeuchten.

»Warum trinken Sie nicht, Sie Schuft. Viel Herz haben Sie nicht, was? Für Frauen, die erledigt sind und nicht kämpfen können, haben Sie Mut genug, für Leute wie Esmeralda oder Leute, die Ihnen vertrauten, wie Mrs. Ivory. Ihnen gegenüber sind Sie mächtig tapfer. Sie und Ihr sauberer Kumpan, Alexis Ricaud.«

Ich goß Whisky in sein Glas und gab es ihm. Ich sah zu, wie er trank. Seine Hand zitterte stark.

»Und nun hören Sie sich folgendes an, Pell«, sagte ich. »Ich halte es für sehr gut, es ist meine Geschichte, mit der ich Sie für den Mord an Ricaud an den Galgen bringen werde.

Es ist alles das gleiche, bis Sie in Maidenhead ankamen. Verstehen Sie, Pell? Alles ist das gleiche, mit Ausnahme von ein oder zwei Kleinigkeiten, die sich nachher ergeben. Aber diese Kleinigkeiten legen Ihnen die Schlinge um den Hals.«

Ich sah ihn an. Seine Hände zitterten so stark, daß er sie zusammenkrampfte, um sie ruhig zu halten.

»Sie kommen in Maidenhead an, Sie gehen in das Wohnzimmer und finden Ricaud auf dem Sofa liegen. Sie gehen zu ihm hin und glauben zuerst, er sei erschossen worden, weil Sie das Brandmal an der Seite seines Kopfes sehen. Dann sehen Sie näher hin und stellen fest, daß er nicht tot war. Er ist nur bewußtlos.

Dann dämmert es Ihnen. Sie verstehen, was geschehen ist. Sie sehen den ganzen Ablauf vor sich. Esmeralda hat die Pistole an seinen Kopf gehalten und geschossen – aber die Waffe war nur mit einer Platzpatrone geladen. Er ist von dem Schlag bewußtlos zurückgefallen, und sie ist fortgegangen in dem Glauben, daß sie ihn getötet hätte.«

Ich wartete, um das richtig auf ihn wirken zu lassen. Er wurde lebendig. Er sagte: »Das ist eine verdammte Lüge. Das kann sie nicht getan haben. Die Pistole war geladen.«

»Nicht in meiner Geschichte, Pell. In meiner Geschichte, in der Erklärung, die ich der Polizei abgebe, sage ich, daß sie ihn nicht erschossen haben kann. Und wissen Sie, warum, Pell?«

Er sah zu mir auf, und ich lächelte ihn breit an.

»Weil ich unter Eid aussagen werde, daß ich die Geschosse aus den Patronen herausgenommen habe und nicht das ganze Magazin, wie ich es tatsächlich getan habe. Wenn ich das getan hätte, dann konnte sie die Pistole wieder laden, wie sie es in Wirklichkeit ja auch tat. Ich werde schwören, daß ich mit meinem Taschenmesser die Geschosse aus den Patronen herausgenommen habe, die blinden Patronen dann wieder in das Magazin lud, ehe ich ihr die

Pistole zurückgab. Sie würde nie merken, was ich getan habe. In meiner Geschichte hat sie auf Ricaud mit einer blinden Patrone geschossen, mit einer, die ich entschärft hatte. Niemand wird in ihrer Wohnung Reservemunition finden, denn die habe ich schon, verstehen Sie mich, Pell?

Und nun hören Sie den Rest der Geschichte. Sie stehen da und betrachten Ricaud, der bewußtlos vor Ihnen liegt. Dann finden Sie den Brief auf dem Schreibtisch. Sie lesen ihn, und dann kommt Ihr großer Einfall.

Ihr Einfall ist, die Arbeit für Esmeralda zu Ende zu führen. Sie werden Ricaud den Rest geben. Wenn man es für Selbstmord hält, können Sie Mrs. Ivory erpressen. Wenn man es für Mord hält, steht Esmeralda unter Verdacht, und sie wird zugeben, daß sie ihn getötet hat, weil sie glaubt, ihn getötet zu haben, weil sie nicht wußte, daß in ihrer Pistole nur Platzpatronen waren. Darum dachten Sie, daß Sie in jedem Falle sicher sind.«

Ich sagte in schmeichelndem Ton: »Ist das nicht eine hinreißende Geschichte, Pell?«

Als er antwortete, konnte ich ihn kaum verstehen. Seine Stimme schien von sehr weit herzukommen. »Wie wollen Sie das beweisen, Sie . . .?« Er suchte nach einem sehr gemeinen Schimpfwort.

»Das will ich Ihnen gerne sagen, Pell. Aber erst lassen Sie mich zu Ende erzählen, was Sie in meiner Geschichte taten.

Sie entschlossen sich, Ricaud auszulöschen. Sie zogen Ihre Pistole aus der Tasche. Erinnern Sie sich? Sie ist vom gleichen Typ wie die, die Sie Esmeralda gaben. Sie hielten sie gegen das Brandmal von der Platzpatrone an Ricauds Kopf und drückten ab.

Sie hoben die ausgeworfene Hülse auf – die aus Esmeraldas Pistole ließen Sie auf dem Boden liegen –, wischten Ihre Pistole ab, gaben sie ihm in die Hand, damit seine Fingerabdrücke darauf kamen, ließen sie auf den Teppich gleiten, legten den Brief daneben und verschwanden.

Und nun wollen Sie gerne wissen, wie ich beweisen will, was ich behaupte. Hören Sie genau zu. Sie haben Erfahrung in der Beurteilung von Indizien. Prüfen Sie die folgenden, ob Sie eine Lüge darin finden.«

Ich ließ ihm eine kurze Atempause und fuhr dann fort.

»Wenn ich der Polizei meine Erklärung abgebe, wie Esmeralda versuchte, Ricaud zu töten, es aber nicht konnte, weil ihre Pistole mit blinden Patronen geladen war, und wie Sie es dann taten und das Ganze als Selbstmord tarnten, wenn ich also diese kleine Geschichte, von der Sie und ich wissen, daß sie ein Märchen ist, zum besten gebe, liefere ich die Beweise, daß sie richtig ist, gleich mit, und zwar folgendermaßen:

Wenn meine Geschichte wahr ist, dann müssen Sie die andere Pistole haben. Esmeraldas Pistole muß also gefunden werden, und sie wird gefunden werden, denn ich habe sie schon gefunden. Und wenn die Pistole da ist, ergeben sich folgende Beweismittel: Als erstes müssen sie meine Fingerabdrücke unter denen von Esmeralda auf der Pistole finden, denn ich habe behauptet, sie in der Hand gehabt zu haben, ehe Esmeralda in die Klinik ging. Man wird sie finden, denn ich hatte die Pistole in der Hand, also sind auch meine Fingerabdrücke darauf.

Zweitens, und das ist wichtiger, müssen sie das Magazin herausnehmen und feststellen, daß sich noch neun Patronen darin befinden, von denen die Kugeln entfernt worden sind. Auch das werden sie finden, denn ich habe die Kugeln herausgenommen, als ich die Pistole fand, nachdem sie Ricaud getötet hatte. Aber das kann die Polizei nicht wissen, weil ich die Waffe nur mit einem Taschentuch und an den Kanten angefaßt habe. Es sind also keine Fingerabdrücke von mir über denen von Esmeralda auf der Pistole.

Dann müssen sie meine Fingerabdrücke auf den Hülsen und auf dem Magazin selbst finden. Sie werden sie finden, ich habe sie daraufgemacht. Reichlich.

Drittens müssen sie meine Fingerabdrücke auf der ausgeworfenen Hülse auf dem Teppich finden. Sie werden sie finden, weil ich sie in der Hand gehabt habe, vorsätzlich. Meine Fingerabdrücke sind überall darauf.

Und schließlich, mein lieber Pell, wird die Polizei beweisen müssen, daß Sie nach Esmeralda kamen, um Ricaud zu töten, nachdem es ihr nicht gelungen war. Auch die Beweise werden sie finden, sie werden die Spuren von Ihrem Wagen über denen von Ricauds Wagen finden.

Und damit sind Sie geliefert, Pell.

Und das allerschönste daran ist, daß, selbst wenn Esmeralda sagt, daß sie Ricaud getötet hat, man ihr nicht glauben wird. Man wird ihr sagen, daß sie sich irrt, daß sie nur glaubt, ihn getötet zu haben.«

Ich warf meinen Zigarettenrest ins Feuer und zündete mir eine neue an.

»Wenn Scotland Yard meinen Bericht haben wird«, sagte ich, »und es wird alles darin stehen, Ihr und Ricauds Komplott gegen Mrs. Ivory und Esmeralda, die falsche Scheidung und die falsche Heirat, Ricauds Brief an Sie, Ihr Besuch bei ihm, warum Sie mit ihm sprechen mußten, die Geschichte, wie Sie Esmeralda am Montag Ihre zweite Pistole zugeschoben, und alle Indizien, die mit der Pistole verbunden sind, die Fingerabdrücke und die entschärften Patronen, wenn sie das alles bekommen, Pell, dann wird man Sie verurteilen, und dann kommen Sie an den Galgen.

Und an dem Morgen, an dem Sie baumeln werden, werde ich einen doppelten Whisky-Soda auf das Wohl der Welt trinken, weil sie von einem der übelsten Lumpen befreit wurde, die sie je verunzierten: John Epiton Pell.«

Er begann zu sprechen. Sein Gesicht war verzerrt, er war noch fahler als sonst und rang keuchend nach Luft, sein fettes Kinn zitterte. »Hören Sie mich an, O'Hara«, sagte er, »ich habe ein gutgehendes Geschäft, Sie können mein Partner werden, und ich habe Geld, ich gebe es Ihnen . . .«

»Wieviel«, fragte ich.

Seine Augen leuchteten auf. Er sagte schnell: »Sie können sieben, nein zehntausend haben. Ich gebe es Ihnen morgen.«

»Quatsch«, sagte ich. »Das ist ein Dreck. Ricaud hätte Ihnen viel mehr abgenommen, wenn er am Leben geblieben wäre. Wie ist es mit zwanzigtausend?«

»Das ist ein Haufen Geld. Aber ich werde es schaffen. Irgendwie werde ich es schaffen. Um Himmels willen, O'Hara, seien Sie vernünftig.«

»Das ist nicht genug, und es wäre nicht genug, wenn es eine Million wäre.«

Ich ging zu seinem Schreibtisch hinüber. »Hören Sie zu, Sie Schwein. Für das Leben von Esmeralda Ricaud haben Sie sich wahrscheinlich nicht sehr interessiert. Sie war einmal ein hübsches, fröhliches Mädchen. Sie war romantisch, sie war verliebt. Sie wollte heiraten und Kinder haben und ein anständiges Leben führen. Sie ist dem Alkohol verfallen und dem Heroin. Unheilbar. Was man auch immer mit ihr anstellen wird, sie ist erledigt.

Das ist Ihr Werk. Sie und Ricaud haben das aus ihr gemacht. Sie haben ihr Leben zerstört, das, solange es noch dauern wird, für sie nur eine Qual ist. Sie haben es ihr zur Hölle gemacht.

Sie haben Mrs. Ivory ihr Geld abgeschwindelt, sie um ihre Scheidung betrogen. Wie würdet ihr gegrinst haben, Sie und Ricaud, wenn sie je wieder geheiratet hätte, ehe sie von Ricaud wirklich geschieden war. Das hätte euch Gelegenheit gegeben, sie noch mehr zu erpressen. Selbst aus dem Tod Ricauds, Ihres Kumpans, mit dem zusammen Sie Frauen erpreßten und deren Leben ruinierten, versuchten Sie Kapital zu schlagen. Sie wollten einen Selbstmord vortäuschen, um Mrs. Ivory erpressen zu können.

Ihr Maß ist voll, Pell. Mir ekelt vor Ihnen. Als ich in Formosa war, glaubte ich, die Japaner wären das Gemeinste, was es gibt.

Nun, vielleicht wußten sie es nicht besser. Aber selbst die waren nicht so übel wie Sie. Sie sind das Letzte.«

Ich nahm die Nachschrift meiner Erklärung aus der Brusttasche und zeigte sie ihm. »Hier ist sie«, sagte ich ihm, »die Geschichte, die zur Hälfte wahr und zur Hälfte erfunden ist. Meine Geschichte, wie Sie Ricaud ermordeten. Hier ist sie, Pell. Und wenn Sie zur Hölle fahren. Ich werde sie beschwören.«

Ich nahm meinen Hut und ging hinaus. Ich fuhr zu meinem Büro zurück, setzte mich an die Maschine und schrieb meine Erklärung zu Ende. Ich berichtete, daß ich sie Pell gerade vorgelesen hätte, daß er sie praktisch zugegeben habe, daß er mir erst die Partnerschaft an seinem Geschäft und dann zehntausend und schließlich zwanzigtausend Pfund angeboten habe, wenn ich schweigen würde. Dann unterschrieb ich meine Erklärung, steckte sie in einen Umschlag, klebte ihn zu und adressierte ihn an Detektivinspektor Gale in Scotland Yard. Damit war es ja wohl geschafft. Es war halb zwei Uhr nachts, als ich meinen Wagen im Hof von Scotland Yard parkte. Ich ging in das Meldezimmer und gab den dikken Umschlag dem diensttuenden Polizeibeamten.

»Sorgen Sie dafür, daß Detektivinspektor Gale den Brief sofort erhält, wenn er kommt«, sagte ich, »und verlieren Sie ihn nicht, da ist Dynamit drin.«

Der Polizist grinste. »Er muß jede Minute kommen, Sir, er arbeitet noch an einem Fall. Ich werde ihm den Brief gleich schicken.«

Ich sagte, es sei gut, und ich sei im Malinson-Hotel, wenn Gale mich brauche. Er könne mich jederzeit dort anrufen, und ich würde sofort zu ihm kommen.

Ich fuhr zum Hotel und bat den Nachtportier, mir Tee aufs Zimmer zu schicken. Während ich mit ihm sprach, steckte ich die Hand in meine Jackentasche und fand dort den Reiseprospekt. Ich zog ihn heraus und zeigte ihn dem Portier.

»Torquay ist ein hübscher Ort, Mr. O'Hara. Ich habe dort einmal gearbeitet. Die Hotels sind alle gut. Sie sind ein bißchen altmodisch und unmodern, aber die Gärten sind großartig.«

»Ich werde hinfahren, Trigg. In ein oder zwei Tagen. Ich werde im Garten sitzen und der Musik zuhören.«

»Wissen Sie, Mr. O'Hara«, sagte er, »ich hätte nie gedacht, daß Ihnen so etwas Spaß machen würde, im Garten zu sitzen und der Musik zuzuhören. Aber vielleicht langweilen Sie sich in London, es passiert ja nichts mehr in diesen Zeiten, oder finden Sie?«

»Nein«, sagte ich, »nichts, das der Rede wert ist.«

Dann ging ich in mein Zimmer.

6

Um neun Uhr fing das Telefon zu läuten an. Ich wurde wach und starrte an die Decke. Ich war so müde, daß ich eine ganze Weile brauchte, um richtig wach zu werden und mich dran zu erinnern, was geschehen war. Das Telefon klingelte weiter. Ich stand auf, ging an den Apparat und nahm den Hörer ab. Es war Gale.

»Guten Morgen, Mr. O'Hara«, sagte er vergnügt. »Chefdetektivinspektor Millin bat mich, Sie anzurufen. Er hat Ihren Bericht gelesen. Er wäre Ihnen sehr dankbar, wenn Sie herkommen würden, um mit ihm zu sprechen. Und er wäre froh, wenn Sie bald kämen.«

»Gut«, sagte ich. »Ich bin in einer halben Stunde da. Was halten Sie von meinem Bericht?«

»Es ist eines der inhaltsreichsten Dokumente, die ich in meinem Leben gelesen habe, Mr. O'Hara«, sagte er. »Ich habe eine Menge daraus erfahren.«

»Es freut mich, das zu hören«, sagte ich und unterdrückte ein Gähnen.

»Ihre mündliche Aussage Donnerstag nacht war ziemlich knapp im Vergleich damit. Es war mir klar, daß Sie eine Menge Dinge übergingen. Das wunderte mich. Ich konnte mir nicht erklären, weshalb. Und ich war neugierig, als Sie sagten, daß Sie Ihre Erklärung ergänzen und vervollständigen möchten, wenn Sie sie schriftlich abgäben. Jetzt verstehe ich Sie.« Er fügte hinzu: »Ich werde dem Chefdetektivinspektor sagen, daß Sie in einer halben Stunde hier sind.«

»In Ordnung«, sagte ich und hängte ein.

Ich ging schnell unter die Dusche. Das warme Wasser tat mir gut. Das Rasieren verschob ich auf später, weil ich zu begierig war zu hören, was Millin mir zu sagen hatte. Ich zog mich schnell an, ging zur Garage und fuhr zu Scotland Yard.

Gale erwartete mich in der Eingangshalle. Er brachte mich in ein Büro im ersten Stock. Millin saß in einer Ecke am Fenster hinter seinem Schreibtisch. Er war ein grauhaariger Mann mit einem schmalen Gesicht. Wie Gale schien er mir wenig der allgemeinen Vorstellung eines Kriminalbeamten zu entsprechen. Er hätte alles mögliche sein können.

»Nehmen Sie Platz, Mr. O'Hara«, sagte er. »Ich möchte mich gerne mit Ihnen unterhalten. Wollen Sie rauchen?« fragte er und schob mir seine Zigarettendose hin. »Ich bin Ihnen sehr dankbar. Ich finde, Sie haben ausgezeichnete Arbeit geleistet, und ich möchte Ihnen gleich sagen, daß wir von der Richtigkeit Ihrer Erklärung überzeugt sind. Soweit wir es jetzt schon übersehen können, deuten alle Indizien, von den ersten angefangen, darauf hin, daß Ihre Theorie richtig ist, daß Pell Ricaud getötet hat, nachdem Mrs. Ricaud zuerst mit einer blinden Patrone auf ihn geschossen hat.«

»Ich bin froh, daß Sie davon überzeugt sind«, sagte ich.

Er lächelte. »Ich bin überzeugt, zum mindesten soweit, wie ich das im Moment schon sein kann« – er sah mich scharf an –, »allerdings scheint mir, daß Sie ein gutes Teil Arbeit geleistet haben, die von der Polizei hätte getan werden müssen. Ich bin froh, daß Sie so erfolgreich waren. Sie hätten sonst in Schwierigkeiten kommen können.« Er lächelte wieder.

Ich fragte: »Warum?«

»Das müssen Sie doch selbst wissen, Mr. O'Hara. Die Polizei hat die etwas altmodische Vorstellung, daß sie dazu da ist, Mordfälle selbst aufzuklären. Sie hat es nicht gerne, daß Privatleute, selbst wenn es zufällig Privatdetektive sind, ihre Arbeit tun. Sie mögen es Berufsneid nennen, wenn Sie wollen.« Er lachte. »Aber schließlich entscheidet der Erfolg. Sie waren erfolgreich, und damit ist alles in Ordnung. Wenn Sie es nicht gewesen wären, dann müßte ich Sie sehr streng wegen der Beseitigung und Verbergung von Beweismitteln vor der Polizei und ähnlichen Dingen verwarnen.«

»Ich arbeitete im Auftrage eines Klienten«, sagte ich, »und in unserem Beruf gibt es eine etwas altmodische Regel. Ich glaube, bei Ihnen gibt es die auch. Und die heißt: Wenn man etwas anfängt, muß man es auch zu Ende führen.«

»Ausgezeichnet«, sagte er gut gelaunt, »dann darf ich Ihnen also hiermit offiziell sagen, daß wir Ihnen verzeihen. Ich habe mir erlaubt, unsere Pressestelle anzuweisen, Ihren Namen in dem Bericht über den Fall zu erwähnen. Ich denke, das sind wir Ihnen schuldig. Natürlich war ich nicht in der Lage, sehr viel zu sagen, aber vielleicht ist es Ihnen beruflich von Nutzen.«

»Ich danke Ihnen vielmals. Das ist sehr freundlich von Ihnen«, sagte ich und stand auf. »Ich darf mich wohl verabschieden. Ich hatte zwar die Absicht, in Urlaub zu fahren, aber ich nehme an, Sie werden Wert darauf legen, daß ich vorläufig in der Stadt bleibe.«

Er schüttelte den Kopf. »Machen Sie sich deshalb keine Sorgen. Teilen Sie Gale Ihre Urlaubsadresse mit, damit wir uns mit Ihnen in Verbindung setzen können, falls es notwendig sein sollte. Natürlich werden Sie in dem Prozeß gegen Pell Kronzeuge sein – wenn wir ihn kriegen.«

Ich zog die Augenbrauen hoch. »Soll das heißen, daß er verschwunden ist?« fragte ich.

Er nickte. »Er hat heute sehr früh seine Wohnung verlassen – es muß gegen vier Uhr gewesen sein. Er verschwand sehr schnell. Aber ich zweifle nicht daran, daß wir ihn bald finden werden.«

»Das nehme ich auch an«, sagte ich. »Aber sagen Sie mir eines: wie die Dinge nun einmal liegen, werden Sie irgend etwas gegen Mrs. Ricaud unternehmen? Werden Sie sie unter Anklage stellen?«

Er sagte langsam: »Nein, ich denke, das wird nicht nötig sein.«

Dann ist das ja auch in Ordnung, dachte ich.

Ich ging zur Tür. Als ich sie öffnete, klingelte das Telefon. Millin nahm den Hörer ab. Als ich beinahe aus dem Zimmer war, sah er auf und sagte: »Einen Moment noch, O'Hara.«

Ich trat ins Zimmer zurück und schloß die Tür hinter mir. Er horchte in das Telefon. Nach einer Minute sagte er: »Es ist gut,

Stravens, tun Sie das Übliche. Ist der rechte Hinterreifen noch zu erkennen? ... Er ist unbeschädigt ... Er hat ein Wabenprofil, nicht wahr? Nun gut, Sie wissen, was Sie zu tun haben.« Er hing den Hörer ein.

»Wir werden Pell doch nicht kriegen, O'Hara«, sagte er.

»Warum, was ist geschehen?«

Er zuckte die Achseln. »Anscheinend stürzte er mit seinem Wagen bei Dorking in einen Steinbruch. Die Wand ist über achtzig Meter hoch. Es muß gegen sieben Uhr gewesen sein. Die lokale Polizei sagt, daß er sehr viel getrunken haben mußte. Der Wagen ist natürlich total zerstört. Aber Sie haben ja selbst gehört, daß der rechte Hinterreifen des Wagens ein Wabenprofil hat. Er hatte wohl nicht die Nerven, es bis zum Ende durchzustehen, hat vorgezogen, sich dem auf diese Weise zu entziehen.« Er stand auf. »Ich denke, damit kann der Mordfall Ricaud als abgeschlossen betrachtet werden.«

Wir schüttelten uns lächelnd die Hände. Ich sagte auf Wiedersehen und ging.

Ich stieg in meinen Wagen und fuhr zum Malinson-Hotel zurück. Ich war sehr müde, als ich den Wagen in die Garage brachte. Dann ging ich auf mein Zimmer, stellte mich vor den Toilettentisch und betrachtete mich im Spiegel. »Damit hätten wir es also wieder mal geschafft, alter Bursche«, sagte ich zu meinem Spiegelbild. Plötzlich war ich gar nicht mehr müde, ich fühlte mich großartig. Ich hatte das alte Formosagefühl ein für allemal überwunden.

Ich sah auf meine Uhr. Es war Viertel nach elf. Draußen war ein heller, sonniger Tag.

Ich trank einen kleinen Schluck Whisky. Dann rief ich das Mädchen in der Empfangshalle an und bat sie, mich um sechs Uhr telefonisch zu wecken und mir kurz nach sechs einen doppelten Martini auf mein Zimmer zu schicken.

Dann zog ich mich aus und legte mich wieder schlafen.

Die Telefonzentrale rief genau um sechs Uhr an. Ich bat, mir mit dem Martini die »Evening News« heraufzuschicken.

Ich las den Bericht in der Zeitung, während ich auf dem Bett saß und den Cocktail trank. Er lautete:

Ricauds Selbstmord war Mord!

Die polizeiliche Untersuchung des »Selbstmordes« von Alexis Ricaud, der vergangenen Mittwoch im »Kreuzweg«, einem Haus im georgianischen Stil bei Maidenhead, erschossen aufgefunden worden war, hat ergeben, daß der Tote ermordet wurde und der Mörder versuchte, einen Selbstmord vorzutäuschen. Die gerichtliche Untersuchung, die für heute angesetzt war, ist vertagt worden.

Gründliche Nachforschungen durch Chefdetektivinspektor Millin von Scotland Yard, dessen Unterstützung von der Berkshire-Polizei erbeten worden war, führten zur Entdeckung einer zweiten Pistole vom gleichen Typ und Kaliber, wie sie der Mörder verwandt hatte.

Man nimmt an, daß der Mörder geplant hatte, falls die Polizei an dem Selbstmord zweifeln sollte, den Verdacht auf eine andere Person, eine Frau, zu lenken, die das Haus an dem Abend der Tragödie besucht hatte.

Autospuren auf dem Kiesweg hinter dem Haus bildeten wichtige Anhaltspunkte der Untersuchung.

Heute morgen um halb neun wurde die Leiche des Privatdetektivs John Epiton Pell entdeckt, den die Polizei in Verbindung mit dem Mordfall Ricaud verhören wollte. Pell wurde am Steuerrad seines zertrümmerten Wagens in einem Steinbruch an der Straße Dorking-Reigate gefunden.

Der Privatdetektiv Mr. Caryl O'Hara, der im Laufe einer Untersuchung am Abend vor dem Mordtage eine Unterredung mit Alexis Ricaud gehabt hatte, konnte der Polizei wichtige Informationen geben. Auf Grund dieser Informationen unternahm die Polizei Nachforschungen nach Pell, die zur Entdeckung seiner Leiche in dem zerstörten Wagen führten.

Ich trank den Martini aus, duschte heiß, zog mich an und ging ins Restaurant hinunter. Während des Essen dachte ich über Pell nach. Sein Selbstmord war wirklich das einzig Anständige und Vernünftige gewesen, was er je in seinem Leben begangen hatte. Er hatte dadurch allen viel Schwierigkeiten und Ärger erspart, sich selbst eingeschlossen.

Sie waren ein reizendes Paar, Pell und Ricaud. Aber Ricaud hatte den Verstand gehabt. Pell hatte sich das nur eingebildet. Ricauds bestes Stück war, als er Pell dazu überredete, das Urteil in Mrs. Ivorys amerikanischem Scheidungsprozeß zu fälschen. Das war ein Meisterstück. Selbst wenn die Sache herausgekommen wäre, hätte Ricaud nichts passieren können. Sobald er Amerika verlassen hatte, befand er sich außerhalb des Zugriffes der amerikanischen Gerichte. Mrs. Ivory war immer noch seine Frau. Und wenn sie von ihm frei werden wollte, hätte sie schwer bezahlen müssen. Aber sie und Pell wohnten beide in England, beide waren Engländer, und gegen Pell konnte sie jederzeit Strafanzeige erstatten.

Das wußte Pell. Aber er war sicher, daß Ricaud nie in der Lage sein würde, die Geschichte aufzudecken. Darin unterschätzte er Ricaud. Ricaud hatte teuflische Nerven. Er war sehr schlau und ebenso zähe wie gerissen. Es mußte eine ganze Menge Leute geben, einschließlich einer Anzahl Frauen, für die die Todesnachricht eine große Erleichterung sein würde. Die Kellnerin kam und sagte mir, ich würde am Telefon gewünscht. Ich nahm das Gespräch in einer Zelle in der Halle an. Es war Selby.

Er sagte: »Mr. O'Hara, ich habe spät am Nachmittag schon einmal versucht, Sie anzurufen. Aber man sagte mir, Sie schliefen, und ich wollte Sie nicht stören. Ich halte mich für verpflichtet, Ihnen zu erklären, daß mir jetzt durchaus klar ist, daß Sie unmöglich offen mit mir sprechen konnten. Ich verstehe jetzt, daß Sie in der damaligen Situation unmöglich alles sagen konnten, was Sie wußten.«

»Ja, das war so. Kennen Sie denn jetzt die ganze Geschichte?«

»Ja«, antwortete er, »jetzt weiß ich alles. Chefdetektivinspektor Millin war heute nachmittag in Steynehurst und erzählte uns ausführlich von Ihrer Erklärung, über die Informationen, die Sie der Polizei gegeben hatten, und Ihre erstaunliche Unterhaltung mit Pell. Mr. Millin sagte, im Scherz natürlich, daß er nicht recht wisse, was er mit Ihnen anfangen sollte, ob er Sie auf Grund des Polizeigesetzes unter Anklage stellen oder Ihnen einen Orden geben solle.«

»Er entschloß sich zu einem Kompromiß und ließ meinen Namen in der ›Evening News‹ erwähnen. Damit will ich mich zufriedengeben.«

»Mrs. Ivory ist der Ansicht«, fuhr Selby fort, »daß Sie großen Mut bewiesen haben und Ihre Lauterkeit über jeden Verdacht erhaben ist. Sie . . .«

»Da kann ich nicht ganz zustimmen«, unterbrach ich. »Wenn ich für eine Arbeit Geld nehme, versuche ich auch, es zu verdienen. Und für einen Privatdetektiv halte ich Zuverlässigkeit für eine unerläßliche Voraussetzung.«

»Das bringt mich auf einen anderen Punkt. Mrs. Ivory sagte mir, daß Sie bisher noch kein Honorar erhalten hätten. Es sei zwischen Ihnen zu einem geringfügigen Mißverständnis gekommen, und Sie hätten ihr die Anzahlung zurückgegeben. Sie hat mich beauftragt, Ihnen einen Scheck über tausend Pfund zu schicken. Sie bat mich, Ihnen mitzuteilen, daß sie dies Honorar für ungenügend hält. Wünschen Sie eine Erhöhung? Ich habe jede Vollmacht.«

»Nein, tausend Pfund sind genug. Das war Mrs. Ivorys Ansicht, und meine ist es auch.«

»Soll ich Ihnen den Scheck ins Malinson-Hotel schicken?«

»Ja, danke«, sagte ich. »Senden Sie ihn gegen Ende nächster Woche, ich fahre auf Urlaub. Bis dahin werde ich wieder hier sein. Wenn ich nicht zurück sein sollte, kann er ja auf mich warten.«

»Sehr gut, Mr. O'Hara«, sagte er, »und ich möchte Ihnen noch persönlich für Ihre Unterstützung danken. Selbst wenn ich Sie nicht gleich verstanden habe.«

Ich hängte ein und ging in die Bar. Die Bar im Malinson-Hotel ist ein angenehmer Aufenthalt. Ich mag sie. Aber im Moment war sie absolut leer, und George, der Mixer, polierte Gläser und pfiff dabei vor sich hin. Ich ließ mir einen doppelten Whisky-Soda geben, nahm ihn mit in die Halle und ließ mich dort in einer Ecke nieder. Der Fall Ivory war also abgeschlossen. Das war alles hübsch in Ordnung gebracht und konnte vergessen werden. Und tausend Pfund waren dabei für mich herausgekommen. Ich rechnete nach. Mit dem, was mir von Pells Geld nach dem Kauf des Autos und den laufenden Ausgaben während der vergangenen Woche übrigblieb, würde ich mit den tausend Pfund von Selby etwas über elfhundert Pfund haben. Das war nicht schlecht.

Mit elfhundert Pfund konnte ich mich neu einrichten. Ich konnte mir ein anständiges Büro mit einer Sekretärin zulegen. Die wenigen Worte in der »Evening News« bedeuteten eine Menge für mich. Für das große Publikum waren sie bedeutungslos, aber nicht für Rechtsanwälte und Leute, die Privatdetektive beschäftigten. Sie würden meinen Namen lesen und sich ihn merken. Auch Selby mochte für mich Aufträge haben. Und die Versicherungsgesellschaften würden es sehen. Ich wollte immer schon für Versicherungen arbeiten. Es ist eine angenehme Arbeit, aber man muß etwas können, man muß gut sein.

Nun, ich war gut. Jedenfalls gut genug für die Polizei. Das durfte ich wohl behaupten.

Dennoch war mir melancholisch zumute, ohne daß ich recht wußte, warum. Vielleicht fehlte mir die Erregung und die Spannung der letzten fünf Tage. Ich hatte dabei einiges riskiert, aber das gehörte ja zu dem Spiel. Wahrscheinlich fehlte mir die Spannung, und dies war die Reaktion darauf.

Oder war es etwas anderes? Vermißte ich Mrs. Ivory?

Ich wendete die Frage in meinem Kopf hin und her, obwohl ich die Antwort genau wußte. Ich wußte verdammt gut, daß ich mich von Anfang an nur ihretwegen in die Angelegenheit gestürzt hatte. Wegen ihres Aussehens, ihrer Art zu sprechen und allem anderen an ihr. Das war der eigentliche Grund gewesen und nichts anderes.

Und was nun? Es war vorüber, und damit gab es für mich keine Mrs. Ivory mehr. Alles, was von ihr übrigblieb, war die Erinnerung an drei Bilder. Eines in einem langen rosa Mantel und dunkelblauem Taschentuch, eines in einem scharlachroten Morgenrock und eines in einem grauen Manchestermantel. Das waren gute Bilder. Es war hübsch gewesen, sie anzusehen. Und sie würden bleiben: drei Bilder und tausend Pfund. Aber die Bilder schienen mir wichtiger als das Geld. Es war beinahe eine Schande, das Geld zu nehmen.

Ich trank meinen Whisky aus und brachte das Glas zur Bar zurück. Dann öffnete sich die Tür, und Dr. Quinceley trat ein. Er kam lächelnd auf mich zu und sagte: »Ah, hier sind Sie ja. Man sagte mir, daß ich Sie hier finden würde.«

Ich lud ihn ein, mit mir zu trinken, und bestellte zwei Whisky-Soda.

»Vor einer Stunde bin ich gerade aus Steynehurst zurückgekommen«, sagte er. »Mrs. Ivory kam mit mir. Sie bat mich, Sie aufzusuchen.«

»Wie geht es Esmeralda?« fragte ich.

»Sie wissen es noch nicht?« fragte er ruhig. »Sie ist tot. Das arme Ding. Sie starb heute früh, und ich könnte nicht sagen, daß ich sehr traurig darüber bin. Mrs. Ivory ließ mich gestern zu ihr kommen. Aber ich konnte nichts mehr für sie tun. Nicht mehr, als ihr Hausarzt schon getan hatte. Es war schon zu spät. Sie hatte nicht viel zu leiden. Es war ein leichter Tod.«

Seine Worte klangen so, als sei es das beste. »Ihre Eltern waren auch da«, fuhr er fort. »Sie haben sie heute nachmittag fortgebracht. Sie werden sie bei sich zu Hause begraben. Es ist eine trübselige Geschichte.« Er seufzte. »Nun«, sagte er vergnügter, »ich muß Sie wieder verlassen. Ich erwarte jeden Moment, zu einer Geburt gerufen zu werden. Das Leben ist unbesiegbar. Es geht, und es kommt.«

»Sagte Esmeralda noch irgend etwas, ehe sie starb?« fragte ich. Er schüttelte den Kopf. »Nicht viel. Sie war fast die ganze Zeit bewußtlos, ihr Herz war nicht sehr gut, und die Aufregung und der Kummer haben das ihre dazugetan.« Er trank von seinem Whisky. »Es ist nicht das Schlechteste, daß sie starb.«

Ich fragte: »Warum?«

Er zuckte die Achseln. »Sie war hoffnungslos heroinsüchtig«, sagte er. »Ich zweifle sehr, daß sie wirklich je wieder geheilt werden konnte. Sie wissen, wie es ist. Man entzieht es ihnen, die Behandlung ist eine Qual für den Patienten, und wenn man dann denkt, man hätte ihn wieder in Ordnung gebracht, erleben sie einen Rückfall, und es fängt von neuem an. Sie war nicht sehr kräftig, und sie fühlte sich sehr unglücklich. Ich glaube, es ist besser so. Ich bin sogar überzeugt davon.«

Ich nickte. Wahrscheinlich hatte er recht.

Dann lächelte er. »Kurz ehe sie starb, sagte sie etwas, das Sie vielleicht interessieren wird. Sie sprach sehr leise, beinahe flüsternd, aber ich verstand es. Sie sagte: ›Caryl mag ich leiden . . . den freundlichen Caryl . . . ich fand ihn unter einem Baum . . .‹ Ich nehme an, sie dachte an Sie dabei.«

»Ja, so etwas sagte sie einmal. Sie sagte, ich sei ihr Lieblingsdetektiv.« Ich lächelte. »Ich glaube, ich war es wirklich.«

Er bestellte uns noch einen Whisky-Soda. »Mrs. Ivory wird Sie aufsuchen. Sie setzte mich an meiner Wohnung ab. Sie will ein oder zwei Tage hierbleiben. Sie ist begierig, Sie zu sehen. Ich sagte, ich würde es Ihnen mitteilen.«

»Danke«, sagte ich. Wir tranken unsere Gläser aus. Dann verabschiedete er sich und ging.

Ich bestellte mir noch etwas zu trinken und ging an meinen Platz in die Ecke zurück. Ich kam nicht ganz dahinter, was mit mir los war. Ich wunderte mich über mich selbst. Ich hätte gern gewußt, warum, zum Teufel, ich vor wenigen Minuten wegen Mrs. Ivory so sentimental geworden war. Und jetzt, da ich vor der Möglichkeit stand, sie wiederzusehen, wollte ich ihr ausweichen.

Ich versuchte das zu ergründen, und wie mir schien, waren meine Empfindungen ziemlich logisch. Zwischen Mrs. Ivory und mir gab es keine wirklichen Berührungspunkte. Ich meine, von ihr aus konnte es keine wirkliche Beziehung geben. Und mein Standpunkt in der Sache konnte für sie nicht viel Bedeutung haben.

Sie war eine reiche, schöne und verwöhnte Frau. Gewiß, sie hatte Grund, mit mir zufrieden zu sein. Sie wußte jetzt, daß sie Pell für den Rest ihres Lebens auf dem Halse gehabt haben würde, wenn ich das Spiel nicht auf meine Art gespielt und das Risiko auf mich genommen hätte. Und dafür war sie dankbar.

Sie hatte Selby beauftragt, mich anzurufen und die Sache mit dem Geld in Ordnung zu bringen. Sie hatte ihm gesagt, mir mehr zu geben, wenn ich mehr haben wollte. Und dann wollte sie selbst zu mir kommen und sich nett bedanken. Sie wollte sagen, daß sie jetzt verstand, warum ich das letzte Mal so grob zu ihr gewesen war, und daß die Schlußfolgerungen, die sie aus meiner Unterredung mit Selby gezogen hatte, voreilig gewesen waren. Das würde sie also sagen und eine Menge ähnlicher Dinge. Und dann würde sie mir die Hand schütteln und verschwinden. Das würde zu Mrs. Ivory passen.

Nein, dachte ich, das war nichts für mich. Es würde für alle besser sein, am meisten für mich, wenn ich zuerst verschwand und mir die drei Bilder erhielt, die ich von ihr im Gedächtnis hatte. Vielleicht, wenn ich mein neues Büro hatte und die Detektei O'Hara etwas war, würde ich ihr eines Tages wiederbegegnen und könnte sagen: Erinnern Sie sich ...? Vielleicht dann ...

Aber keinen gefühlvollen Abschied, bitte.

Esmeralda war tot, und darum würde auch Mrs. Ivory die Wahrheit nie erfahren. Es hatte nur eine Person gegeben, die mich verraten konnte, Esmeralda. Wahrscheinlich hätte sie es nie getan. Aber sie hätte es tun können. Sie mußte genau gewußt haben, daß sie Ricaud wirklich getötet hatte, und es war mein Glück, daß sie nicht mehr gesprochen hatte, ehe sie starb. Darum hielt ich den richtigen Moment für gekommen, schnell zu verschwinden.

In manchen Dingen habe ich eine Neigung, radikal zu sein. Entweder alles oder nichts. Diesmal war es also nichts.

Ich trank mein Glas aus, ging auf mein Zimmer und packte einen Koffer. Dann ging ich zu dem Geschäftsführer und sagte: »Ich gehe ein paar Tage auf Urlaub. Ich muß mich ausruhen. Aber ich behalte meine Zimmer. Aus meiner alten Wohnung werden ein paar Koffer kommen. Nehmen Sie sie entgegen. Ende nächster Woche bin ich zurück.«

»Gewiß, Mr. O'Hara«, sagte er. »Ich nehme an, Sie waren diese Woche sehr beschäftigt. Die Sache in den Abendzeitungen . . . Sollen wir ankommende Briefe aufbewahren oder nachschicken?«

»Bewahren Sie sie auf, bis ich zurückkomme.«

Ich ging zur Garage und packte den Koffer in meinen Wagen.

Nun gut, dachte ich, leben Sie wohl, Mrs. Ivory.

Ich fuhr zu Macks Garage, ließ den Wagen waschen, Benzin und Öl nachfüllen. Dann bezahlte ich und fuhr ab.

Es war eine schöne Nacht, und ich fühlte mich ausgeruht und erfrischt. Das Leben konnte viel schlimmer sein, als es war. Ich ließ mir Zeit. Ich bummelte durch Chiswick und auf die Große Weststraße zu. Ich war nachdenklich, und das Tachometer zeigte nicht viel über vierzig Kilometer an.

An der Straßengabelung, dem Platz, an dem ich Montag nacht angehalten hatte, fuhr ich an den Straßenrand, stoppte und zündete mir eine Zigarette an. Ich blieb im Wagen sitzen und dachte darüber nach, was man alles in einer Woche erleben konnte.

Wieder kam mir Mrs. Ivory in den Sinn. Sie würde wohl sehr überrascht sein, mich nicht anzutreffen, wenn sie ins Malinson-Hotel käme, um ihren Dank abzustatten. Und niemand konnte ihr sagen, wohin ich gefahren sei. Vielleicht würde sie denken, daß ich vor ihr davongelaufen wäre. Damit hätte sie recht. Ich war vor ihr davongelaufen.

Ich schaltete den Gang ein und fuhr nach links, die Straße nach Staines. Diesmal fuhr ich bestimmt nach Devonshire.

7

Um neun Uhr fuhr ich am Château Bellevue an der Straße von Newton Abbot nach Totnes vorbei. Es war ein herrlicher Septembermorgen, und die Straße und die Felder leuchteten in der Sonne trotz der frühen Stunde. Über den Hecken konnte ich den spitzen Kirchturm von Totnes und die Dächer der ihn umgebenden Häuser sehen. Ich hatte viel von Devonshire gehört, seiner schönen Landschaft, seiner roten Erde und der besonders milden Luft. Es war nicht übertrieben, es gefiel mir hier ausgezeichnet, und ich wußte, daß es einer meiner Lieblingsplätze werden würde. Jetzt schon war mir London mit seinem Getriebe, seinen belebten Straßen und seinem nie endenden Lärm eine weit zurückliegende Erinnerung.

Ich war über sieben Stunden unterwegs, aber ich war nicht müde. Selbst der Fall Ricaud verschwand schon in der Erinnerung, und ich war ganz zufrieden damit.

Ich frühstückte im Hotel »Sieben Sterne« in Totnes und ließ in einer Garage in der Nähe den Wagen frisch tanken. Dann fuhr ich gemächlich der Küste zu, durch Paignton hindurch und kam auf die Straße, die am Meer entlang nach Torquay führt. Gelegentlich hielt ich an und sah auf das Meer. Auf halbem Weg nach Torquay stieg ich aus dem Wagen, reckte mich und sah mich um. Es war Viertel nach zehn. Ich setzte mich ins Gras am Rand der Straße, die oberhalb des Meeres entlangführt, und sah in die Brandung.

Ohne eigentlichen Grund begann ich wieder über den Fall Ricaud nachzudenken, was jeder der Beteiligten wohl am vergangenen Sonntag um diese Zeit getan haben mochte.

Da war zuerst Ricaud. Er mußte um diese Zeit vor einer Woche viel im Sinn gehabt haben. Die Dame, die in Nassau auf den Bahamas auf ihn wartete, die ruhelos war, die Dame, die sein nächstes Opfer sein sollte und die, ob sie es wußte oder nicht, glücklich zu preisen war, daß sie so knapp vielen Schwierigkeiten, Enttäuschungen und dem Elend entkommen war, das Ricaud über sie gebracht hätte.

Um diese Zeit mußte Ricaud darüber nachgedacht haben, wie er wohl das Geld bekommen könne, das er brauchte; mußte den Brief geplant haben, in dem er Esmeralda seine bevorstehende Abreise mitteilen und sie auffordern wollte, zur letzten Auseinandersetzung zu ihm zu kommen. Dieser Brief wurde am darauffolgenden Dienstag geschrieben, er sollte sein Todesurteil sein.

Dann Pell. Pell hatte bestimmt Sorgen gehabt. Was würde Ricaud tun? Diese Frage mußte ihm wohl Kopfschmerzen machen. Pell hatte Angst, etwas zu unternehmen, aber er hatte auch Angst, nichts zu unternehmen. Er wartete darauf, daß etwas geschehen würde, und er wußte nicht, daß das nächste, was geschehen würde, sein Leben auf fünf Tage befristen sollte.

Ferner Mrs. Ivory. Vor einer Woche ängstigte sie sich um Esmeralda. Sie fürchtete, daß Esmeralda, auf das unerträglichste gequält, ihre oft geäußerte Drohung wahrmachen und Ricaud töten würde. Mrs. Ivory hatte sich wahrscheinlich entschlossen, am nächsten Tag zu Pell zu gehen und ihn zu bitten, Ricaud zu verjagen, ehe noch Schlimmeres geschah.

Und schließlich Esmeralda. Wahrscheinlich war sie in ihrer Wohnung am Montacute Place mit schmerzendem Kopf und in tiefer Verzweiflung unter der Nachwirkung des Rauschgiftes aufgewacht und hatte versucht nachzudenken, wenn sie überhaupt in der Lage war zu denken. Sie hatte sich womöglich entschlossen, Ricaud umzubringen, wenn sich ihr eine Gelegenheit bot, wenn sie den Mut aufbrachte und etwas fand, womit sie es tun konnte. Sie konnte nicht wissen, daß sie Montag nacht beinahe genügend Mut und auch eine geeignete Waffe dazu haben würde, noch konnte sie wissen, daß die unerwartete Begegnung mit mir sie über Joe Melanders Wohnung in die Klinik und wieder zurück zu Ricaud und zu ihrer letzten Auseinandersetzung mit ihm im »Kreuzweg« führen würde.

Und ich selbst? Bei der Erinnerung mußte ich lächeln. Am vergangenen Sonntag hatte ich an den nächsten Tag gedacht. Ich sollte in dem Scheidungsprozeß aussagen, dem Prozeß, den Pell als Vorwand benutzt hatte, Mrs. Ivory zu mir zu schicken. Es gefiel mir nicht, daß ich als Zeuge auftreten mußte. Ich wußte, daß der Anwalt der Gegenpartei mich in Fetzen reißen würde. Ich war am Morgen spazierengegangen und hatte am Nachmittag geschlafen. Ich hatte gedacht, daß, wenn alles gutginge und unsere Seite den Prozeß gewann, ich meine tausend Pfund nehmen und nach Devonshire fahren würde.

Nun ja, jetzt war ich hier. Mit einer Woche Verspätung. Und in dieser Woche war teuflisch viel geschehen.

Ich sah auf das Meer hinaus und auf die sonnenbeschienene Landschaft um mich herum.

Der Reiseprospekt hatte nicht übertrieben. Es war alles da. Von dem Hügel, auf dem das Hotel stand, erstreckte sich nach links die weite, in der Sonne gebadete Bucht bis Babbacombe. Die See war blau, und es war alles ruhig, bis auf das Rauschen der Brandung und das Geschrei der Möwen. Ich sah die Küste entlang und erkannte mein Hotel. Ich fand den Garten, dessen niedrige Mauer sich zum Strand erstreckte. Es schien alles zu stimmen. Diesmal schien die abgebildete Wirklichkeit mit dem Bild übereinzustimmen.

Ich stieg in meinen Wagen und fuhr zum Hotel. Ich ließ den Wagen an der Auffahrt stehen und ging ins Haus. Nachdem man mich in mein Zimmer gebracht hatte, überlegte ich, ob ich mich ins Bett legen sollte oder nicht. Nach einer längeren Konferenz mit mir selber kam ich zu dem Ergebnis, daß das Wetter dazu zu schön sei. Im übrigen würde ich noch reichlich Zeit zum Schlafen haben.

Ich badete, rasierte mich und zog mich um. Dann ging ich hinunter. Als ich in die Halle kam, sagte eine blonde Kellnerin, die gerade durchging: »Ich habe den Kaffee in den Garten gebracht, Mr. O'Hara.«

Ich hatte zwar keinen Kaffee bestellt, aber es war mir recht. Ich ging durch die Halle und das anschließende Schreibzimmer und trat ins Freie. Vor mir führten ein paar Stufen in den Garten, und ich erlebte die größte Überraschung meines Lebens. Links im Garten, der sich vor mir ausstreckte, bildete die Mauer einen Winkel. Dort stand eine Laube. Vor ihr saß in einem Liegestuhl, neben dem gedeckten Kaffeetisch, Mrs. Ivory.

Sie hatte ein mimosenfarbenes Kleid mit einer kurzen Jacke an. An ihrem Kleid und ihrer Jacke war irgendwas Grünes. Auch ihre Schuhe waren grün. Sie hatte keinen Hut auf.

Was für ein überraschender Anblick.

Ich riß mich zusammen und ging auf sie zu. Was sollte ich anderes tun? Ich sagte so, als wenn nichts Besonderes geschehen sei: »Guten Morgen, Mrs. Ivory. Ich finde es reizend, Sie zu treffen.«

»Ich freue mich, daß Sie es reizend finden«, sagte sie. »Wollen Sie sich in diesen Liegestuhl dort setzen? Ich habe Ihnen Kaffee bestellt. Ich sah, wie Sie Ihren Wagen an der Küste anhielten«, fuhr sie fort, »darum hatte ich Zeit, Ihren Empfang vorzubereiten.« Sie lächelte mich an.

Ich zog den Liegestuhl heran, setzte mich und sah zu, wie sie Kaffee eingoß.

Sie fragte leise: »Haben Sie wirklich geglaubt, mich so billig loszukriegen?«

»Woher wußten Sie, wo ich war?« fragte ich zurück.

»Das war nicht schwer herauszufinden«, antwortete sie. »Ich ging ins Malinson-Hotel. Ich hatte Dr. Quinceley gebeten, Ihnen zu sagen, daß ich kommen würde, und ich wußte, daß er das getan hatte. Daraus schloß ich« – und dabei sah sie mich boshaft an –, »daß Sie davongelaufen waren. Der Geschäftsführer sagte mir, Sie hätten keine Adresse hinterlassen, und er könne keinen Brief nachschikken. Dann dachte ich, daß bei dem Leben, das Sie in der vergangenen Woche geführt hatten, der Nachtportier wahrscheinlich mehr von Ihnen wisse als irgend jemand anders. So war es auch.«

Ich lächelte: »Das Bild auf dem Reiseprospekt . . .«

»Ja. Sie hatten ihm das Bild von diesem Hotel gezeigt und gesagt, daß Sie schon immer gewünscht hätten, hierherzufahren. So blieb ich also nicht in London, sondern rief hier an und bestellte mir ein Zimmer. Ich fuhr die Nacht durch, und heute morgen um neun Uhr kam ich hier an.«

Ich sagte gar nichts. Sie reichte mir die Kaffeetasse.

Dann sagte ich: »Es muß also sehr wichtig sein.«

Sie nickte. »Das ist es auch – zum mindesten für mich. Sehen Sie, es ist nicht nur, daß ich Ihnen danken wollte. Das mögen Sie vielleicht nicht haben, aber ich tue es trotzdem und möchte Ihnen sagen, wie sehr ich Ihren Mut und Ihre Haltung bewundere. Das mußte ich tun.«

»Das ist nett von Ihnen, aber es hat mir ja auch Spaß gemacht. Außer der Sache mit Esmeralda. Um sie tut es mir leid.«

»Ja, mir auch«, sagte sie mit veränderter Stimme, »obwohl Dr. Quinceley sagt, daß es für sie das beste sei, und wenn man es alles bedenkt, hat er wahrscheinlich recht. Die Eltern baten mich, Ihnen auch in ihrem Namen zu danken.«

Es entstand eine Pause. Ich war gespannt zu erfahren, was nun wohl kommen würde. Den größten Teil meines Lebens hatte ich versucht, mich auf Situationen vorzubereiten, die sich für mich ergeben konnten. Auf das, was jetzt kam, war ich nicht gefaßt.

»Ich hoffe, es stört Sie nicht, daß ich hierhergekommen bin«, sagte sie. »Aber sehen Sie, ich wollte etwas mit Ihnen besprechen. Etwas, das ich für sehr wichtig halte.«

»Und das wäre?« fragte ich.

Sie sah mich von der Seite an. »Es ist ein neuer Fall. Ich wüßte gern, ob Sie Interesse daran haben. Er ist sehr wichtig, und ich halte ihn für dringend. Seine Behandlung wird großer Erfahrung bedürfen.«

»Ich muß also diesmal Erfahrung haben?« fragte ich und lächelte sie an.

»Ich weiß es nicht. Vielleicht brauche in diesem Falle auch ich die Erfahrung. Ich fürchte, ich muß Ihnen die Sache etwas gründlicher erklären als die letzte.«

»Nun gut«, sagte ich. »Erzählen Sie mir davon. Sie halten es also für interessant.«

»Es könnte sehr interessant sein«, sagte sie. »Es betrifft eine Frau namens Leonora Ivory und einen Mann. Einen ziemlich seltsamen Mann, aber ich halte ihn für großartig. Er heißt Caryl O'Hara. Ich möchte jetzt nicht in alle Details gehen, aber ich glaube, daß wir in der kommenden Woche Gelegenheit finden könnten, ausführlich darüber zu sprechen, wie der Fall am erfolgversprechendsten anzufassen wäre, um ihn zu dem Abschluß zu bringen, den Sie wahrscheinlich einen logischen und ich einen glücklichen nennen würde. Glauben Sie, daß uns das gelingen könnte? Glauben Sie, daß Sie daran Interesse haben würden?«

Da hatte ich es. Nun saß ich drin und wußte, beim Teufel, daß ich hier nicht wieder herauskam. Ich hatte den letzten Rest meines moralischen Mutes verbraucht, um vor ihr davonzulaufen – nicht weil ich vor ihr Angst hatte, sondern vor mir selber. Und darüber gab ich mich keiner Täuschung hin: dies war die einzige wundervolle Unmöglichkeit, die diese fast unmögliche Woche krönen konnte.

»Sie haben gewonnen«, sagte ich. »Ich gebe es auf.« Ich lächelte. »Ich wollte Ihnen ausweichen. Ich hatte Angst vor Ihrem Geld. Mir schien es das leichteste, davonzulaufen und es damit gut sein zu lassen. Aber was hat es genützt? Sie sind eine sehr entschlossene Frau. Dieses Mal . . .«

»Wirklich? Nun, es wäre ganz gut, wenn Sie sich darüber klar sind, daß ich sehr entschlossen bin, was Sie betrifft.«

Sie griff nach meiner Tasse und füllte sie frisch, und so, als habe es niemals einen Ricaud, einen Pell oder sonst etwas gegeben, sagte sie: »Ich glaube, das wird ein bezaubernder Urlaub werden, meinen Sie nicht?«

Diese Frage beantwortete ich nicht. Darauf brauchte ich nicht zu antworten. Statt dessen sagte ich: »Das Leben kann seltsam sein. Letzten Montag dachte ich an diesen Ort und hätte gerne gewußt, ob es in Wirklichkeit genauso wäre wie auf dem Bild. Wenn es so wäre, mit dem Meer, der Sonne und dem Hotel und allem, müßte es hier sehr schön sein, dachte ich. Und ich dachte, wie herrlich es sein müßte, mit Ihnen hier in diesem Garten zu sitzen und mit Ihnen zu sprechen.«

Sie reichte mir die Kaffeetasse und sagte leise: »Nun, hier bin ich. Sind Sie glücklich? Oder fehlt noch irgendwas?«

Ich nickte: »Ja, etwas fehlt noch. Auf dem Bild konnte man den Musikpavillon sehen, und der Kapellmeister stand mit erhobenem Taktstock vor dem spielenden Orchester«, sagte ich lächelnd.

Sie lachte und sah auf ihre Armbanduhr. »Alles zu seiner Zeit«, sagte sie.

Das veranlaßte mich, auf meine Uhr zu sehen. Es war ein paar Sekunden vor elf.

In der Nachbarschaft fing eine Kirchturmuhr an, die Stunde zu schlagen, und im gleichen Moment begann das Orchester zu spielen.